중급**2**

한국어와 한국문화

교사용 지도서

국립국어원 기획
이미혜 외 집필

Hawoo Publishing Inc.

발간사

2020년 9월호 법무부 출입국·외국인 통계월보에 따르면 국내 체류 외국인은 약 210만 명으로 2010년보다 2배 가까이 증가하였습니다. 그런데 주목할 점은 체류 외국인이 양적으로 증가하였을 뿐만 아니라 이들의 유형이 결혼 이민자를 비롯하여 근로자, 유학생, 중도 입국 자녀 등으로 점차 다양해졌다는 것입니다. 이러한 변화는 다양한 언어와 문화적 배경을 가진 구성원과의 '공존'의 중요성을 한국 사회에 알리는 동시에 '소통'의 과제를 던져 준다고 생각합니다.

이에 국립국어원에서는 한국에 온 외국인들이 체계적으로 한국어를 배워 한국 사회의 일원으로 능동적으로 생활하고, 사회 구성원 간의 의사소통이 더욱 원활할 수 있도록 지원하고 있습니다. 그리고 이를 위한 교육 내용을 연구하고, 한국어 교재를 발간하고 있습니다. 이번에 발간되는 《사회통합프로그램(KIIP) 한국어와 한국문화》는 이러한 노력의 결실 중 하나라 할 수 있습니다.

이번 교재 개발에는 한국어 교육 및 사회·문화 교육 전문가가 집필자와 검토자로 참여하여 한국어와 한국 문화의 전문적 내용을 체계적이면서도 친근하게 구성하였습니다. 특히 '사회통합프로그램'을 총괄하는 법무부의 협조로 현장 요구 조사와 시범 적용을 실시하여 교사와 학습자의 의견을 폭넓게 반영하기 위해 노력하였습니다. 그리고 한국어 능력 향상뿐만 아니라 문화 다양성을 고려하여 내용을 구성하였으며, 풍부한 보조 자료를 제공함으로써 교사와 학습자가 손쉽게 활용할 수 있도록 하였습니다.

본 교재는 기초편 교재 1권, 초급 교재 2권, 중급 교재 2권의 5권으로 구성되며, 이 구성에 따라 학습자용 익힘책과 교사용 지도서가 본 교재와 함께 출간됩니다. 이와 함께 학습자용 유형별 보조 자료와 수업용 보조 자료를 별도로 제작하여 현장에서 손쉽게 사용할 수 있도록 제공하였습니다.

아무쪼록 이 교재가 사회통합프로그램에 참여하는 학습자들에게 한국어를 체계적이고 충실하게 익힐 수 있는 유용한 길잡이로 널리 활용되기를 바랍니다. 그래서 이 교재를 사용하는 이민자들이 한국 사회의 주체적인 구성원으로서 안정적인 생활을 영위하는 데 도움이 되기를 희망합니다.

끝으로 이 교재의 개발을 위해 최선의 노력을 기울여 주신 교재 개발진과 출판사 관계자 분들께 깊은 감사의 말씀을 드립니다.

2020년 12월
국립국어원장 소강춘

국내 체류 외국인의 수가 100만 명을 넘은 2007년을 기점으로 한국 사회는 다문화 사회의 도래를 대비하기 위해 제도적 준비를 해 왔습니다. 그중 이민 초기 정착 단계의 필수적인 지원 사항인 한국어 학습은 여러 부처에서 다양한 프로그램으로 운영되었는데, 2020년부터 법무부가 주관하는 사회통합프로그램으로 표준화되었습니다. 사회통합프로그램은 국내 체류 이민자를 대상으로 하는 '한국어와 한국문화', '한국사회이해' 교육 프로그램으로, 결혼 이민자와 근로자, 유학생 등 전문 인력, 중도 입국 자녀 등이 참여합니다. 2009년에 처음 시행된 이후 점점 성장하여, 현재 약 350개의 운영 기관에서 약 6만 명의 이민자들이 교육에 참여하고 있습니다.

이민자 대상의 한국어 교육에서 사회통합프로그램의 중요성이 커지면서 교육의 체계화와 효율화, 변화하는 사회 양상의 반영 등을 위해 교재 개발 연구가 진행되었고, 그 결과물이 ≪사회통합프로그램(KIIP) 한국어와 한국문화≫ 교재입니다. 이 교재의 특징은 다음과 같습니다.

첫째, 교재와 익힘책, 교사용 지도서, 기타 보조 자료로 구성되어 있습니다. 교실 수업에서 사용할 교재 이외에 교수·학습 효율성을 높이기 위해 학습 자료 일체를 개발하였습니다.

둘째, 교재는 사회통합프로그램 단계별 100시간 수업에 맞춰 구성했는데 이민자들이 한국 사회에 정착하는 과정에서 필요한 한국어와 한국문화 내용을 선정하여 살아있는 언어문화 교육이 되도록 했습니다. 특히 변화하는 한국 사회의 모습과 특징을 교재 전체에 다양한 소재로 사용했을 뿐만 아니라, 다양한 문화 주제를 통해 이민자들이 한국 사회를 이해하고 적응하는 데 도움을 주고자 했습니다. 그리고 결혼 이민자, 근로자, 유학생 등 전문 인력, 중도 입국 자녀들을 등장인물로 하여 한국 사람들과 함께 생각과 정보를 나누고, 공감하며 생활하는 모습을 담았습니다.

셋째, 익힘책은 이민자들이 자신의 학습 속도와 능력에 맞게 학습 내용을 복습하고 보완할 수 있도록 구성하였습니다. 교사들도 교실 상황에 맞춰서 융통성 있게 활용할 수 있을 것입니다.

넷째, 교사용 지도서와 기타 보조 자료는 교사들이 수업의 핵심 내용을 명료하게 파악하고 운용하도록 안내해 줄 것입니다. 또한 교사들의 필수적인 수업 준비 시간을 단축해 주는 대신에 교실 상황에 맞는 수업 설계에 시간을 투자할 수 있도록 도와줄 것입니다.

이민자용 한국어 교재는 단지 의사소통 능력을 길러 주는 역할만이 아니라 우리 사회의 진정한 '사회통합'을 이끄는 교재여야 합니다. 이 교재를 통해 이민자들의 사회통합프로그램 참여를 확대하고 교수·학습의 효율성을 높이기를 기대합니다. 또한 이민자의 사회 적응을 돕고 진정한 사회통합으로 나아가는 데 일조하기를 기대해 봅니다.

마지막으로 우리 사회 이민자 대상 한국어 교육을 위해 의미 있는 교재 개발 사업을 기획하고 지원해 주신 국립국어원 관계자 여러분께 감사드리며, 법무부 이민통합과 관계자분들께도 감사드립니다. 그리고 다양하고 새로운 시도를 통해 멋진 교재로 완성해 주신 하우 출판사 관계자분들께도 진심으로 감사드립니다. 원고를 고치고 다듬느라 오랫동안 소중한 일상을 돌보지 못한 연구진들께도 머리 숙여 감사의 마음을 전합니다.

2020년 12월
저자 대표 이미혜

교사용 지도서의 구성과 사용법

≪사회통합프로그램(KIIP) 한국어와 한국문화 교사용 지도서≫는 한국어 교사들이 교재 구성 및 편찬 의도를 이해하고 효율적으로 수업을 이끌도록 안내하는 안내서입니다. 단원 구성, 교재 사용 방법, 수업 진행 순서와 방법 등을 제시하여 수업을 계획하고 운영하는 데 도움이 되도록 하였습니다.

교사용 지도서는 교재의 구성에 맞춰 한 단원을 12쪽으로 구성하고, 각 페이지에 교재 내용과 수업 방법을 제시했습니다. 교육 현장의 상황이 다양하므로 지도서의 내용을 기본으로 삼아 현장에 맞게 적용하기를 바랍니다.

교사용 지도서는 교재, 익힘책, 수업용 보조 자료(PPT)를 함께 활용할 것을 전제로 하였습니다. 한 단원의 수업 시간을 5시간 정도로 정하고 활동을 제시했으므로, 현장 여건과 학습자 특성을 고려하여 융통성 있게 조정해서 수업을 진행하는 것이 좋습니다.

● 단원 첫머리에 '수업 목표 및 내용', '수업 전개', '이 단원을 지도할 때는…'을 포함하여, 교사들이 단원 내용을 쉽게 파악하고 수업을 계획할 수 있도록 하였습니다.

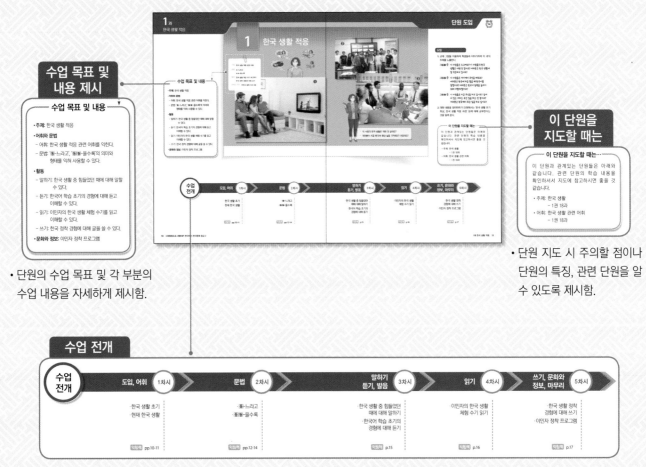

수업 목표 및 내용 제시

• 단원의 수업 목표 및 각 부분의 수업 내용을 자세하게 제시함.

이 단원을 지도할 때는

• 단원 지도 시 주의할 점이나 단원의 특징, 관련 단원을 알 수 있도록 제시함.

수업 전개

• 한 단원의 수업 시간을 5시간으로 보고, 각 차시의 수업 전개와 자료(익힘책)를 한눈에 파악할 수 있도록 정리함.

● 교재의 각 부분에 대한 수업 진행 절차와 교사 발화를 명료하게 제시했습니다. 도입, 어휘, 문법 지도는 '도입, 제시, 연습' 단계로 진행하도록 했으며, 말하기, 듣기, 읽기, 쓰기는 '활동 전, 활동, 활동 후' 단계로 이끄는 것을 기본으로 삼았습니다.

● 수업을 준비할 때 교사들이 가장 필요로 하는 어휘 설명 참고 사항, 문법 설명이나 추가 예문, 발음 정보 등을 메모지 형식으로 명료하게 제시했습니다. 이 자료를 활용하면 짧은 시간에 효율적으로 수업을 준비할 수 있을 것입니다.

• 어휘 설명 시 참고할 내용(교사 발화, 어휘 의미, 예문 등)을 메모지에 정리함.

• 문법 설명 시 참고할 정보, 문법 추가 예문, 형태 정보를 메모지에 명시적으로 정리함.

- 활동의 정답, 듣기 지문, 마무리 질문 등을 제시하여 교사용 지도서를 활용하여 편리하게 수업을 준비하고 진행할 수 있도록 하였습니다.

듣기 지문과 활동 정답

마무리 단계의 질문

- 이 단원에서 배운 어휘 중 기억나는 것을 말해 보세요.
- 이 단원에서 배운 문법은 뭐예요? 어떻게 사용해요?
- 한국 생활 적응 초기에는 어땠어요? 지금은 어때요?
- 한국 생활에 어떻게 정착했어요?
- 한국 내 이민자를 위한 프로그램으로 무엇이 있어요?

차례

교재 구성표

단원	단원명/주제	어휘	문법
1	한국 생활 적응	한국 생활 적응 관련 어휘	동-느라고 동형-을수록
2	가족의 변화	가족의 형태와 특징	동형-을 뿐만 아니라 동형-을 수밖에 없다
3	생활 속의 과학	생활 속 과학과 기술	동형-는 줄 알다 동-곤 하다
4	한국의 의례	한국의 의례	동형-더니 동형-은 나머지
5	문화유산	문화유산 관련 어휘	얼마나 동형-는지 모르다 동형-든지
6	국제화 시대	국제 사회의 모습과 특징	동형-던 동형-을 정도로
7	현대인의 질병	질병과 증상	동-되 동-었더니
8	정보화 사회	인터넷과 스마트폰으로 하는 일	동형-는다면서요? 동-을 겸 동-을 겸
복습 1(1~8과)			
9	사건과 사고	사건, 사고 관련 어휘	동-을 뻔하다 명으로 인해
10	언어생활	올바른 언어생활, 한국어 사용의 어려움	동-고 말다 동형-는 척하다
11	교육 제도	한국의 교육 제도	명조차 동형-기 마련이다
12	선거와 투표	선거 어휘	동-나 보다, 형-은가 보다 명이야말로
13	환경 보호	환경 보호 실천 어휘	동-는 한 동-도록
14	생활과 경제	경제 관련 어휘	동형-으므로 명은/는커녕
15	법과 질서	규칙과 법	동-다시피 동-는 법이다
16	이민 생활	외국인의 고충과 노력	동형-을지도 모르다 명치고
복습 2(9~16과)			

활동	발음	문화와 정보
한국 생활 적응 시기 회고하기 한국 정착 경험에 대해 쓰기	경음화	이민자 정착 프로그램
가족의 특징에 대해 말하기 좋아하는 가족의 형태에 대해 쓰기	경음화	출산 장려 정책
생활 속 최신 제품에 대해 이야기하기 기술 발전으로 인한 생활의 변화를 비교하는 글 쓰기	외래어 발음	온돌
결혼식 절차 말하기 특별한 날에 대해 쓰기	이중 모음 발음	성년의 날
문화유산 볼 수 있는 장소 추천하기 문화유산 소개하는 글 쓰기	'ㅎ' 약화	아리랑
국제화 시대의 모습에 대해 말하기 국제화 시대의 인재상 쓰기	경음화	국제기구
병에 대해 조언하기 생활 습관과 병에 대해 쓰기	'ㄴ' 첨가	한국의 국민 건강 보험 제도
인터넷과 스마트폰 사용의 문제점 말하기 인터넷과 스마트폰 중독 문제와 예방 방안 쓰기	유음화	스마트폰과 애플리케이션
자신에게 생긴 사고에 대해 말하기 자신이 경험한 사건이나 사고에 대한 글 쓰기	경음화	사고와 예방
한국어 사용의 어려움에 대해 말하기 한국어 사용의 어려움에 대해 쓰기	이중 모음 발음	말과 관련된 한국 속담
사교육에 대한 찬성과 반대 의견 말하기 교육 제도 설명하는 글 쓰기	경음화	평생 교육
선거에 대해 말하기 지도자의 자질에 대해 쓰기	비음화	한국의 선거
환경 오염으로 인한 건강 문제 이야기하기 환경 보호 실천 사례 소개하는 글 쓰기	격음화	환경 보전 운동
경제 상황에 대해 말하기 물가에 대한 기사문 쓰기	'ㄴ' 첨가	국민연금
법규를 지키는 생활 말하기 준법 생활의 필요성 쓰기	비음화	찾기 쉬운 생활 법령 정보
한국 생활 경험담 말하기 나의 꿈에 대한 글 쓰기	격음화	사회통합프로그램과 한국 국적 취득

1 한국 생활 적응

어휘: 한국 생활 적응 관련 어휘

문법: 통-느라고
통형-을수록

활동: 한국 생활 적응 시기 회고하기
한국 정착 경험에 대해 쓰기

문화와 정보: 이민자 정착 프로그램

수업 목표 및 내용

• **주제:** 한국 생활 적응

• **어휘와 문법**

– 어휘: 한국 생활 적응 관련 어휘를 익힌다.

– 문법: '통-느라고', '통형-을수록'의 의미와
형태를 익혀 사용할 수 있다.

• **활동**

– 말하기: 한국 생활 중 힘들었던 때에 대해 말할
수 있다.

– 듣기: 한국어 학습 초기의 경험에 대해 듣고
이해할 수 있다.

– 읽기: 이민자의 한국 생활 체험 수기를 읽고
이해할 수 있다.

– 쓰기: 한국 정착 경험에 대해 글을 쓸 수 있다.

• **문화와 정보:** 이민자 정착 프로그램

수업 전개

도입, 어휘 1차시

·한국 생활 초기
·현재 한국 생활

익힘책 pp.10-11

문법 2차시

·통-느라고
·통형-을수록

익힘책 pp.12-14

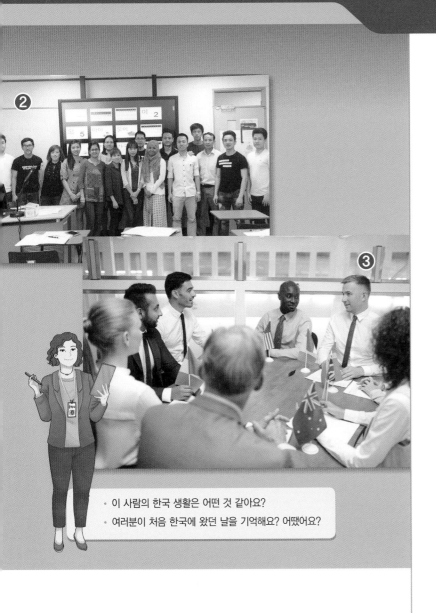

- 이 사람의 한국 생활은 어떤 것 같아요?
- 여러분이 처음 한국에 왔던 날을 기억해요? 어땠어요?

도입

1. 교재 그림을 이용하여 학생들과 이야기하며 이 과의 주제를 노출한다.

그림❶ 🎤 이 사람들은 누구예요? 이 사람들의 한국 생활은 어떤 것 같아요? 여러분은 한국 생활에 잘 적응하고 있어요?

그림❷ 🎤 이 사람들은 여기에서 무엇을 배워요? 여러분은 한국에 처음 왔을 때 한국어를 잘했어요? 여러분은 한국어 실력을 늘리기 위해 어떻게 했어요?

그림❸ 🎤 이 사람들은 지금 무엇을 하고 있어요? 옆에 서 있는 여자는 무슨 일을 하는 것 같아요? 여러분은 한국에서 무슨 일을 하고 싶어요?

2. 대화 내용을 정리하며 이 단원에서는 '한국 생활 초기 회상, 한국 생활 적응 과정' 등에 대해 공부한다는 것을 알려 준다.

─ 이 단원을 지도할 때는… ─

이 단원과 관계있는 단원들은 아래와 같습니다. 관련 단원의 학습 내용을 확인하셔서 지도에 참고하시면 좋을 것 같습니다.

- 주제: 한국 생활
  - 1권 18과
- 어휘: 한국 생활 관련 어휘
  - 1권 18과

말하기 듣기, 발음	3차시	읽기	4차시	쓰기, 문화와 정보, 마무리	5차시

·한국 생활 중 힘들었던 때에 대해 말하기
·한국어 학습 초기의 경험에 대해 듣기

익힘책 p.15

·이민자의 한국 생활 체험 수기 읽기

익힘책 p.16

·한국 생활 정착 경험에 대해 쓰기
·이민자 정착 프로그램

익힘책 p.17

- **부푼 꿈을 가지고 오다:** 이루고 싶은 희망이나 목표를 가지고 온다는 뜻이에요.
- **설레다:** 좋아하는 사람을 만나기 전에 마음이 설레요.
- **답답하다:** 하고 싶은 말을 제대로 전달할 수 없을 때 답답해요.
- **신기하다:** 처음 보는 것이어서 새롭고 이상하다는 뜻이에요. 예 한국에 처음 왔을 때 모든 것이 신기했어요.
- **향수병에 걸리다:** 고향을 그리워한다는 뜻이에요. 예 한국에 온 지 3개월이 되었을 때 향수병에 걸려서 고향에 가고 싶었어요.

- **여유가 생기다:** 시간이나 돈이 남는다는 뜻이에요. 예 경제적으로 여유가 생겨서 한국 생활이 편안해졌어요.
- **편견:** 한쪽으로 기울어진 생각이라는 뜻이에요. 예 어떤 사람에 대해 편견을 가지면 안 돼요.
- **오해를 받다:** 무엇을 잘못 알거나 다르게 해석하는 일을 당한다는 뜻이에요.
- **속상하다:** 아끼는 컵이 깨져서 너무 속상해요.
- **노하우가 생기다:** 같은 일을 오래 해서 쉽게 하는 방법을 알게 된다는 뜻이에요.
- **자리를 잡다:** 일자리나 의지할 곳을 얻는다는 뜻이에요. 예 한국에 온 지 한 달 만에 자리를 잡았어요.

1. 여러분은 한국 생활 초기에 어땠어요?

2. 지금의 한국 생활은 어때요?

어휘 (한국 생활 적응)

1 도입, 제시

1. 한국 생활 초기의 경험을 물으며 오늘의 어휘는 초기의 한국 생활, 현재의 한국 생활에 대해 말할 때 사용하는 표현임을 알려 준다.

   🎤 여러분은 한국 생활 초기에 어땠어요?
   　지금의 한국 생활은 어때요?

2. 교사를 따라 어휘를 소리 내어 한 번 읽는다. 이때 발음에 주의하게 한다.

3. 어휘의 의미를 설명한다. 어휘가 사용된 문장을 예로 제시하거나 의미를 풀어서 설명해 준다. 상황에 따라 유의어나 반의어 등을 추가로 설명할 수 있다.

4. 배운 어휘를 소리 내어 읽도록 한다. 이때 '-어요' 형태로 단어를 읽는 등 변화를 줄 수 있다.

2 연습

1. 배운 어휘를 사용하여 한 사람씩 문장을 만들어 보게 한다.

2. 연습한 문장을 이용하여 초기와 현재의 한국 생활에 대해 짝과 대화하도록 한다.

3. 학생들끼리 이야기한 것을 교사가 정리해 주며 같이 이야기한다.

   🎤 한국에 어떤 꿈을 가지고 왔어요?
   　한국에 처음 왔을 때 뭐가 가장 신기했어요?
   　한국어가 서툴러서 오해를 받은 적이 있어요?

4. 자신의 실제 경험을 이야기하는 활동으로 확장할 수 있다.

문법 1 (동-느라고)

1 도입, 제시

1. 도입 그림과 대화를 통해 문법이 사용되는 상황을 인지시킨다.

   🎤 한국어 선생님과 라흐만 씨가 이야기하고 있어요. 라흐만 씨는 한국에 오자마자 한국어 공부를 시작했어요? 그때 왜 공부를 시작하지 않았어요?

2. 교재의 대표 예문을 보면서 문법의 의미를 설명한다.

   🎤 이 남자는 한국에 오자마자 한국어 공부를 시작할 수 없었어요. 그 이유를 말하고 싶을 때 '-느라고'를 사용해요. ('할 수 없었다'라는 부정적인 상황을 강조)

3. 학생들과 교재의 예문들을 읽으면서 문법의 의미를 설명하고 이해시킨다.

4. 문법의 형태 정보를 제시하고 설명한다.

5. 추가 예문을 제시하고 문법의 의미와 사용법을 정확하게 이해시킨다.

2 연습 1

1. 〈보기〉의 대화를 교사와 함께 완성해 본다.

2. 나머지 문제를 〈보기〉의 대화처럼 짝과 완성하도록 한다.

3. 연습한 것을 발표하게 하거나 교사가 전체 학생을 대상으로 답하게 하여 확인한다. 그리고 오류가 있으면 수정해 준다.

3 연습 2

1. '-느라고'를 사용하여 자신의 경험에 대해 친구와 이야기하도록 한다.

2. 연습한 것을 발표하게 하고 오류가 있으면 수정해 준다.

   익힘책 12-13쪽을 풀게 하거나 과제로 제시한다. 익힘책은 연습 활동 난이도에 따라 교재 연습 문제 전후로 활용한다.

동형 -을수록

앞 절의 상황이나 정도가 더 심해질 경우 뒤 절의 결과나 상황도 그에 따라 더하거나 덜하게 됨을 나타내고자 할 때 사용한다. 동사와 형용사에 받침이 있을 때는 '-을수록', 받침이 없을 때는 '-ㄹ수록'의 형태로 사용한다. '-으면 -을수록'으로 자주 쓰이며, 명사일 때는 '일수록'이 된다.

- 가: 미용 기술을 배우는 게 힘들지 않아요?
  나: 아니요. 제가 원하는 일이어서 배울수록 재미있어요.
- 가: 신발 새로 샀어요? 편해 보이네요.
  나: 네. 발이 아주 편해서 신을수록 마음에 들어요.
- 수박은 줄무늬가 진할수록 맛있다.
- 나이가 들수록 운동을 열심히 해야 한다.

-을수록 (받침 O)	읽다 → 읽을수록 먹다 → 먹을수록 짧다 → 짧을수록 좋다 → 좋을수록 *듣다 → 들을수록
-ㄹ수록 (받침 X, ㄹ 받침)	사귀다 → 사귈수록 운동하다 → 운동할수록 어리다 → 어릴수록 바쁘다 → 바쁠수록 *살다 → 살수록 *맵다 → 매울수록
일수록 (명사 받침 O, X)	새것 → 새것일수록 시기 → 시기일수록

2 동형 -을수록

앞 내용의 상황이나 정도가 더 심해질 경우 뒤 내용의 결과나 상황도 그에 따라 더하거나 덜하게 됨을 나타낸다.

아나이스: 단계가 올라갈수록 한국어 공부가 더 어려워요.
정 아 라: 그래도 한국어 실력이 좋아질수록 생활이 더 편해질 거예요.

예문
- 가: 이거 더 끓일까요?
  나: 네, 조금 더 끓이세요. 미역국은 오래 끓일수록 더 맛있어요.
- 몸이 안 좋을수록 더 잘 챙겨 먹어야 한다.
- 나이가 어릴수록 외국어를 빨리 배운다.

-을수록	• 읽다 → 읽을수록 • 짧다 → 짧을수록
-ㄹ수록	• 사귀다 → 사귈수록 ＊살다 → 살수록 • 어리다 → 어릴수록

Tip '-을수록'은 '-으면 -을수록'으로 자주 사용한다.

1. 보기 와 같이 친구와 이야기해 보세요.

한국에서 오래 살았지요?

네. 그런데 한국에서 오래 살수록 궁금한 것이 더 생기는 것 같아요.

	조건	변화하는 것
보기	한국에서 오래 살았다	궁금한 것이 더 생기다
1)	한국 드라마를 많이 보다	한국어 듣기 실력이 향상되다
2)	집이 학교에서 가깝다	지각을 자주 하다
3)	날씨가 추워졌다	감기 환자가 늘어나다
4)	수요가 많이 늘었다	가격이 비싸지다

2. 한국에 살아 보니까 어때요? '-을수록'을 이용해 이야기해 보세요.

- 한국 문화
- 한국 음식
- 한국어 공부

한국에 산 지 3년 됐는데 한국 문화는 알수록 매력적인 것 같아요.

단어장
챙겨 먹다
어리다
향상되다
수요

16 사회통합프로그램(KIIP) 한국어와 한국문화 중급 2

문법 2 (동형 -을수록)

1 도입, 제시

1. 도입 그림과 대화를 통해 문법이 사용되는 상황을 인지시킨다.

   🎙 아나이스 씨와 한국어 선생님이 이야기하고 있어요. 아나이스 씨는 한국어 공부가 어떻다고 했어요? 아나이스 씨는 왜 한국어 공부를 계속해야 할까요?

2. 교재의 대표 예문을 보면서 문법의 의미를 설명한다.

   🎙 1급에서 2급, 2급에서 3급…… 단계가 올라가면 한국어 공부도 어려워지지요? 그리고 한국어 실력이 좋아지면 한국 생활도 점점 더 편해져요. 이렇게 앞의 상황이나 정도에 따라 뒤의 결과나 상황이 달라지는 것을 말하고 싶을 때 '-을수록'을 사용해요.

3. 학생들과 교재의 예문들을 읽으면서 문법의 의미를 설명하고 이해시킨다.

4. 문법의 형태 정보를 제시하고 설명한다.

5. 추가 예문을 제시하고 문법의 의미와 사용법을 정확하게 이해시킨다.

2 연습 1

1. 〈보기〉의 대화를 교사와 함께 완성해 본다.

2. 나머지 문제를 〈보기〉의 대화처럼 짝과 완성하도록 한다.

3. 연습한 것을 발표하게 하거나 교사가 전체 학생을 대상으로 답하게 하여 확인한다. 그리고 오류가 있으면 수정해 준다.

3 연습 2

1. '-을수록'을 사용하여 한국 문화, 한국 음식, 한국어 공부에 대한 자신의 경험을 친구와 이야기하도록 한다.

2. 연습한 것을 발표하게 하고 오류가 있으면 수정해 준다.

   익힘책 13-14쪽을 풀게 하거나 과제로 제시한다. 익힘책은 연습 활동 난이도에 따라 교재 연습 문제 전후로 활용한다.

1. 고천 씨가 옛날 학교 친구와 이야기합니다. 다음 대화처럼 이야기해 보세요.

> 고　천: 혹시 다니엘 씨 아니에요? 저 1단계 수업 같이 들은 고천이에요. 이게 얼마만이에요?
>
> 다니엘: 아, 고천 씨. 정말 오랜만이에요. 이번 학기도 수업을 들으세요?
>
> 고　천: 네, 저는 4단계예요. 참, 1단계 때 왜 갑자기 학교를 그만두셨어요? 어느 날 갑자기 안 나와서 궁금했어요.
>
> 다니엘: 아, 그때는 새로운 직장에 적응하느라고 마음의 여유가 없었어요.
>
> 고　천: 그러셨어요? 몰랐어요. 요즘 어떻게 지내세요?
>
> 다니엘: 시간이 지날수록 일도 익숙해지고 승진도 해서 어느 정도 안정이 됐어요.
>
> 고　천: 아유, 잘됐네요. 언제나 긍정적이셔서 이렇게 잘될 거라고 생각했어요.
>
> 다니엘: 그렇게 말씀해 주셔서 감사해요.

1) 새로운 직장에 적응하다, 마음의 여유가 없다 |
   시간이 지나다, 일도 익숙해지고 승진도 하다

2) 새 사업을 시작해서 자리를 잡다, 시간의 여유가 없다 |
   사업이 커지다, 수익도 늘고 도와주시는 분들이 많이 생기다

2. 한국 생활 적응 초기와 현재 생활에 대해 대화해 보세요. 그리고 여러분의 경험도 이야기해 보세요.

한국 생활 적응 초기	현재
• 모르는 것이 너무 많아서 불안했다. • 큰 꿈이 있었다.	• 새로운 것을 즐기게 되었다. • 꿈과 현실 사이에 큰 차이가 있다는 것을 알게 되었다.

단어장
승진
긍정적이다
사업
수익
즐기다

1과 한국 생활 적응　17

- **이게 얼마만이에요?/정말 오랜만이에요:** 오랜만에 만난 사람에게 반가움을 표현할 때 사용해요.

- **참:** 어떤 일이 갑자기 생각났을 때 사용해요.

- **어느 날:** 날짜가 분명하지 않을 때 사용해요. **예** 비가 오는 어느 날 오랜만에 친구들을 만났어요.

- **궁금하다:** 무엇이 매우 알고 싶다는 뜻이에요.

- **승진(을) 하다:** 직장에서 지금보다 더 높은 자리로 오른다는 뜻이에요. **예** 사원에서 대리로 승진했어요.

- **아유:** 반갑거나 기분이 좋을 때 사용해요.

- **사업이 커지다:** 회사가 잘된다는 뜻이에요.

- **수익이 늘다:** 사업에서 돈을 많이 번다는 뜻이에요.

발음

- **적응하느라고**[저긍하느라고]
- **마음의 여유**[마으메 여유]
- **지날수록**[지날쑤록]
- **익숙해지고**[익쑤캐지고]
- **시간의 여유**[시가네 여유]

4-1 EBOOK

한국 생활 중 힘들었던 때에 대해 말하기

1 대화문 연습

1. 한국어 수업을 처음 들었을 때를 이야기하며 교재의 그림을 이용해 어떤 상황인지 추측해 보도록 한다.

   🎙 두 사람은 어떤 관계일까요? 여러분이 이 사람이라면 기분이 어땠을 것 같아요? 여러분은 이런 경험이 있어요?

2. 지시문을 이용하여 대화 상황을 학생들에게 명확하게 알려 준다.

3. 대화를 들려주고 간단한 질문을 하여 대화 내용을 이해했는지 확인한다.

   🎙 두 사람은 얼마 만에 만났어요?
   다니엘 씨는 왜 수업에 안 나왔어요?
   다니엘 씨는 요즘 어떻게 지내요?
   고천 씨는 다니엘 씨에 대해 어떻게 생각해요?

4. 교사와 함께 대화문을 읽으면서 자연스럽게 말하는 연습을 한다. 두 번 정도 반복해서 연습한다.

5. 교체 어휘를 활용하여 짝과 함께 연습하게 한다.

6. 연습이 끝나면 한두 팀을 발표시키거나 교사가 전체 학생을 대상으로 확인한다.

2 확장 연습

1. 초기와 현재의 한국 생활에 대해 이야기하는 활동을 한다고 알려 준다.

2. 짝과 자신의 경험에 대해 이야기할 때는 다음과 같은 내용을 포함하여 말하도록 지시한다.

   🎙 초기의 한국 생활은 어땠어요?
   지금은 어때요?
   그 경험을 통해 어떤 것을 느꼈어요?

3. 이야기가 끝나면 한두 팀을 발표시키거나 교사가 전체 학생을 대상으로 확인하고 오류를 수정해 준다.

1-L.mp3

김영욱(남): 와, 당신 '가, 나, 다, 라' 하던 게 엊그제 같은데 벌써 4단계네요.

고 천(여): 시간이 정말 빠르죠? 처음에 제가 한국말 잘 못해서 우리도 손짓 발짓하면서 얘기했잖아요.

김영욱(남): 맞아요. 서로 번역기 돌려서 보여 주기도 하고. 그래서 내가 중국어를 배우기 시작했잖아요. 어려워서 금방 포기하기는 했지만……

고 천(여): 하하. 정말 그런 적도 있었네요.

김영욱(남): 당신이 열심히 사회통합프로그램 수업을 들은 덕분에 우리가 이렇게 편하게 대화할 수 있게 된 거 같지요?

고 천(여): 네, 그런 거 같아요. 사실 처음에는 멀리까지 수업을 다니느라고 힘들어서 그만두고 싶기도 했어요.

김영욱(남): 그런데 어떻게 꾸준히 수업에 다녔어요?

고 천(여): 어느 날 어떤 선배 언니가 한국 생활 적응을 위해서는 언어가 제일 중요하다고, 절대로 그만두지 말라고 하면서 '고진감래'라는 말을 해 줬어요. 무슨 일이 있어도 사회통합프로그램 수업은 끝까지 들으라고요.

김영욱(남): 고진감래. 고생 끝에 낙이 온다는 옛말이 정말 맞네요, 맞아.

---

1. 다음은 한국어 학습 초기에 대해서 회상하면서 쓸 수 있는 표현입니다. 무슨 뜻인지 이야기해 보세요.

| '가, 나, 다, 라' 하다 | 손짓 발짓을 하다 |
| 번역기를 돌리다 | 고생 끝에 낙이 오다 |

2. 고천 씨가 남편과 이야기합니다. 잘 듣고 질문에 답해 보세요.

1-L.mp3

1) 고천 씨와 남편은 어느 시절에 대해서 회상하고 있습니까?
고천 씨가 처음 한국어 공부를 한 시절에 대해 회상하고 있습니다.

2) 고천 씨의 지금 한국 생활은 한국어 학습 초기와 비교하면 어떻습니까? 좋아졌습니까?
네. 좋아졌습니다. 초기에는 손짓 발짓을 하고 번역기를 돌려 보여 주었지만 지금은 편하게 대화할 수 있습니다.

3) 들은 내용과 같으면 ○, 다르면 X 하세요.

❶ 남편은 고천 씨가 한국어 공부를 시작한 때를 먼 옛날처럼 느끼고 있다. (X)

❷ 남편은 고천 씨와의 의사소통을 위해 중국어를 배우고 싶은 마음이 있었다. (○)

❸ 고천 씨는 한국어를 공부하면서 한 번도 포기하고 싶은 적이 없었다. (X)

단어장
회상
엊그제
꾸준히
고진감래
고생 끝에 낙이 오다
옛말

| ㄹ | + | ㄱ, ㄷ, ㅂ, ㅅ, ㅈ | ➡ | ㄹ | + | [ㄲ, ㄸ, ㅃ, ㅆ, ㅉ] |

1-P.mp3
발음

할 걸[할 껄]
쓸수록[쓸쑤록]
만날지[만날찌]

다음을 듣고 따라 읽으세요.
1) 초급부터 공부를 열심히 할 걸 그랬어요.
2) 이 제품은 쓸수록 더 마음에 드실 거예요.
3) 언제 만날지 아직 정하지 않았어요.

한국어 학습 초기의 경험에 대해 듣기

1. 지시문에 대해 답하며 앞으로 들을 내용을 추측하게 한다.

🎤 어느 시절에 대해 이야기해요?
한국어 학습 초기에 어떻게 했어요?

2. 지시문을 이용하여 등장인물과 대화 상황을 설명한다.

🎤 누구와 누가 이야기해요?
두 사람은 무슨 이야기를 하고 있어요?

3. 문제를 읽고 들어야 하는 정보를 파악하게 한다.

🎤 두 사람은 어느 시절에 대해 이야기해요?
고천 씨의 지금 한국 생활은 한국어 학습 초기와 비교하면 어때요?
고천 씨는 한국어 수업을 끝까지 들었어요?

4. 듣기 파일을 두 번 듣고 문제를 풀게 한다.

5. 교재 질문의 답을 확인한 후 해당 대화를 같이 읽으며 내용을 확인한다. 필요한 경우 새로운 어휘, 표현을 설명한다.

1-P.mp3

발음

1. '할 걸, 쓸수록, 만날지'의 발음을 들려주고 'ㄱ, ㅅ, ㅈ'의 발음이 어떻게 들리는지 학습자 스스로 확인해 보도록 한다.

2. 관형사형 어미 '-(으)ㄹ'의 'ㄹ' 다음에 오는 'ㄱ, ㄷ, ㅂ, ㅅ, ㅈ'이 [ㄲ, ㄸ, ㅃ, ㅆ, ㅉ]으로 발음된다는 것을 알려 준다.

3. '할 걸, 쓸수록, 만날지'의 발음을 다시 듣고 교사를 따라 말하게 한다.

4. 1)~3)의 문장을 듣고 교사를 따라 말하게 한다.

5. 짝과 함께 문장을 읽으며 연습하게 한 후에 확인한다.

• 경음화
어미 '-(으)ㄹ' 다음에 오는 'ㄱ, ㄷ, ㅂ, ㅅ, ㅈ'은 [ㄲ, ㄸ, ㅃ, ㅆ, ㅉ]으로 발음된다.

1. 다음은 한국 생활 정착 수기 공모전 당선작입니다. 제목에 알맞은 내용을 찾아 이야기해 보세요.

세계인의 날
| 한국 생활 정착 수기 공모전 당선작

최우수상 — 한국 생활 적응의 지름길
우수상 — 제2의 고향
장려상 — 내 인생의 봄날

1) … 이렇게 아내와 함께 새로운 삶을 시작한 이곳은 저에게 또 하나의 고향이 되었습니다.
제2의 고향

2) 먼 나라에 와서 적응하는 것이 쉬운 일은 아니지만 제 경험으로 봤을 때 쉽고 빠른 방법이
있습니다. 그것은 바로 … 한국 생활 적응의 지름길

3) 그때는 힘들고 어려운 시간이 영원히 끝나지 않을 것 같아 두려웠습니다. 하지만 긴 겨울이
지나면 … 내 인생의 봄날

2. 외국에 살면서 가질 수 있는 느낌에 대해 이야기해 보세요.

곧 좋은 일이 생기겠지. 행복해지겠지. ^^ — 기대감

친구도 없고… 가족들이 너무 보고 싶어. — 외로움

이게 뭐지? 궁금하다. — 호기심

나는 할 수 있어! — 자신감

이건 처음 보는 건데… 어떻게 사용하는 거지? — 생소함

1과 한국 생활 적응 **19**

- **지름길:** 가장 쉽고 빠른 방법이라는 뜻이에요.
- **제2의 고향:** 또 하나의 고향과 같다는 뜻이에요. **예** 저에게 한국은 제2의 고향이에요.
- **내 인생의 봄날:** 인생에서 가장 행복하고 좋은 때라는 뜻이에요.

- **기대감:** 어떤 일이 이루어지기를 바라고 기다리는 마음이라는 뜻이에요. **예** 이번 콘서트에 대한 기대감이 커요.
- **외로움:** 혼자 있어 쓸쓸한 마음이나 느낌이라는 뜻이에요.
- **호기심:** 새롭고 신기한 것을 좋아하거나 모르는 것을 알고 싶어 하는 마음이라는 뜻이에요.
- **자신감:** 자신이 있다는 느낌을 말해요.
- **생소함:** 어떤 것이 익숙하지 않고 낯설다는 뜻이에요.

한국 생활 정착 수기 공모전 당선작

1. 한국 생활 정착 수기 공모전에 지원할 경우 어떤 내용의 글을 쓸지 생각하게 한다.

🎙 한국 생활 정착 경험을 글로 써서 제출하는 공모전이 있어요. 여러분이 이 공모전에 지원한다면 어떤 내용의 글을 쓰고 싶어요?

2. '한국 생활 정착 수기 공모전 당선작'의 제목과 내용을 읽고 의미를 파악하게 한다.

3. 질문을 하여 내용을 잘 이해했는지 확인한다.

🎙 어떤 작품이 1등 상을 받았어요? 각 작품의 제목에 알맞은 내용은 뭐예요?

4. '외국에 살면서 가질 수 있는 느낌'을 읽고 각 단어의 의미를 파악할 수 있게 한다.

5. 외국에 살면서 가질 수 있는 느낌에 대한 각자의 생각을 이야기하게 한다.

🎙 외국에 살면서 어떤 느낌을 가질 수 있을까요? 여러분은 한국에 살면서 어떤 감정을 느껴 봤어요?

- **수기**: 자기의 생활이나 체험을 직접 쓴 글을 말해요.
- **계기**: 어떤 일이 일어나거나 변화하도록 만드는 원인이나 기회라는 뜻이에요. 🔤 한국 드라마 시청을 계기로 한국어를 배우게 되었어요.
- **이주**: 원래 살던 지역을 떠나 다른 지역으로 이동해서 산다는 뜻이에요. 🔤 한국에 이주한 지 1년이 되었어요.
- **마음을 먹다**: 마음속으로 어떤 일을 하겠다고 결심하거나 생각한다는 뜻이에요.
- **꽤**: 보통보다 조금 더한 정도라는 뜻이에요. 🔤 이번 모임에 사람이 꽤 많이 왔어요.
- **적성에 맞다**: 성격이나 능력에 잘 어울린다는 뜻이에요.
- **겁이 나다**: 무서워하거나 두려워하는 마음이 든다는 뜻이에요.
- **어쩌면**: 확실하지 않은 일을 추측할 때 사용해요. 🔤 어쩌면 지금 택배가 도착했을지도 몰라요.
- **당연하다**: 일의 앞뒤 사정을 볼 때 그렇게 하는 게 옳다는 뜻이에요. 🔤 나쁜 일을 한 사람이 벌을 받는 것은 당연해요.
- **기회를 잡다**: 어떤 일을 할 수 있는 때나 조건을 얻는다는 뜻이에요. 🔤 준비된 사람이 기회를 잡을 수 있어요.

---

3. 다음은 이민자의 체험 수기입니다. 잘 읽고 질문에 답해 보세요.

> **제목** _____
>
> 안녕하십니까? 저는 4년 전에 한국에 온 데이비드라고 합니다. 귀여운 아들이 하나 있는 한영 번역자입니다. 저는 어떤 계기로 멀리 한국에 이주하게 되었을까요? 바로 언어에 대한 큰 관심 때문이었습니다. 대학교에서 영문학뿐만 아니라 불어와 라틴어도 꾸준히 공부했습니다. 그래서 대학교 졸업을 앞두고 한국에 올 기회가 생겼을 때 새로운 언어를 배울 수 있다는 기대에 이주할 마음을 먹었습니다.
>
> 처음에는 대학교 선배의 소개로 영어 학원에서 일자리를 갖게 되었습니다. 유치원생과 초등학생들에게 영어 기초를 가르치는 것은 꽤 힘든 일이었는데 공부에 열중하는 어린 학생들을 보면서 저도 한국어를 배울 수 있겠다는 용기가 생겼습니다. 가족도 친구도 모두 먼 나라에 두고 왔기 때문에 한국에서 많이 외로웠지만 직장 동료들과 어울리고 한국어를 배우고 동아리 활동도 하면서 인맥을 넓혀 갔습니다. 한국어 실력이 늘수록 한국인 친구도 사귈 수 있게 되었고 한국에 대한 지식도 쌓여 갔습니다. 외로움보다 호기심이 앞서고, 한국 생활에 익숙해지니 자신감도 생겼습니다. 그리고 언어 공부와 한국 친구 덕분에 영어 강사보다 훨씬 적성에 맞는 한영 번역 일을 할 수 있게 되었습니다.
>
> 먼 나라에 와서 적응하는 것이 쉬운 일은 아니지만 제 경험으로 봤을 때 지름길이 있습니다. 그것은 바로 호기심입니다. 문화도 언어도 모르는 외국에 나가면 겁이 나는 것은 어쩌면 당연한 일입니다. 그러나 호기심으로 다가서면 상황이 바뀝니다. '모르면 어때? 배우면 되지.'라고 하는 태도가 필요하다는 것입니다. 그런 태도로 낯선 환경을 알아 가려고 노력하면, 자기도 모르는 사이에 외국 생활에 익숙해지고 새로운 기회도 잡게 될 것입니다.

1) 윗글의 제목으로 알맞은 것을 고르세요.
- ❶ 한국 이주 계기와 현재 생활
- ❷ 적성에 맞는 직업을 찾는 법
- ❸ 호기심, 한국 생활 적응의 지름길
- ❹ 한국 생활에서 한국어 실력의 중요성

단어장		
체험 수기	기초	당연하다
번역자	꽤	다가서다
계기	적성에 맞다	상황
이주	겁이 나다	기회를 잡다
마음을 먹다	어쩌면	

2) 시간의 순서대로 번호를 쓰세요.

한국 이주 – 한영 번역 – 대학 졸업 – 한국어 공부 – 영어 학원 강의
(2)　　(5)　　(1)　　(4)　　(3)

3) 윗글의 내용과 같으면 ○, 다르면 X 하세요.
- ❶ 이 사람은 한국어를 배운 다음에 한국에 왔다.　　　　　(X)
- ❷ 이 사람은 한국 생활 초기부터 호기심과 자신감이 있었다.　(X)
- ❸ 이 사람은 누구나 외국 생활에 대해 두려움을 가질 수 있다고 생각한다.　(○)

이민자의 한국 생활 체험 수기 읽기

1. 수기라는 글이 가지는 특징에 대해 간략하게 설명하고 한국 생활 정착에 대한 이민자의 체험 수기를 읽게 한다.

🎤 여러분, '수기'를 알아요? 자기의 생활이나 체험을 쓴 글을 수기라고 해요. 여러분은 수기를 읽은 적이 있어요?

2. 글을 훑어 읽게 한 후 주제, 중심 내용 등을 간단히 말해 보도록 한다.

🎤 이 사람은 한국에 언제 왔어요?
이 사람은 지금 무슨 일을 해요?
이 사람은 어떻게 해서 한국에 오게 되었어요?
이 사람은 한국 생활 초기에 무슨 일을 했어요?
이 사람은 한국 생활에 적응하는 지름길이 뭐라고 했어요?

3. 글을 다시 읽으면서 문제를 풀게 한다.

4. 답을 같이 확인한 후, 본문을 다시 읽으며 모르는 어휘가 없는지 확인한다. 필요한 경우 새로운 어휘, 표현을 설명한다.

1. 여러분의 한국 생활 초기는 어땠습니까? 한국 생활에 적응하기 위해서 어떻게 했습니까? 지금 생활은 어떻습니까? 다음 표에 메모해 보세요.

한국 생활을 하면서 어려운 점	극복 방법
→	

2. '나의 한국 생활 적응'에 대한 글을 써 보세요.

한국 정착 경험에 대해 쓰기

1. 어떤 글을 쓸지 알려 주고 글에 들어갈 내용을 생각해 보게 한다.

🎤 여러분은 한국 생활이 어때요?
한국 생활에 잘 적응하려면 어떻게 해야 해요?

2. 교재 지문에 대해 자신이 쓸 내용을 간단하게 메모하도록 한다. 교사는 학생들이 쓴 메모에 오류가 없는지 확인해 준다.

3. 메모한 내용을 바탕으로 글로 완성하게 한다.

문화와 정보

이민자 정착 프로그램

한국에는 이민자들이 잘 정착할 수 있도록 돕는 다양한 프로그램이 있다. 대표적인 예로 '사회통합프로그램', '조기적응프로그램', '다문화가족 방문교육 서비스'가 있다.

'사회통합프로그램'은 이민자가 한국에서 살아가는 데에 필요한 한국어 능력을 키워 주고 한국 사회에 대한 이해를 높여 준다. 이민자라면 누구든지 참여할 수 있다.

'조기적응프로그램'은 이민자가 한국 입국 초기에 참가하는 프로그램으로서, 한국 생활에 빠르게 적응할 수 있도록 돕는 프로그램이다. 이민자 체류 유형에 따라 필요한 내용을 교육한다.

'다문화가족 방문교육 서비스'는 집합 교육에 참가하기 어려운 다문화 가족을 대상으로 한다. 교사가 다문화 가정을 방문하여 한국어를 가르친다. 그리고 다문화 가정 자녀의 학교생활이나 사회 적응에 필요한 도움을 준다.

이러한 이민자 정착 프로그램은 법무부 사회통합정보망 Soci-Net(www.socinet.go.kr)과 여성가족부 다문화 가족 지원 포털 다누리(www.liveinkorea.kr)를 통해서 안내를 받을 수 있다.

1) 한국 내 이민자를 위한 프로그램으로 무엇이 있습니까?
2) 사회통합프로그램과 조기적응프로그램은 어떻게 다릅니까?
3) 여러분이 지금까지 참여한 프로그램을 소개해 보세요.

이민자 정착 프로그램

1. 이 단원의 문화와 정보가 무엇에 대한 것인지 알려 준다.

🎙 한국에는 이민자들이 잘 정착할 수 있도록 돕는 다양한 프로그램이 있어요. 오늘은 한국의 이민자 정착 프로그램에 대해 알아봅시다.

2. 교재의 그림(사진)을 보면서 주제에 대해 알고 있는 것을 상기시키고 말해 보게 한다. 이때 관련 시각 자료를 추가로 활용할 수 있다.

🎙 여러분은 이민자 정착 프로그램을 알고 있어요? 어떤 프로그램을 이용해 봤어요?

3. 교재를 같이 읽으면서 내용을 설명한다. 이때 중요한 정보가 있는 부분에 밑줄을 긋거나 표시하게 하는 것도 좋다.

4. 질문 1), 2)의 답을 찾아보고 답하게 한다.

🎙 한국 내 이민자를 위한 프로그램으로 무엇이 있습니까? 사회통합프로그램과 조기적응프로그램은 어떻게 다릅니까?

5. 질문 3)을 이용하여 학습자 자신의 경험을 말해 보도록 한다.

🎙 여러분이 지금까지 참여한 프로그램을 소개해 보세요.

배운 어휘 확인

- 부푼 꿈
- 설레다
- 뭐든 다 할 수 있을 것 같다
- 해내다
- 자신이 있다
- 향수병
- 그립다
- 여기저기 뛰어다니다
- 신기하다
- 답답하다
- 낯설다
- 적응하다
- 주변을 돌아보다
- 여유
- 서투르다
- 오해를 받다
- 노하우
- 편견
- 자리를 잡다
- 초청하다

- 환경
- 다행히
- 머리를 감다
- 앞만 보고 달리다
- 챙겨 먹다
- 어리다
- 향상되다
- 수요
- 승진
- 긍정적이다
- 사업
- 수익
- 즐기다
- 고생 끝에 낙이 오다
- 회상
- 엊그제
- 꾸준히
- 고진감래
- 옛말
- 지름길
- 제2의 고향

- 봄날
- 기대감
- 외로움
- 호기심
- 자신감
- 생소함
- 체험 수기
- 번역자
- 계기
- 이주
- 마음을 먹다
- 기초
- 꽤
- 적성에 맞다
- 겁이 나다
- 어쩌면
- 당연하다
- 다가서다
- 상황
- 기회를 잡다

- 이 단원에서 배운 어휘 중 기억나는 것을 말해 보세요.
- 이 단원에서 배운 문법은 뭐예요? 어떻게 사용해요?
- 한국 생활 적응 초기에는 어땠어요? 지금은 어때요?
- 한국 생활에 어떻게 정착했어요?
- 한국 내 이민자를 위한 프로그램으로 무엇이 있어요?

마무리

1. 단원에서 학습한 어휘 중 기억하는 것을 먼저 말해 보게 한다.
2. 배운 어휘 목록의 어휘들을 읽으면서 의미를 상기시킨다.
3. 단원에서 학습한 문법(통-느라고, 통형-을수록)을 상기시키며 의미와 사용법을 기억하는지 확인한다.
4. 단원의 목표와 성취도를 확인한다.
5. 익힘책을 과제로 제시하고 마무리한다.

2 가족의 변화

어휘: 가족의 형태와 특징

문법: 동형 -을 뿐만 아니라
　　　동형 -을 수밖에 없다

활동: 가족의 특징에 대해 말하기
　　　좋아하는 가족의 형태에 대해 쓰기

문화와 정보: 출산 장려 정책

수업 목표 및 내용

• **주제:** 가족의 변화

• **어휘와 문법**
 – 어휘: 가족의 형태와 특징에 관련한 어휘를 익힌다.
 – 문법: '동형 -을 뿐만 아니라', '동형 -을 수밖에 없다'의 의미와 형태를 익혀 사용할 수 있다.

• **활동**
 – 말하기: 가족의 특징에 대해 말할 수 있다.
 – 듣기: 결혼과 출산에 대한 의견을 듣고 이해할 수 있다.
 – 읽기: 1인 가구 증가에 대한 신문 기사를 읽고 이해할 수 있다.
 – 쓰기: 좋아하는 가족의 형태에 대해 글을 쓸 수 있다.

• **문화와 정보:** 출산 장려 정책

수업 전개	도입, 어휘　1차시	문법　2차시
	·대가족과 핵가족의 특징 ·현대의 다양한 가족 형태와 특징	·동형 -을 뿐만 아니라 ·동형 -을 수밖에 없다
	익힘책 pp.18-19	익힘책 pp.20-22

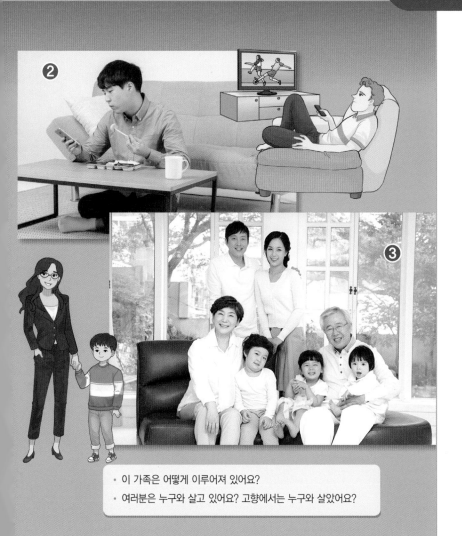

- 이 가족은 어떻게 이루어져 있어요?
- 여러분은 누구와 살고 있어요? 고향에서는 누구와 살았어요?

도입

1. 교재 그림을 이용하여 학생들과 이야기하며 이 과의 주제를 노출한다.

그림❶ 🎙 이 가족은 몇 명이에요?
여러분의 가족은 어떻게 이루어져 있어요?

그림❷ 🎙 이 남자는 혼자 살아요? 누구와 같이 살아요?
여러분은 지금 누구와 살고 있어요?

그림❸ 🎙 이 가족은 어떻게 이루어져 있어요?
요즘도 이런 가족이 많이 있을까요?
여러분 고향에서는 어때요?

2. 대화 내용을 정리하며 이 단원에서는 '가족의 형태와 특징, 요즘의 결혼과 출산에 대한 사람들의 생각' 등에 대해 공부한다는 것을 알려 준다.

─ 이 단원을 지도할 때는… ─

이 단원과 관계있는 단원들은 아래와 같습니다. 관련 단원의 학습 내용을 확인하셔서 지도에 참고하시면 좋을 것 같습니다.

- 주제: 가족
  - 1권 10과
- 문법: 동 형 -는 데다가, 명 조차
  - 3권 11과
  - 4권 11과

말하기 듣기, 발음	3차시	읽기	4차시	쓰기, 문화와 정보, 마무리	5차시
·가족의 특징에 대해 말하기 ·결혼과 출산에 대해 듣기		·1인 가구 증가에 대해 읽기		·좋아하는 가족의 형태에 대해 쓰기 ·출산 장려 정책	
익힘책 p.23		익힘책 p.24		익힘책 p.25	

2과 가족의 변화　23

어휘

- **대가족:** 우리 가족은 할머니, 할아버지, 어머니, 아버지 그리고 나와 동생까지 한집에 사는 대가족이에요.
- **여러 세대가 함께 살다:** 할머니, 할아버지 세대, 부모 세대, 자식 세대가 함께 한집에서 산다는 뜻이에요.
- **가족 간의 유대가 깊다:** 가족들이 서로 친해 보여요. 가족 간의 유대가 깊은 것 같아요.

- **핵가족:** 부부와 아이만 있는 가족이라는 뜻이에요.
- **분가해서 살다:** 부모님과 함께 살던 친구는 결혼과 동시에 분가하기로 했어요.
- **가사를 분담하다:** 집안일을 혼자 한 사람이 다 하지 않고 여러 명이 나누어서 한다는 뜻이에요.

- **독거노인:** 자식들과 떨어져 혼자 사는 노인을 말해요.
- **맞벌이 부부:** 남편과 아내 모두 일을 해서 돈을 버는 부부를 말해요.
- **독립하다:** 다른 도시로 이사를 가면서 부모님으로부터 독립했어요.
- **재혼하다:** 이혼한 후 다른 사람과 다시 결혼한다는 뜻이에요.
- **아이를 입양하다:** 다른 사람의 아이를 내 자식으로 받아들인다는 뜻이에요.

---

1. 대가족과 핵가족의 특징을 알아보세요.

| 대가족 | 핵가족 |

- 부모님을 모시고 살다
- 여러 세대가 함께 살다
- 가족 간의 유대가 깊다
- 집안의 중요한 일은 어른들이 결정하다

- 분가해서 살다
- 가사를 분담하다
- 각자의 생활을 존중받다
- 집안의 중요한 일은 가족이 함께 결정하다

2. 현대의 다양한 가족 형태와 특징을 알아보세요.

| 다문화 가족 | 맞벌이 부부 | 1인 가구 |

| 한 부모 가족 | 주말부부 | 독거노인 |

- 국제결혼을 하다
- 한쪽 부모와 살다
- 아이를 낳지 않다

- 맞벌이를 하다
- 주말부부로 지내다
- 아이를 입양하다

- 독립하다
- 혼자 살다
- 재혼하다

어휘 (가족의 형태와 특징)

1 도입, 제시

1. 지금 학생들의 가족 형태를 물으며 오늘의 어휘는 대가족과 핵가족의 특징, 현대의 다양한 가족 형태와 특징을 말할 때 사용하는 표현임을 알려 준다.

   🎤 여러분은 가족이 몇 명이에요?
   여러분 고향에 부모님과 함께 사는 가족이 많이 있어요?

2. 교사를 따라 어휘를 소리 내어 한 번 읽는다. 이때 발음에 주의하게 한다.

3. 어휘의 의미를 설명한다. 어휘가 사용된 문장을 예로 제시하거나 의미를 풀어서 설명해 준다. 상황에 따라 유의어나 반의어 등을 추가로 설명할 수 있다.

4. 배운 어휘를 소리 내어 읽도록 한다. 이때 '-어요' 형태로 단어를 읽는 등 변화를 줄 수 있다.

2 연습

1. 배운 어휘를 사용하여 한 사람씩 문장을 만들어 보는 연습을 먼저 한다.

2. 연습한 문장을 이용하여 다양한 가족의 형태를 짝과 대화하도록 한다.

3. 학생들끼리 이야기한 것을 교사가 정리해 주며 같이 이야기한다.

   🎤 여러분의 고향에는 대가족이 많아요? 핵가족이 많아요?
   지금은 어떤 가족의 모습이 많아요?
   왜 이런 가족이 많을까요?

4. 자신의 실제 가족 형태를 이야기하는 활동으로 확장할 수 있다.

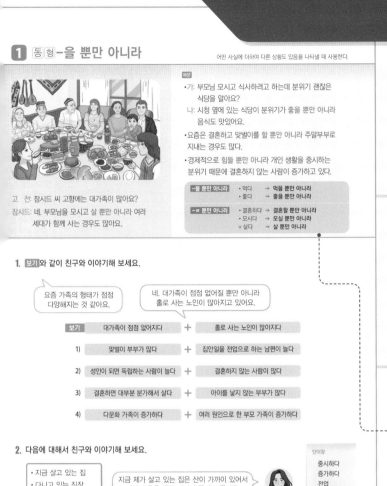

1 동형 -을 뿐만 아니라 어떤 사실에 더하여 다른 상황도 있음을 나타낼 때 사용한다.

예문
• 가: 부모님 모시고 식사하려고 하는데 분위기 괜찮은 식당을 알아요?
  나: 시청 옆에 있는 식당이 분위기가 좋을 뿐만 아니라 음식도 맛있어요.
• 요즘은 결혼하고 맞벌이를 할 뿐만 아니라 주말부부로 지내는 경우도 많다.
• 경제적으로 힘들 뿐만 아니라 개인 생활을 중시하는 분위기 때문에 결혼하지 않는 사람이 증가하고 있다.

| -을 뿐만 아니라 | • 먹다 → 먹을 뿐만 아니라
• 좋다 → 좋을 뿐만 아니라 |
| -ㄹ 뿐만 아니라 | • 결혼하다 → 결혼할 뿐만 아니라
• 모시다 → 모실 뿐만 아니라
* 살다 → 살 뿐만 아니라 |

고 천: 잠시드 씨 고향에는 대가족이 많아요?
잠시드: 네. 부모님을 모시고 살 뿐만 아니라 여러 세대가 함께 사는 경우도 많아요.

1. 보기 와 같이 친구와 이야기해 보세요.

요즘 가족의 형태가 점점 다양해지는 것 같아요.

네. 대가족이 점점 없어질 뿐만 아니라 홀로 사는 노인이 많아지고 있어요.

보기	대가족이 점점 없어지다	+	홀로 사는 노인이 많아지다
1)	맞벌이 부부가 많다	+	집안일을 전업으로 하는 남편이 늘다
2)	성인이 되면 독립하는 사람이 늘다	+	결혼하지 않는 사람이 많다
3)	결혼하면 대부분 분가해서 살다	+	아이를 낳지 않는 부부가 많다
4)	다문화 가족이 증가하다	+	여러 원인으로 한 부모 가족이 증가하다

2. 다음에 대해서 친구와 이야기해 보세요.

• 지금 살고 있는 집
• 다니고 있는 직장
• 고향의 요즘 날씨

지금 제가 살고 있는 집은 산이 가까이 있어서 전망이 좋을 뿐만 아니라 공기도 좋아요.

단어장
중시하다
증가하다
전업
전망

2과 가족의 변화 27

동형 -을 뿐만 아니라
어떤 사실에 더하여 다른 상황도 있음을 나타낼 때 사용한다. 더 일반적이고 당연하다고 생각하는 내용을 앞에 나타내고 뒤에는 앞 내용에 추가되는 또 다른 정보를 사용한다. 동사와 형용사에 받침이 있을 때는 '-을 뿐만 아니라', 받침이 없을 때는 '-ㄹ 뿐만 아니라'의 형태로 사용한다.

• 가: 요즘은 주말부부가 많은 것 같아요.
  나: 주말부부가 많을 뿐만 아니라 맞벌이 부부도 늘고 있어요.
• 가: 올해 날씨가 작년과 너무 다르네요.
  나: 맞아요. 비가 많이 내릴 뿐만 아니라 습도도 높아요.
• 집이 넓을 뿐만 아니라 인테리어도 고급스러워요.
• 형은 음악 작곡을 할 뿐만 아니라 노래도 불러요.

| -을 뿐만 아니라
(받침 O) | 먹다 → 먹을 뿐만 아니라
읽다 → 읽을 뿐만 아니라
좋다 → 좋을 뿐만 아니라
싫다 → 싫을 뿐만 아니라
*듣다 → 들을 뿐만 아니라
*춥다 → 추울 뿐만 아니라 |
| -ㄹ 뿐만 아니라
(받침 X, ㄹ 받침) | 사다 → 살 뿐만 아니라
모시다 → 모실 뿐만 아니라
바쁘다 → 바쁠 뿐만 아니라
예쁘다 → 예쁠 뿐만 아니라
*살다 → 살 뿐만 아니라 |

문법 1 (동형 -을 뿐만 아니라)

1 도입, 제시

1. 도입 그림과 대화를 통해 문법이 사용되는 상황을 인지시킨다.

   🎙 잠시드 씨의 고향에는 어떤 가족이 많아요?
   대가족이 함께 살 때 보통 부모님을 모시지요? 그리고 또 어떤 경우가 많아요?

2. 교재의 대표 예문을 보면서 문법의 의미를 설명한다.

   🎙 잠시드 씨의 고향에는 대가족이 많아요. 부모님을 모시고 살아요. 그리고 여러 세대가 함께 사는 경우도 있어요. 이렇게 앞의 이야기에 또 다른 이야기가 더 있어요. 어떤 사실에 더해서 다른 상황도 있다는 것을 말하고 싶을 때 '-을 뿐만 아니라'를 사용해요.

3. 학생들과 교재의 예문들을 읽으면서 문법의 의미를 설명하고 이해시킨다.

4. 문법의 형태 정보를 제시하고 설명한다.

5. 추가 예문을 제시하고 문법의 의미와 사용법을 정확하게 이해시킨다.

2 연습 1

1. 〈보기〉의 대화를 교사와 함께 완성해 본다.

2. 나머지 문제를 〈보기〉의 대화처럼 짝과 완성하도록 한다.

3. 연습한 것을 발표하게 하거나 교사가 전체 학생 대상으로 답하게 하여 확인한다. 그리고 오류가 있으면 수정해 준다.

3 연습 2

1. '지금 살고 있는 집', '다니고 있는 직장', '고향의 요즘 날씨' 등의 자신의 경험에 대해 이야기해 보도록 한다.

2. 친구와 대화한 것을 발표하게 하고 오류가 있으면 수정해 준다.

   익힘책 20-21쪽을 풀게 하거나 과제로 제시한다. 익힘책은 연습 활동 난이도에 따라 교재 연습 문제 전후로 활용한다.

◢ ⑧ⓔ **-을 수밖에 없다**

다른 방법이나 다른 가능성이 없음을 나타낼 때 사용한다. 동사와
형용사에 받침이 있을 때는 '-을 수밖에 없다', 받침이 없을 때는 '-ㄹ
수밖에 없다'의 형태로 사용한다.

◢ • 가: 혼자 사는 사람들이 많아지고 있어요.
　　나: 그래서 1인 가구를 위한 상품들이 <u>많을 수밖에 없어요.</u>

• 가: 후엔 씨는 한국어 공부를 열심히 하네요.
　나: 슬기와 이야기를 많이 하기 위해서 공부를 열심히
　　<u>할 수밖에 없어요.</u>

• 생활비를 줄이려면 돈을 <u>아껴 쓸 수밖에 없어요.</u>

• 맞벌이 부부라서 가사를 <u>분담할 수밖에 없어요.</u>

-을 수밖에 없다 (받침 O)	먹다 → 먹을 수밖에 없다 낳다 → 낳을 수밖에 없다 좋다 → 좋을 수밖에 없다 싫다 → 싫을 수밖에 없다 *듣다 → 들을 수밖에 없다
-ㄹ 수밖에 없다 (받침 X, ㄹ 받침)	사다 → 살 수밖에 없다 마시다 → 마실 수밖에 없다. 입양하다 → 입양할 수밖에 없다 바쁘다 → 바쁠 수밖에 없다. *살다 → 살 수밖에 없다 *덥다 → 더울 수밖에 없다

---

2 ⑧ⓔ -을 수밖에 없다　　　　　다른 방법이나 다른 가능성이 없음을 나타낼 때 사용한다.

예문
• 가: 지난주 수업에 왜 안 왔어요?
　나: 갑자기 출장을 가게 돼서 수업에 빠질 수밖에 없었어요.
• 여러 세대가 함께 사니까 가족 간의 유대가 깊을 수밖에
　없다.
• 독거노인이 늘고 있기 때문에 노인 복지에 대한 관심이
　증가할 수밖에 없다.

-을 수밖에 없다	• 먹다 → 먹을 수밖에 없다 • 낳다 → 낳을 수밖에 없다
-ㄹ 수밖에 없다	• 입양하다 → 입양할 수밖에 없다 • 바쁘다 → 바쁠 수밖에 없다 ★ 살다 → 살 수밖에 없다

고쳔: 후엔 씨, 아르바이트 찾고 있어요?
후엔: 네, 슬기 교육비 때문에 지출이 늘어서 맞벌이를
　　　할 수밖에 없어요.

1. 보기 와 같이 친구와 이야기해 보세요.

　　가족과 떨어져 살아요?　　　　네, 회사가 지방에 있어서
　　　　　　　　　　　　　　　　떨어져 살 수밖에 없어요.

보기	가족과 떨어져 살다	회사가 지방에 있다
1)	매일 가계부를 쓰다	식구가 늘고 지출이 많아지다
2)	항상 음식을 조금씩 사다	혼자 살다
3)	육아 휴직을 냈다	아이를 볼 사람이 없다
4)	명절에 음식을 많이 준비하다	대가족이다

2. 다른 방법이 없어서 할 수밖에 없는 일에 대해 친구와 이야기해 보세요.

저는 공부를 더 하고 싶지만 돈을
벌어야 해서 취직할 수밖에 없어요.

단어장
(수업에) 빠지다
복지
지방
식구
육아 휴직을 내다

28　사회통합프로그램(KIIP) 한국어와 한국문화 중급 2

문법 2 (⑧ⓔ-을 수밖에 없다)

1 도입, 제시

1. 도입 그림과 대화를 통해 문법이 사용되는 상황을 인지시킨다.

🎤 후엔 씨는 지금 무엇을 보고 있어요?
　왜 아르바이트를 찾고 있어요?
　아르바이트를 꼭 해야 돼요?

2. 교재의 대표 예문을 보면서 문법의 의미를 설명한다.

🎤 우리가 생활하면서 돈이 필요한 경우가 많이 있어요. 돈을 아껴 쓰기
　위해서 많은 노력을 하지만 지출이 늘어서 어쩔 수 없이 아르바이트를
　해야 돼요. 이렇게 더 이상 다른 방법이 없다는 것을 말하고 싶을 때
　'-을 수밖에 없다'를 사용해요.

3. 학생들과 교재의 예문들을 읽으면서 문법의 의미를 설명하고
이해시킨다.

4. 문법의 형태 정보를 제시하고 설명한다.

5. 추가 예문을 제시하고 문법의 의미와 사용법을 정확하게 이해시킨다.

2 연습 1

1. 〈보기〉의 대화를 교사와 함께 완성해 본다.

2. 나머지 문제를 〈보기〉의 대화처럼 짝과 완성하도록 한다.

3. 연습한 것을 발표하게 하거나 교사가 전체 학생 대상으로 답하게 하여
확인한다. 그리고 오류가 있으면 수정해 준다.

3 연습 2

1. 다른 방법이 없어서 할 수밖에 없는 일에 대해 자신의 경험을 친구와
이야기하도록 한다.

2. 친구와 대화한 것을 발표하게 하고 오류가 있으면 수정해 준다.

익힘책 21~22쪽을 풀게 하거나 과제로 제시한다. 익힘책은 연습 활동
　난이도에 따라 교재 연습 문제 전후로 활용한다.

1. 고천 씨와 후엔 씨가 오랜만에 만나서 이야기합니다. 다음 대화처럼 이야기해 보세요.

고천: 후엔 씨, 오랜만이에요. 얼굴 보기가 왜 이렇게 힘들어요?

후엔: 요즘 우리 세 식구는 분가 준비하느라 좀 바빠요. 슬기 교육 때문에 학교랑 학원 근처로 이사 가기로 했어요.

고천: 아, 그랬구나. 그럼 슬기 엄마 아빠 맞벌이하는데 이제 슬기는 누가 봐 줘요?

후엔: 저도 그게 걱정이에요. 시부모님 모시고 살 때는 우리가 일하는 동안 슬기도 봐 주시고 집안일도 도와주셨는데 이제 어떻게 할지 고민 중이에요.

고천: 슬기 아빠하고 가사 분담을 잘해 봐요. 그래도 분가해서 살면 생활비가 적게 들 뿐만 아니라 집안일이 줄어서 전보다 편한 것도 있을 거예요.

후엔: 네, 여러 가지로 생각해 봐야겠어요.

1) 슬기도 봐 주시고 집안일도 도와주시다 | 생활비가 적게 들다 + 집안일이 줄다

2) 여러 가지로 도움 받을 수 있다 | 개인 시간이 많아지다 + 부부가 모든 일을 결정하다

2. 대가족과 핵가족의 좋은 점에 대해 친구와 이야기해 보세요.

대가족	핵가족
• 여러 세대가 함께 살아서 가족 간의 유대가 깊다. • 어려운 일이 있을 때 도움을 받을 수 있는 사람이 많다.	• 가족 관계가 평등하고 개인 생활을 존중받을 수 있다. • 식구가 적어서 경제적인 부담이 적다.

단어장
평등하다
경제적인 부담

• **평등하다:** 이 회사에서는 여성 직원에게 남성 직원과 차별 없는 평등한 기회를 주고 있다.

• **경제적인 부담:** 아이가 자라면서 교육비 등 여러 가지 경제적인 부담이 커지고 있어요.

발음

• **그랬구나**[그랟꾸나]

• **맞벌이**[맏뻐리]

가족의 특징에 대해 말하기

1 대화문 연습

1. 가족의 특징에 대해 이야기하고 교재의 그림을 이용해 어떤 상황인지 추측해 보도록 한다.

🎤 슬기는 지금 누구와 있어요?
할아버지, 할머니와 함께 생활하면 어떤 점이 좋을까요?
여러분도 할아버지, 할머니와 같이 산 적이 있어요?

2. 지시문을 이용하여 대화 상황을 학생들에게 명확하게 알려 준다.

3. 대화를 들려주고 간단한 질문을 하여 대화 내용을 이해했는지 확인한다.

🎤 후엔 씨는 요즘 왜 바빴어요?
왜 분가를 해요?
그동안은 누가 슬기를 돌봐 주었어요?
고천 씨는 분가해서 살면 어떤 점이 편하다고 해요?

4. 교사와 함께 대화문을 읽으면서 자연스럽게 말하는 연습을 한다. 두 번 정도 반복해서 연습한다.

5. 교체 어휘를 활용하여 짝과 함께 연습하게 한다.

6. 연습이 끝나면 한두 팀을 발표시키거나 교사가 전체 학생을 대상으로 확인한다.

2 확장 연습

1. 대가족과 핵가족의 좋은 점에 대해 말하기를 한다고 알려 준다.

2. 짝과 자신의 경험에 대해 이야기할 때는 다음과 같은 내용을 포함하여 말하도록 지시한다.

🎤 대가족은 어떤 점이 좋아요?
핵가족은 어떤 점이 좋아요?
왜 그러한 점이 좋다고 생각했어요?

3. 이야기가 끝나면 한두 팀을 발표시키거나 교사가 전체 학생을 대상으로 확인하고 오류를 수정해 준다.

듣기

2-L.mp3

제이슨(남): 얼마 전에 뉴스에서 봤는데 요즘 한국에서는 아이를 낳지 않는 부부가 점점 많아지고 있대요.

이　링(여): 우리 고향도 비슷해요. 옛날에는 결혼하면 아이를 낳는 게 당연하다고 생각했지만 요즘은 생각이 많이 바뀐 것 같아요.

제이슨(남): 맞아요. 아이를 낳지 않을 뿐만 아니라 결혼 자체를 안 하잖아요.

이　링(여): 네. 경제적인 부담도 크고 개인 생활을 중시하는 분위기 때문에 그런 것 같아요.

제이슨(남): 이링 씨는 어때요?

이　링(여): 저는 생각이 자주 바뀌어요. 결혼하고 싶을 때도 있고, 혼자 편하게 사는 게 좋을 때도 있어요.

제이슨(남): 저는 지금 가족과 떨어져 살고 있어서 그런지 결혼도 빨리 하고 아이도 많이 낳고 싶어요.

---

1. 요즘 결혼과 출산에 대한 사람들의 생각이 어떻게 변화하고 있습니까?

> 요즘은 아이를 낳지 않는 부부가 많아지고 있어요.

> 결혼과 출산으로 가족을 이루는 것보다 개인 생활을 중시하는 분위기예요.

> 결혼을 하지 않는 사람들이 점점 늘어나는 것 같아요.

2. 제이슨 씨와 이링 씨가 이야기합니다. 잘 듣고 질문에 답해 보세요.

2-L.mp3

1) 제이슨 씨는 얼마 전에 어떤 뉴스를 봤습니까?
요즘 한국에서는 아이를 낳지 않는 부부가 점점 많아진다는 뉴스를 봤습니다.

2) 들은 내용과 같으면 ○, 다르면 X 하세요.

❶ 이링 씨의 고향에는 아이를 낳지 않는 부부가 많아지고 있다. (　○　)

❷ 이링 씨는 경제적인 부담 때문에 아이를 낳지 않을 것이다. (　X　)

❸ 이링 씨는 혼자 사는 것보다 결혼하는 것이 좋다고 생각한다. (　X　)

단어장
자체
맏사위

3) 제이슨 씨가 원하는 것은 무엇입니까?
결혼도 빨리 하고 아이도 많이 낳고 싶어 합니다.

받침 ㄷ, ㅌ, ㅅ, ㅆ, ㅈ, ㅊ, ㅎ ➡ [ㄷ]

발음
2-P.mp3

[ㄷ] + | ㄱ, ㄷ, ㅂ, ㅅ, ㅈ | ➡ [ㄷ] + [ㄲ, ㄸ, ㅃ, ㅆ, ㅉ]

맞벌이[맏뻐리]
맏사위[맏싸위]
맛집[맏찝]

다음을 듣고 따라 읽으세요.

1) 우리 부부는 맞벌이를 하고 있어요.
2) 우리 남편은 맏사위이다.
3) 맛집에는 항상 손님이 많아서 기다려야 한다.

결혼과 출산에 대해 듣기

1. 지시문에 대해 답하며 앞으로 들을 내용을 추측하게 한다.

🎤 여러분은 결혼과 출산에 대해서 어떻게 생각해요?
주변 사람들의 생각과 여러분의 생각이 비슷한가요?

2. 지시문을 이용하여 등장인물과 대화 상황을 설명한다.

🎤 이 두 사람은 무슨 이야기를 하고 있어요?
왜 이러한 변화가 생겼어요?

3. 문제를 읽고 들어야 하는 정보를 파악하게 한다.

🎤 어떤 뉴스를 봤어요?
이링 씨의 고향에 어떤 부부가 많아지고 있어요?
제이슨 씨가 원하는 것은 뭐예요?

4. 듣기 파일을 두 번 듣고 문제를 풀게 한다.

5. 교재 질문의 답을 확인한 후 해당 대화를 같이 읽으며 내용을 확인한다. 필요한 경우 새로운 어휘, 표현을 설명한다.

2-P.mp3

발음

1. '맞벌이, 맏사위, 맛집'의 발음을 들려주고 'ㄱ, ㄷ, ㅂ, ㅅ, ㅈ'의 발음이 어떻게 들리는지 학습자 스스로 확인해 보도록 한다.

2. 받침 'ㄷ, ㅌ, ㅅ, ㅆ, ㅈ, ㅊ, ㅎ' 뒤에 오는 자음 'ㄱ, ㄷ, ㅂ, ㅅ, ㅈ'이 [ㄲ, ㄸ, ㅃ, ㅆ, ㅉ]으로 발음된다는 것을 알려 준다.

주의 경음화는 여러 경우가 있지만 '받침소리 [ㄷ]'의 경우에 한정해서 가르친다.

3. '맞벌이, 맏사위, 맛집'의 발음을 다시 듣고 교사를 따라 말해 본다.

4. 1)~3)번의 문장을 듣고 교사를 따라 말하게 한다.

5. 짝과 함께 문장을 읽으며 연습하게 한 후에 확인한다.

• 경음화

받침 'ㄷ, ㅌ, ㅅ, ㅆ, ㅈ, ㅊ, ㅎ' 뒤에 오는 자음 'ㄱ, ㄷ, ㅂ, ㅅ, ㅈ'이 [ㄲ, ㄸ, ㅃ, ㅆ, ㅉ]으로 발음된다.

1. 다음 신문 기사의 제목을 보고 과거와 다르게 가족의 형태가 다양해지는 원인을 이야기해 보세요.

> "꼭 해야 하나요?"
> 작년 혼인율 역대 최저

> 20~40대 10명 중 6명
> '결혼이 두렵다'

> 지난해 이혼율
> 2년 연속 상승

> 혼자 벌어서
> 어떻게 살죠?

> 100세 시대,
> 행복한 노후를 위해

- 혼인율이 감소하다
- 결혼 연령이 높아지다
- 이혼율이 증가하다
- 결혼에 대한 가치관이 변화하다
- 여성의 경제 활동이 활발하다
- 평균 수명이 늘다

2. 다음은 가족의 형태와 관련된 신문 기사의 제목입니다. 제목에 맞는 기사 내용을 연결해 보세요.

1인 가구 증가로 소포장 식품 매출 쑥쑥	아픈 자녀와 병원 동행이 어려운 부모를 위해 아이를 데리고 병원에 가 주는 서비스를 시행할 예정이다. 진료뿐만 아니라 검진, 예방 접종도 동행 서비스가 가능하다.
신혼부부 열 쌍 중 네 쌍 "애 안 낳아요"	이렇게 혼자 사는 가구가 점점 늘어나면 우리 사회에 크고 작은 변화가 생길 수밖에 없을 것이다.
맞벌이 부부, 아픈 아이 어떡하죠?	○○시는 사물 인터넷(IoT) 기기를 활용해 일정 시간 동안 움직임이 감지되지 않을 경우 즉시 방문하거나 119에 신고하고 있다.
늘어나는 싱글족, 사회 변화 불가피	요즘 혼자 사는 사람들이 많아지면서 마트나 편의점의 소포장된 식품 판매량이 늘고 있다.
2년간 독거노인 65명 목숨 구한 사물 인터넷(IoT)	신혼부부 열 쌍 중 네 쌍은 아이를 낳지 않는 것으로 조사됐다. 외벌이일수록, 자기 집을 가졌을수록 더 많은 아이를 낳는 것으로 나타났다.

2과 가족의 변화 **31**

- **가치관:** 요즘은 결혼을 반드시 해야 한다고 생각하는 사람이 점점 줄어드는 등 결혼에 대한 가치관이 바뀌고 있다.
- **평균 수명이 늘다:** 평균 수명이 늘어나면서 여성들은 거의 86세까지 사는 것으로 조사되었다.

- **매출:** 날씨가 더워지면서 아이스크림의 매출이 올라갔다.
- **싱글족:** 결혼하지 않고 혼자 사는 사람들을 뜻해요.
- **불가피하다:** 갑자기 일이 생겨서 회의 도중에 불가피하게 나가야 했다.
- **사물 인터넷(IoT):** 물건들이 인터넷으로 연결되어 필요한 서비스를 바로 실행하는 것을 말해요.

가족 형태의 변화

1. 요즘 변화하는 가족의 형태에 대한 다양한 원인을 생각하게 한다.

> 🎤 여러분의 가족은 몇 명이에요? 누구누구예요?
> 여러분 주변에는 어떤 가족들이 있어요?
> 왜 그런 가족들이 많을까요?

2. 신문 기사의 제목을 읽고 각각의 제목이 표현하는 의미를 파악할 수 있게 한다.

3. 질문을 하여 내용을 잘 이해했는지 확인한다.

> 🎤 요즘 결혼하는 사람들이 많아요?
> 결혼에 대한 생각이 어떻게 달라졌어요?

4. 가족의 형태에 대한 신문 기사 제목을 읽고 각 제목의 의미를 파악할 수 있게 한다.

5. 가족 형태의 변화에 대해 각자의 의견을 이야기하게 한다.

> 🎤 가족 형태의 변화에 대해 여러분의 의견을 이야기해 보세요.
> 이러한 가족 형태의 변화에 대한 ○○ 씨 의견은 뭐예요?

- **전망:** 내년에는 지금보다 경제 상황이 좋아질 전망이다.
- **고령화:** 최근 평균 수명의 증가로 노인 인구가 늘면서 점점 고령화 사회가 되어 간다.
- **생필품:** 물, 휴지, 밥, 쌀 등 생필품을 어려운 이웃에게 전달했다.
- **규모:** 이 행사는 여러 나라에서 많은 사람들이 참여하여 큰 규모로 열렸다.
- **전통적:** 경주에서는 한국의 전통적인 집들을 많이 볼 수 있다.
- **정책:** 정부는 집값을 안정시키는 정책을 마련했다.
- **개선하다:** 인터넷으로 많은 학생들이 공부할 수 있도록 시스템을 개선했다.
- **주거:** 일정한 장소에 머물거나 생활하는 것을 뜻해요. 📖 다양한 편의 시설이 생기면서 주거 환경이 좋아졌다.
- **지원:** 정부가 외국인 학생들을 위한 장학금 지원을 늘리고 있어요.
- **시급하다:** 아이를 낳지 않는 신혼부부가 늘어나면서 저출산 문제 해결이 시급해요.

---

3. 다음은 1인 가구 증가에 대한 신문 기사입니다. 잘 읽고 질문에 답해 보세요.

이민신문 | 20XX. 6. 13.

최근 조사에 따르면 1인 가구가 전체 가구 수의 약 30%를 차지했으며 앞으로도 계속 늘어날 전망이다. 이렇게 1인 가구가 증가하는 원인으로는 결혼에 대한 가치관 변화, 이혼율 증가, 고령화 등을 꼽을 수 있다.

1인 가구가 증가함에 따라 이들을 대상으로 한 상품이 등장하고 이들을 위한 서비스업도 생기기 시작했다. 마트나 편의점에는 1인 가구를 위한 채소나 과일 등 소포장된 상품의 판매량이 증가하고, 생필품이나 가전 제품도 1인 가구에 맞춰 나온 제품들이 인기를 끌고 있다. 이뿐만 아니라 소형 아파트나 오피스텔도 꾸준히 인기를 얻고 있으며, 청소, 장보기, 대여, 짐 보관 등 1인 가구를 위한 서비스업의 규모도 점점 커지고 있다.

이렇게 혼자 사는 가구가 점점 늘어나면서 우리 사회에 크고 작은 변화가 생길 수밖에 없다. 이에 따라 전통적인 가구 형태에 맞춘 정책을 개선해야 한다는 목소리도 커지고 있다. 1인 가구를 위한 주거 지원 정책이나 혼자 사는 노인을 대상으로 하는 돌봄 서비스 등 다양하고 세심한 정책이 시급하다.

1) 이 신문 기사의 제목으로 가장 알맞은 것을 고르세요.
① 1인 가구를 위한 서비스 실시
② 1인 가구 증가로 소형 아파트 인기
③ 전체 가구 수의 약 30%가 1인 가구
④ 1인 가구 증가, 생활에 많은 변화 가져와

2) 1인 가구가 증가하는 원인은 무엇입니까?
결혼에 대한 가치관 변화, 이혼율 증가, 고령화 등을 꼽을 수 있습니다.

3) 윗글의 내용과 다른 것을 고르세요.
① 1인 가구는 계속 증가하고 있다.
② 소포장된 상품이 늘어나서 1인 가구가 증가했다.
③ 혼자 사는 사람들을 위한 상품과 서비스가 증가하고 있다.
④ 혼자 사는 가구를 위한 정책이 필요하다.

단어장
차지하다	정책
고령화	개선하다
꼽다	주거
등장하다	지원
생필품	세심하다
규모	시급하다
전통적	

1인 가구 증가에 대해 읽기

1. 최근 가족 형태의 특징에 대해 이야기하며 1인 가구 증가에 대한 신문 기사를 읽게 한다.

🎤 요즘 어떤 가족 형태가 증가하고 있어요?
왜 그럴까요?

2. 글을 훑어 읽게 한 후 주제, 중심 내용 등을 간단히 말해 보도록 한다.

🎤 1인 가구는 왜 계속 증가해요?
1인 가구가 증가하면서 어떤 상품이 생겼어요?
그리고 어떤 서비스업이 발달하고 있어요?
1인 가구를 위해 어떤 정책이 더 필요해요?

3. 글을 다시 읽으면서 문제를 풀게 한다.

4. 답을 같이 확인한 후, 본문을 다시 읽으며 모르는 어휘가 없는지 확인한다. 필요한 경우 새로운 어휘, 표현을 설명한다.

1. 여러분이 생각하는 대가족과 핵가족의 좋은 점은 무엇입니까?

대가족	핵가족
· · · ·	· · ·

2. 여러분은 대가족과 핵가족 중 어떤 가족의 형태가 더 좋습니까? 여러분이 좋아하는 가족의 형태에 대해 써 보세요.

좋아하는 가족의 형태에 대해 쓰기

1. 어떤 글을 쓸지 알려 주고 글에 들어갈 내용을 생각해 보게 한다.

🎤 대가족과 핵가족의 좋은 점은 무엇일까요?
여러분은 어떤 가족의 형태를 더 좋아해요?
왜 그 가족의 형태를 좋아해요?

2. 교재 지문에 대해 자신이 쓸 내용을 간단하게 메모하도록 한다. 교사는 학생들이 쓴 메모에 오류가 없는지 확인해 준다.

3. 메모한 내용을 바탕으로 글로 완성하게 한다.

출산 장려 정책

한국 사회가 안고 있는 큰 문제 중의 하나는 저출산 문제이다. 한국의 합계 출산율은 지속적으로 감소하여 2019년 현재, 1명이 채 되지 않는다. 저출산 현상이 지속되면 경제 활동 인구가 감소하고 노인 부양 부담이 커지는 등의 문제가 발생한다. 이에 정부와 각 지방 자체 단체에서는 출산율을 높이기 위해 출산 장려 정책을 실시하고 있다.

출산 장려 정책은 다양하므로 자신에게 맞는 혜택을 선택하여 지원받을 수 있다. 대표적인 출산 장려 정책으로는 출산 휴가, 출산 축하금 지급, 다자녀 혜택, 육아 휴직, 육아를 위한 근로 시간 단축, 양육 수당 지원, 임신·출산 진료비 지원, 난임 부부 시술비 지원, 공공요금 할인 등이 있다. 이러한 혜택은 지방 자치 단체별로 차이가 있으므로 거주하고 있는 지역의 혜택을 꼼꼼히 살펴보는 것이 좋다. '정부24' 누리집 (www.gov.kr)에서 연령별, 분야별, 지역별로 생애 주기별 서비스를 안내받을 수 있다.

1) 저출산 현상이 지속되면 어떤 문제가 발생합니까?
2) 한국의 출산 장려 정책으로는 어떤 것들이 있습니까?
3) 아이의 출산 및 양육과 관련하여 여러분 고향에서는 어떤 정책을 실시하고 있습니까?

출산 장려 정책

1. 이 단원의 문화와 정보가 무엇에 대한 것인지 알려 준다.

🎤 요즘 한국에서는 아이를 낳지 않는 부부가 많아지고 있어요. 이렇게 한국 사회에서 저출산 문제는 큰 문제 중 하나예요. 그래서 한국 정부는 사람들이 아이를 많이 낳도록 하는 정책을 마련하고 있어요. 오늘은 출산 장려 정책에 대해 알아봅시다.

2. 교재의 그림(사진)을 보면서 주제에 대해 알고 있는 것을 상기시키고 말해 보게 한다. 이때 관련 시각 자료를 추가로 활용할 수 있다.

🎤 여러분은 저출산 문제가 왜 발생한다고 생각해요?
여러분은 출산율을 높이기 위한 한국의 정책을 들어 본 적이 있어요?
여러분은 이 정책으로 받을 수 있는 혜택을 알고 있어요?

3. 교재를 같이 읽으면서 내용을 설명한다. 이때 중요한 정보가 있는 부분에 밑줄을 긋거나 표시하게 하는 것도 좋다.

4. 질문 1), 2)의 답을 찾아보고 답하게 한다.

🎤 저출산 현상이 지속되면 어떤 문제가 발생합니까?
한국의 출산 장려 정책으로는 어떤 것들이 있습니까?

5. 질문 3)을 이용하여 학습자 자신의 경험을 말해 보도록 한다.

🎤 여러분의 고향에서는 아이의 출산 및 양육과 관련하여 어떤 정책을 실시하고 있는지 이야기해 보세요.

배운 어휘 확인

☐ 대가족	☐ 전망	☐ 쑥쑥
☐ 핵가족	☐ (수업에) 빠지다	☐ 시행하다
☐ 부모님을 모시다	☐ 복지	☐ 동행
☐ 세대	☐ 지방	☐ 쌍
☐ 유대가 깊다	☐ 식구	☐ 사물 인터넷(IoT)
☐ 분가하다	☐ 육아 휴직을 내다	☐ 감지되다
☐ 가사를 분담하다	☐ 평등하다	☐ 싱글족
☐ 존중	☐ 경제적인 부담	☐ 불가피
☐ 다문화 가족	☐ 자체	☐ 목숨을 구하다
☐ 맞벌이 부부	☐ 맏사위	☐ 외벌이
☐ 1인 가구	☐ 혼인율	☐ 차지하다
☐ 한 부모 가족	☐ 역대	☐ 고령화
☐ 주말부부	☐ 최저	☐ 꼽다
☐ 독거노인	☐ 감소하다	☐ 등장하다
☐ 국제결혼	☐ 연령	☐ 생필품
☐ 아이를 낳다	☐ 이혼율	☐ 규모
☐ 입양하다	☐ 가치관	☐ 전통적
☐ 독립하다	☐ 변화하다	☐ 정책
☐ 혼자 살다	☐ 경제 활동	☐ 개선하다
☐ 재혼하다	☐ 연속	☐ 주거
☐ 중시하다	☐ 노후	☐ 지원
☐ 증가하다	☐ 평균 수명	☐ 세심하다
☐ 전업	☐ 매출	☐ 시급하다

2과 가족의 변화 **35**

- 이 단원에서 배운 어휘 중 기억나는 것을 말해 보세요.
- 이 단원에서 배운 문법은 뭐예요? 어떻게 사용해요?
- 여러분의 가족은 어떻게 이루어져 있나요?
- 여러분 가족의 특징은 무엇인가요?
- 한국 정부에서 아이를 많이 낳도록 하는 정책은 뭐예요?

마무리

1. 단원에서 학습한 어휘 중 기억하는 것을 먼저 말해 보게 한다.

2. 배운 어휘 목록의 어휘들을 읽으면서 의미를 상기시킨다.

3. 단원에서 학습한 문법(동형-을 뿐만 아니라, 동형-을 수밖에 없다)을 상기시키며 의미와 사용법을 기억하는지 확인한다.

4. 단원의 목표와 성취도를 확인한다.

5. 익힘책을 과제로 제시하고 마무리한다.

3 생활 속의 과학

어휘: 생활 속 과학과 기술

문법: 동형-는 줄 알다

   동-곤 하다

활동: 생활 속 최신 제품에 대해 이야기하기
   기술 발전으로 인한 생활의 변화를
   비교하는 글 쓰기

문화와 정보: 온돌

수업 목표 및 내용

- **주제:** 생활 속의 과학

- **어휘와 문법**

  – 어휘: 생활 속 과학과 기술 관련 어휘를 익힌다.

  – 문법: '동형-는 줄 알다', '동-곤 하다'의 의미와
    형태를 익혀 사용할 수 있다.

- **활동**

  – 말하기: 생활 속 최신 제품에 대해 말할 수
    있다.

  – 듣기: 인공 지능(AI) 활용에 대한 대화를 듣고
    이해할 수 있다.

  – 읽기: 과학 기술 발전에 대한 글을 읽고 이해할
    수 있다.

  – 쓰기: 기술 발전으로 인한 생활의 변화에 대해
    쓸 수 있다.

- **문화와 정보:** 온돌

수업 전개

도입, 어휘 **1차시**

·생활 속 과학과 기술
·생활 속 최신 제품

익힘책 pp.26-27

문법 **2차시**

·동형-는 줄 알다
·동-곤 하다

익힘책 pp.28-30

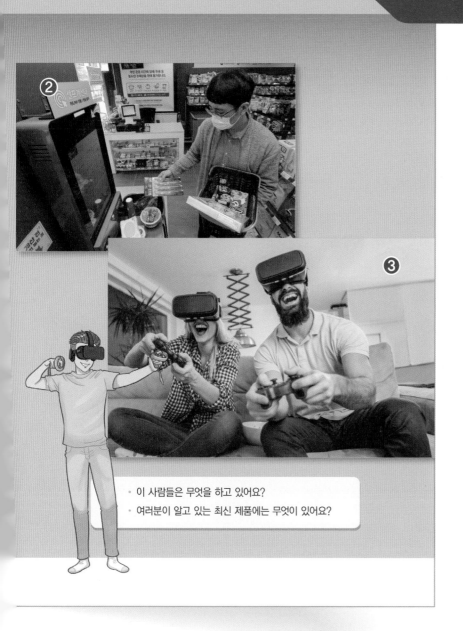

- 이 사람들은 무엇을 하고 있어요?
- 여러분이 알고 있는 최신 제품에는 무엇이 있어요?

도입

1. 교재 그림을 이용하여 학생들과 이야기하며 이 과의 주제를 노출한다.

   그림❶ 🎤 여러분은 전자 제품을 켜고 끌 때 어떻게 해요?
   이 사람은 전자 제품을 어떻게 켜고 끌까요?
   여러분은 휴대폰으로 이런 일을 해 본 적이 있어요?

   그림❷ 🎤 여기는 어디예요?
   여기에서 남자는 물건을 어떻게 사요?
   여러분은 여기에 가 본 적이 있어요? 가서 어떻게 했어요?

   그림❸ 🎤 이 사람들은 무엇을 하고 있어요?
   이 사람들이 얼굴에 쓰고 있는 것은 무엇이에요?

2. 대화 내용을 정리하며 이 단원에서는 '생활 속 과학과 기술, 최신 제품' 등에 대해 공부한다는 것을 알려 준다.

> **이 단원을 지도할 때는…**
>
> 이 단원과 관계있는 단원들은 아래와 같습니다. 관련 단원의 학습 내용을 확인하셔서 지도에 참고하시면 좋을 것 같습니다.
>
> - 주제: 인터넷과 스마트폰
>   - 3권 14과
> - 어휘: 인터넷과 스마트폰
>   - 3권 14과

말하기 듣기, 발음	3차시	읽기	4차시	쓰기, 문화와 정보, 마무리	5차시
·생활 속 최신 제품에 대해 말하기 ·인공 지능(AI) 활용에 대해 듣기		·과학 기술 발전에 대해 읽기		·기술 발전으로 인한 생활의 변화에 대해 쓰기 ·온돌	
익힘책 p.31		익힘책 p.32		익힘책 p.33	

- **인공 지능(AI):** 미래에는 사람의 뇌와 비슷한 인공 지능(AI)을 가진 컴퓨터가 만들어질 거예요.
- **로봇 청소기:** 로봇 청소기는 청소할 시간이 부족한 맞벌이 부부나, 혼자 거주하는 젊은 직장인들에게 인기가 아주 많아요.
- **인공 지능 스피커:** "오늘의 날씨를 알려 줘"라고 물어보면 인공 지능 스피커가 대답해 줘요.
- **자율 주행차:** 자율 주행차 덕분에 운전하지 않고 목적지까지 편안하게 왔어요.
- **스리디(3D) 프린터:** 스리디(3D) 프린터로 사람들이 앉을 수 있는 의자를 만들어요.
- **드론:** 사람이 가기 힘든 곳은 드론이 가서 불을 꺼요.
- **가상 현실(VR) 게임:** 가상 현실(VR) 게임을 해 보니까 게임 속에서 내가 직접 움직이는 것 같았어요.
- **무인 편의점:** 줄을 서지 않고 빠르게 계산할 수 있어서 무인 편의점에 자주 가요.
- **모바일 앱:** 사람들은 휴대폰에 게임, 지도 등의 모바일 앱을 다운로드해서 사용해요.
- **길 찾기 앱:** 친구와 약속한 장소에 갈 때 항상 길 찾기 앱을 이용해요.

1. 다음을 보고 무엇인지 이야기해 보세요.

인공 지능(AI)

로봇 청소기

인공 지능 스피커

자율 주행차

스리디(3D) 프린터

드론

가상 현실(VR) 게임

무인 편의점

모바일 앱

2. 여러분은 최신 기능이 있는 생활 제품이나 장소를 알고 있어요? 어떤 점이 편리해요?

- 무인 편의점
- 길 찾기 앱
- 드론

무인 편의점에 가 본 적이 있어요?

네. 줄을 서지 않고 빠르게 계산할 수 있어서 좋아요.

어휘 (생활 속 과학과 기술)

1 도입, 제시

1. 알고 있거나 가지고 있는 최신 기능이 있는 생활 제품에 대해서 물으며 오늘의 어휘는 생활 속 과학 기술과 제품의 어휘임을 알려 준다.

🎤 여러분 주변에 최신 기능이 있는 생활 제품이 있어요?
그것은 어떤 기능을 가지고 있어요? 그래서 무엇이 편리해요?

2. 교사를 따라 어휘를 소리 내어 한 번 읽는다. 이때 발음에 주의하게 한다.

3. 어휘의 의미를 설명한다. 어휘가 사용된 문장을 예로 제시하거나 의미를 풀어서 설명해 준다. 상황에 따라 유의어나 반의어 등을 추가로 설명할 수 있다.

4. 배운 어휘를 소리 내어 읽도록 한다. 이때 '-어요' 형태로 단어를 읽는 등 변화를 줄 수 있다.

2 연습

1. 배운 어휘를 사용하여 한 사람씩 문장을 만들어 보는 연습을 먼저 한다.

2. 연습한 어휘을 이용하여 어디에 가 보았는지 그 물건을 사용해 보았는지 짝과 대화하도록 한다.

3. 학생들끼리 이야기한 것을 교사가 정리해 주며 같이 이야기한다.

🎤 무인 편의점에 가 봤어요? 어떤 점이 편리해요?
최신 기능이 있는 생활 제품을 사용해 본 적이 있어요?
최신 기능이 있는 생활 제품 중에서 어떤 제품을 사용해 보고 싶어요?

4. 자신의 실제 경험을 이야기하는 활동으로 확장할 수 있다.

① 동형 -는 줄 알다

어떤 사실을 그러한 것으로 알고 있음을 나타낼 때 사용한다.

잠시드: 무인 편의점 알아요? 어제 편의점에 갔는데 주인이 없어서 당황했어요.

제이슨: 신기하죠? 저도 처음 갔을 때 사람이 있는 줄 알았어요.

예
- 가: 젊어 보여서 저보다 나이가 적은 줄 알았어요.
  나: 네, 가끔 그런 이야기를 들어요.
- 어제 본 시험이 너무 어려워서 떨어진 줄 알았어요.
- 인터넷에서 사진 보고 가방이 큰 줄 알았어요.

-는 줄 알다	먹다 → 먹는 줄 알았어요
	오다 → 오는 줄 알았어요
	*만들다 → 만드는 줄 알았어요

| -은 줄 알다 | 작다 → 작은 줄 알았어요 |
| | 좋다 → 좋은 줄 알았어요 |

| -ㄴ 줄 알다 | 싸다 → 싼 줄 알았어요 |
| | 빠르다 → 빠른 줄 알았어요 |

Tip 명사일 때 '인 줄 알다'를 사용한다.

1. 어떤 사실을 잘못 알고 있었을 때 어떻게 말해요? 보기 와 같이 이야기해 보세요.

이 차는 자율 주행차예요.

이게 자율 주행차예요? 저는 사람이 직접 운전하는 줄 알았어요.

보기	이 차는 자율 주행차다 ⭕	사람이 직접 운전하다 ❌
1)	시험이 다음 주에 있다 ⭕	시험을 오늘 보다 ❌
2)	라민 씨는 매운 음식을 좋아하다 ⭕	매운 음식을 못 먹다 ❌
3)	휴가라서 고향에 다녀왔다 ⭕	요즘 안 보여서 많이 바쁘다 ❌
4)	제이슨 씨와 애나 씨는 회사 동료다 ⭕	제이슨 씨와 애나 씨가 사귀다 ❌

2. 한국에 오기 전에 한국에 대해서 어떻게 알고 있었어요? 친구들과 이야기해 보세요.

- 음식
- 사람
- 집(집 구하기)

한국 음식은 다 매운 줄 알았어요. 그런데 안 매운 음식도 많네요.

3과 생활 속의 과학 **39**

동형 -는 줄 알다

어떤 사실에 대해 그러한 것으로 잘못 알고 있었음을 나타낼 때 사용한다. 동사 뒤에 올 때는 '-는 줄 알다', 형용사 뒤에 올 때는 '-(으)ㄴ 줄 알다'의 형태로 사용한다. 주로 '-는 줄 알았다'의 형태로 사용한다. 명사일 때 '인 줄 알다'의 형태로 사용한다.

미래 사실에 대해 잘못 아는 경우에는 '-(으)ㄹ 줄 알다'를 사용할 수 있다. 그런데 '-(으)ㄹ 줄 알다/모르다'는 어떤 일을 하는 방법을 알거나 모르고 있음을 나타낼 때 사용하기 때문에 주의가 필요하다. **예** 나는 수영할 줄 몰라요.

- 가: 라민 씨가 오늘 모임에 못 온대요.
  나: 그래요? 저는 오는 줄 알았어요. 못 만나서 아쉽네요.
- 가: 지난 주말에 케이팝(K-pop) 콘서트에 다녀왔어요.
  나: 음악을 안 들어서 케이팝(K-pop)에 관심이 없는 줄 알았어요.
- 지도만 보고 서울에서 경주가 가까운 줄 알았어요.
- 늦어서 미안해요. 약속 시간이 3시인 줄 알았어요.

-는 줄 알다 (동사 받침 O, X)	오다 → 오는 줄 알다
	듣다 → 듣는 줄 알다
	*만들다 → 만드는 줄 알다
	*재미있다 → 재미있는 줄 알다
-은 줄 알다 (형용사 받침 O)	높다 → 높은 줄 알다
	얇다 → 얇은 줄 알다
-ㄴ 줄 알다 (형용사 받침 X, ㄹ 받침)	싸다 → 싼 줄 알다
	바쁘다 → 바쁜 줄 알다
	*어렵다 → 어려운 줄 알다
	*길다 → 긴 줄 알다
인 줄 알다 (명사 받침 O, X)	대학생 → 대학생인 줄 알다
	2시 → 2시인 줄 알다

문법 1 (동형 -는 줄 알다)

1 도입, 제시

1. 도입 그림과 대화를 통해 문법이 사용되는 상황을 인지시킨다.

🎤 잠시드 씨가 어제 어디에 갔어요? 잠시드 씨가 왜 당황했어요? 제이슨 씨는 무인 편의점에 처음 갔을 때 어떨 거라고 생각했어요?

2. 교재의 대표 예문을 보면서 문법의 의미를 설명한다.

🎤 제이슨 씨가 무인 편의점에 처음 갔을 때 직원이 있다고 생각했어요. 하지만 직원이 없었어요. 어떤 것이 예상한 내용과 다를 때 '-는 줄 알다'를 사용해요.

3. 학생들과 교재의 예문들을 읽으면서 문법의 의미를 설명하고 이해시킨다.

4. 문법의 형태 정보를 제시하고 설명한다.

5. 추가 예문을 제시하고 문법의 의미와 사용법을 정확하게 이해시킨다.

2 연습 1

1. 〈보기〉의 대화를 교사와 함께 완성해 본다.

2. 나머지 문제를 〈보기〉의 대화처럼 짝과 완성하도록 한다.

3. 연습한 것을 발표하게 하거나 교사가 전체 학생 대상으로 답하게 하여 확인한다. 그리고 오류가 있으면 수정해 준다.

3 연습 2

1. 한국의 '음식', '사람', '집(집 구하기)' 등 한국에 오기 전에 한국에 대해 어떻게 알고 있었는지 이야기해 보도록 한다.

2. 친구와 대화한 것을 발표하게 하고 오류가 있으면 수정해 준다.

익힘책 28-29쪽을 풀게 하거나 과제로 제시한다. 익힘책은 연습 활동 난이도에 따라 교재 연습 문제 전후로 활용한다.

◀ 동-곤 하다

같은 상황이나 행동이 반복됨을 나타낼 때 사용한다.
동사 뒤에 붙어 '-곤 하다'의 형태로 사용한다.

◀
- 가: 스트레스 받을 때 무엇을 해요?
  나: 친구들과 노래방에 가서 노래를 <u>부르곤 해요</u>.

- 가: 요즘도 책을 자주 읽으세요?
  나: 아니요. 예전에는 자주 <u>읽곤 했는데</u> 요즘은 바빠서 전혀
  못 읽어요.

- 저는 배달 앱으로 간편하게 음식을 <u>주문하곤 해요</u>.

- 예전에는 손 편지를 곧잘 <u>쓰곤 했지만</u> 요즘은 잘 안 써요.

-곤 하다 (받침 O, X)	먹다	→ 먹곤 하다
	보다	→ 보곤 하다
	웃다	→ 웃곤 하다
	자다	→ 자곤 하다
	찾다	→ 찾곤 하다
	듣다	→ 듣곤 하다
	마시다	→ 마시곤 하다
	부르다	→ 부르곤 하다
	만들다	→ 만들곤 하다
	요리하다	→ 요리하곤 하다

---

2 동-곤 하다

같은 상황이나 행위가 반복됨을 나타낼 때 사용한다.

아나이스: 휴대 전화에 길 찾기 앱이 있으니까 여행할 때
참 편리한 것 같아요.
라 만: 맞아요. 길 찾기 앱이 나오기 전에는 지도를
가지고 다니면서 길을 찾곤 했어요.

TIP
- 가: 고향 집에 자주 전화하는 편이에요?
  나: 예전에는 시간 날 때마다 전화하곤 했는데
  요즘에는 바빠서 잘 못 해요.
- 수업 시간에 가끔 다른 생각을 하곤 해요.
- 저는 일할 때 졸리면 커피를 마시곤 해요.

-곤 하다		
• 먹다	→	먹곤 해요
• 보다	→	보곤 해요
• 듣다	→	듣곤 해요
• 산책하다	→	산책하곤 해요

1. 여러분은 예전에 어땠어요? 요즘은 어떤 점이 달라졌어요? 보기 와 같이 바꿔 보세요.

예전에는 버튼을 직접 눌러서 스피커를 켜곤 했어요.
요즘에는 인공 지능 스피커에 말을 해서 켜요.

예전 ·············▶ 요즘

보기	버튼을 직접 눌러서 스피커를 켜다	인공 지능 스피커에 말을 해서 켜다
1)	사람이 직접 청소기를 돌리다	로봇 청소기가 혼자 청소하다
2)	물건을 살 때 꼭 돈을 챙겨 가다	휴대 전화만 가져가다
3)	주말마다 고향 음식을 요리하다	배달 앱으로 간편하게 음식을 주문하다
4)	밤에 야식을 자주 먹다	건강을 위해서 운동을 하다

2. 여러분은 이럴 때 무엇을 해요? '-곤 하다'를 사용하여 친구들과 이야기해 보세요.

- 스트레스를 받을 때
- 고향 생각이 날 때
- 친구를 만나서 놀 때

저는 스트레스를 받을 때 휴대 전화로 게임을
하곤 해요. 그러면 스트레스가 풀려요.

문법 2 (동-곤 하다)

1 도입, 제시

1. 도입 그림과 대화를 통해 문법이 사용되는 상황을 인지시킨다.

🎤 두 사람은 지금 휴대폰으로 무엇을 해요?
여러분도 길을 모를 때 휴대폰에 있는 길 찾기 앱을 자주 사용하세요?
예전에 길을 모를 때 사람들은 보통 어떻게 했어요?

2. 교재의 대표 예문을 보면서 문법의 의미를 설명한다.

🎤 처음 간 곳이나 여행을 하는 곳에서 길을 몰라요. 그럴 때마다 길 찾기
앱을 자주 사용해요. 어떤 일을 반복적으로 할 때 '-곤 하다'를 사용해요.

3. 학생들과 교재의 예문들을 읽으면서 문법의 의미를 설명하고
이해시킨다.

4. 문법의 형태 정보를 제시하고 설명한다.

5. 추가 예문을 제시하고 문법의 의미와 사용법을 정확하게 이해시킨다.

2 연습 1

1. 〈보기〉의 대화를 교사와 함께 완성해 본다.

2. 나머지 문제를 〈보기〉의 대화처럼 짝과 완성하도록 한다.

3. 연습한 것을 발표하게 하거나 교사가 전체 학생 대상으로 답하게 하여
확인한다. 그리고 오류가 있으면 수정해 준다.

3 연습 2

1. '스트레스를 받을 때, 고향 생각이 날 때, 친구를 만나서 놀 때' 자주
반복적으로 무엇을 하는지 자신의 경험을 이야기하도록 한다.

2. 친구와 대화한 것을 발표하게 하고 오류가 있으면 수정해 준다.

익힘책 29-30쪽을 풀게 하거나 과제로 제시한다. 익힘책은 연습 활동
난이도에 따라 교재 연습 문제 전후로 활용한다.

1. 고천 씨와 후엔 씨가 로봇 청소기를 보면서 이야기합니다. 다음 대화처럼 이야기해 보세요.

> 고천: 후엔 씨, 어서 오세요. 여기 소파에 앉아서 차 한 잔 하세요.
>
> 후엔: 네, 고마워요. 그런데 고천 씨 옆에 있는 그건 뭐예요?
>
> 고천: 아, 이건 로봇 청소기예요. 이번에 새로 나와서 샀어요.
>
> 후엔: 아, 그래요? 저는 체중계인 줄 알았어요. 사용해 보니까 어때요?
>
> 고천: 버튼만 누르면 청소가 돼서 아주 편리해요. 로봇 청소기가 없을 때는 힘들게 청소하곤 했는데……
>
> 후엔: 그러게요. 세상 참 좋아졌어요. 손가락 하나로 집 안 청소를 다 할 수 있고요. 저도 하나 구입하고 싶어요.

1) 로봇 청소기 | 체중계
   버튼만 누르면 청소가 되다, 로봇 청소기가 없을 때는 힘들게 청소하다 |
   손가락 하나로 집 안 청소를 다 할 수 있다

2) 인공 지능 스피커 | 공기 청정기
   전자 제품을 말로 켤 수 있다, 예전에는 전자 제품의 버튼을 눌러서 켜거나 끄다 |
   목소리로 집 안 전자 제품을 모두 조종할 수 있다

2. 다음 최신 제품의 장점에 대해 친구와 이야기해 보세요.

최신 제품	장점
• 휴대 전화 번역기 앱 • 가상 현실(VR) 게임	• 번역이 필요할 때 다른 나라의 언어로 바꿀 수 있다. • 실제로 하는 것 같은 경험을 할 수 있다.

단어장
체중계
공기 청정기
조종하다

3과 생활 속의 과학 **41**

- **체중계**: 사람 몸의 무게를 잴 수 있어요. 몸무게를 재려고 체중계 위에 올라갔어요.
- **공기 청정기**: 공기를 깨끗하게 하기 위해 공기 청정기를 켰어요.
- **조종하다**: 비행기나 배, 자동차 등을 조종하면 원하는 대로 움직일 수 있어요.
- **손가락 하나로**: 어떤 일을 쉽게 할 수 있을 때 손가락 하나로 할 수 있다고 사용해요.

발음

- **편리해요**[펼리해요]
- **손가락**[손까락]

4-3 EBOOK

생활 속 최신 제품에 대해 말하기

1 대화문 연습

1. 생활 속 최신 제품에 대해 이야기하며 교재의 그림을 이용해 어떤 상황인지 추측해 보도록 한다.

   🎤 이 그림에서 두 사람은 무엇을 보고 있는 것 같아요?
   여러분은 로봇 청소기를 사용한 적이 있어요?
   이것을 사용하면 어떤 점이 편리할까요?

2. 지시문을 이용하여 대화 상황을 학생들에게 명확하게 알려 준다.

3. 대화를 들려주고 간단한 질문을 하여 대화 내용을 이해했는지 확인한다.

   🎤 거실 바닥에 있는 물건 이름이 뭐예요?
   후엔 씨는 그 물건이 무엇이라고 생각했어요?
   그 물건은 어떤 점이 편리해요?
   그 물건이 없을 때는 어떻게 했어요?

4. 교사와 함께 대화문을 읽으면서 자연스럽게 말하는 연습을 한다. 두 번 정도 반복해서 연습한다.

5. 교체 어휘를 활용하여 짝과 함께 연습하게 한다.

6. 연습이 끝나면 한두 팀을 발표시키거나 교사가 전체 학생을 대상으로 확인한다.

2 확장 연습

1. 생활 속 최신 제품의 장점을 알고 자신의 경험을 말하기를 한다고 알려 준다.

2. 짝과 자신의 경험에 대해 이야기할 때는 다음과 같은 내용을 포함하여 말하도록 지시한다.

   🎤 휴대폰 번역기 앱을 사용해 본 적이 있어요?
   어떤 앱을 사용해 봤어요?
   그 앱의 장점이 뭐예요?

3. 이야기가 끝나면 한두 팀을 발표시키거나 교사가 전체 학생을 대상으로 확인하고 오류를 수정해 준다.

3-L.mp3

사회자(여): 안녕하십니까. '생활 속의 과학' 시간입니다. 오늘은 병원에서 인공 지능을 어떻게 활용하는지 알아보기 위해서 의학 전문 기자를 모셨습니다. 인공 지능은 병원에서 어떤 역할을 하고 있습니까?

기 자(남): 인공 지능의 가장 큰 역할은 환자를 진료하고 그 결과를 분석해서 환자의 아픈 곳을 찾아주는 겁니다. 또한 환자에게 맞는 치료 방법을 의사에게 조언하기도 합니다.

사회자(여): 그렇게 되면 의사의 일자리가 줄어드는 것은 아닐까요?

기 자(남): 그렇지 않습니다. 의사의 일자리가 줄어드는 것이 아니라 역할이 달라지는 겁니다. 지금까지는 의사가 직접 환자를 진단하고 처방하는 일을 하곤 했습니다. 그런데 이제는 인공 지능이 환자의 정보를 수집하고 분석하면 의사는 그 정보를 활용하여 정확한 치료 방법을 결정합니다.

사회자(여): 인공 지능 때문에 의사의 일자리가 줄어드는 줄 알았는데 그게 아니었군요. 앞으로는 인공 지능 덕분에 환자가 보다 높은 의료 서비스를 받을 수 있겠네요.

---

1. 여러분은 '인공 지능(AI)'이라고 하면 무엇이 생각납니까? 인공 지능이 병원에서는 어떻게 활용되고 있을까요?

(취침 모드로 해 줘.)

> 인공 지능 스피커가 환자에게 안내 서비스를 제공해요.

> 인공 지능이 엑스레이(X-ray) 영상을 분석해요.

2. 방송에서 사회자와 기자가 이야기합니다. 잘 듣고 질문에 답해 보세요.

3-L.mp3

1) 병원에서 인공 지능이 하는 일이 아닌 것은 무엇입니까?
   ❶ 환자를 직접 치료한다.
   ❷ 환자의 아픈 곳을 찾아 준다.
   ❸ 환자의 치료 방법을 알려 준다.
   ❹ 환자를 진료한 후 결과를 분석한다.

2) 들은 내용과 같으면 ○, 다르면 X 하세요.
   ❶ 인공 지능 때문에 의사의 일자리가 줄어든다.   (X)
   ❷ 의사는 인공 지능이 분석한 자료를 활용하여 치료 방법을 찾는다. (○)

3) 병원에서 인공 지능을 이용하면 환자에게 좋은 점이 무엇입니까?
   환자가 보다 높은 의료 서비스를 받을 수 있습니다.

단어장
치료하다
수집하다
분석하다
활용하다

3-P.mp3

발음

외래어 표기에는 된소리(ㄲ, ㄸ, ㅃ, ㅆ, ㅉ)를 쓰지 않는 것이 원칙이다. 그러므로 실제 발음과 표기에 약간의 차이가 있을 수 있다.

게임[께임]
버스[뻐스]
사인해 주세요[싸인해 주세요]

다음을 듣고 따라 읽으세요.
1) 휴대 전화로 게임을 많이 해요.
2) 버스 정류장이 어디에 있어요?
3) 사장님, 여기 서류에 사인해 주세요.

인공 지능(AI) 활용에 대해 듣기

1. 지시문에 대해 답하며 앞으로 들을 내용을 추측하게 한다.
   🎤 여러분은 '인공 지능(AI)'이라고 하면 무엇이 생각나요?
      병원에서 인공 지능(AI)이 어떻게 활용되고 있어요?

2. 지시문을 이용하여 등장인물과 대화 상황을 설명한다.
   🎤 방송에서 무슨 이야기하고 있어요?
      병원에서 인공 지능(AI)이 하는 일은 무엇이 있을까요?

3. 문제를 읽고 들어야 하는 정보를 파악하게 한다.
   🎤 병원에서 인공 지능(AI)이 하는 역할은 뭐예요?
      인공 지능(AI) 때문에 의사의 일자리가 줄어들어요?
      병원에서 인공 지능(AI)을 이용하면 환자에게 좋은 점이 뭐예요?

4. 듣기 파일을 두 번 듣고 문제를 풀게 한다.

5. 교재 질문의 답을 확인한 후 해당 대화를 같이 읽으며 내용을 확인한다. 필요한 경우 새로운 어휘, 표현을 설명한다.

발음

3-P.mp3

1. '게임, 버스, 사인해 주세요'의 발음을 들려주고 어떻게 들리는지 학습자 스스로 확인해 보도록 한다.

2. 외래어는 표기와 다르게 된소리로 발음한다는 것을 알려 준다.

   주의 외래어 표기에는 된소리를 쓰지 않는 것이 원칙이다. 표기와 발음은 약간 차이가 있을 수 있으므로 주의하여 발음하여야 한다.

3. '게임, 버스, 사인해 주세요'의 발음을 다시 듣고 교사를 따라 말해 본다.

4. 1)~3)번 문장을 듣고 교사를 따라 말하게 한다.

5. 짝과 함께 대화를 읽으며 연습하게 한 후에 확인한다.

- **외래어 발음**
  외래어 중 일부는 된소리로 발음한다.

1. 다음은 우리의 생활에 어떤 변화를 가져왔습니까? 이야기해 보세요.

하늘 위를 나는 소방차~
드론!

사람 대신~
지능형 로봇!

집 안의 모든 전자 제품을
내 손안에서~
사물 인터넷!

알아서 척척~
구석구석 깨끗하게~
로봇 청소기!

운전 중 휴식을~
자율 주행!

거실에서 축구를 즐기다
가상 현실!

- **사물 인터넷(IoT):** 사물 인터넷 덕분에 밖에서도 집 안의 텔레비전을 켜고 끌 수 있어요.
- **가상 현실(VR):** 가상 현실 속에서는 바닷속이나 우주 등 가고 싶은 곳에 언제든지 갈 수 있어요.

- **응답하다:** 영화 시사회에서 배우들이 기자의 질문에 응답하는 시간을 가졌어요.
- **제어하다:** 컴퓨터로 공장의 모든 기계를 제어할 수 있어요.
- **체험하다:** 요즘 가상 현실(VR)을 체험할 수 있는 곳이 많아요.
- **작동하다:** 이 제품은 한번 누르면 원하는 대로 모든 기능이 작동해요.

2. 다음 단어와 관련 있는 문장을 연결해 보세요.

1) 응답하다   시작 버튼을 눌러 로봇 청소기를 **움직이게 한다.**

2) 제어하다   인공 지능은 사람들이 말로 질문하면 듣고 **대답한다.**

3) 체험하다   휴대 전화 하나로 집 안의 모든 가전 기기를 **조종할 수 있다.**

4) 작동하다   가상 현실(VR) 카페에서는 가상 현실을 **직접 경험할 수 있다.**

3과 생활 속의 과학 **43**

최신 제품 활용

1. 우리의 삶에 편리함을 주는 제품이 있는지, 그 제품을 어떻게 사용하고 있는지 생각하게 한다.

🎙 우리의 삶에 편리함을 주는 제품에는 뭐가 있어요?
그 제품을 사용해 봤거나 본 적이 있어요?
어디에서 어떻게 사용하고 있어요?

2. 각각의 어휘가 어디에 활용되는지 알 수 있게 한다.

3. 어휘를 보고 내용과 잘 연결했는지 확인한다.

🎙 '응답하다'는 어떤 의미예요?
'제어하다'는 어떤 의미예요? 어떤 어휘와 바꿔 쓸 수 있어요?

4. 내용을 읽고 각 의미를 파악할 수 있게 한다.

5. 생활 속에 최신 제품을 이야기하게 한다.

🎙 여러분이 알고 있는 최신 제품에 대해서 이야기해 보세요.
그 제품은 어떤 장점이 있어요?

- **끊임없이:** 목표를 이루기 위해 끊임없이 노력해요.
- **발전하다:** 오늘날 과학은 미래를 예측할 수 없을 만큼 빠른 속도로 발전하고 있어요.
- **개발하다:** 우리 회사는 신제품을 개발하기 위해 노력하고 있어요.
- **음성:** 인공 지능 스피커는 음성을 듣고 대답해요.
- **주목받다:** 이 영화를 통해서 그는 세계적인 배우로 주목받았어요.
- **기대하다:** 회사는 이번 신제품이 많이 팔릴 것이라고 기대해요.

---

3. 다음은 과학 기술 발전에 대한 글입니다. 잘 읽고 질문에 답해 보세요.

과학 기술의 발전과 생활의 편리함

우리 사회는 끊임없이 발전하고 있다. 사람들은 더 나은 삶을 위해 새로운 것을 개발하고 기술을 발전시킨다. 최근에는 현실과 가상의 세계, 그리고 모든 사물을 하나로 연결하려는 움직임이 나타나고 있다. 예전에는 사람이 직접 모든 일을 하곤 했지만 요즘은 과학 기술이 사람의 일을 대신해 준다. 어떠한 기술이 이런 일을 가능하게 만들어 줄까?

인공 지능은 음성으로 정보 검색이 가능하다. 인공 지능 스피커는 궁금한 것을 말하면 알아서 대답해 준다. (㉠) 오늘의 날씨나 일정 등을 물어보면 바로 응답한다. 또한 최근 많이 사용되는 로봇 청소기 외에 의료 분야에서도 로봇이 주목받고 있다. 실버 로봇은 몸이 불편한 노인들의 식사와 샤워를 돕기도 한다. 사물 인터넷(IoT)은 휴대 전화 하나로 집 안의 모든 것을 제어할 수 있다. (㉡) 휴대 전화로 불을 켜거나 끄고 창문을 열거나 닫을 수 있다. 가상 현실은 우리가 실제처럼 보고, 듣고, 느낄 수 있게 하는 기술이다. 집에서도 가상 현실(VR) 기기를 이용해서 가고 싶은 관광지를 가상 현실 속에서 체험할 수 있다.

그동안 기술의 개발과 발전은 우리의 삶을 편리하게 만들어 왔다. 이제 사람들은 새로운 기술이 앞으로의 사회를 어떻게 바꾸어 갈지 기대하고 있다.

1) 윗글의 중심 생각은 무엇입니까?
   ❶ 휴대 전화로 모든 집안일을 한다.
   ❷ 우리 사회를 끊임없이 발전시켜야 한다.
   ❸ 최근에는 다양한 곳에서 로봇을 사용한다.
   ❹ 과학 기술의 발전은 생활을 편리하게 만들었다.

2) 윗글의 내용과 같으면 ○, 다르면 X 하세요.
   ❶ 가상 현실은 직접 체험을 하는 활동이다. (X)
   ❷ 로봇은 몸이 불편한 사람의 일을 도와준다. (○)
   ❸ 휴대 전화로 집 안의 전자 기기를 작동한다. (○)

3) ㉠과 ㉡의 빈칸에 공통으로 들어갈 말은 무엇입니까?
   ❶ 이에 반해   ❷ 예를 들어   ❸ 이와 비교하면   ❹ 그럼에도 불구하고

단어장
끊임없이
발전하다
개발하다
음성
주목받다
기대하다

과학 기술 발전에 대해 읽기

1. 과학 기술 발전이 되었다고 생각한 경험을 간략하게 이야기하고 과학 기술 발전에 대한 글을 읽게 한다.

🎤 언제 과학 기술 발전이 되었다고 생각해요?
   무엇을 보고 그렇게 생각했어요?
   그것은 여러분에게 어떤 편리함을 주나요?

2. 글을 훑어 읽게 한 후 주제, 중심 내용 등을 간단히 말해 보도록 한다.

🎤 이 글의 중심 생각이 뭐예요?
   인공 지능(AI)으로 무엇을 할 수 있어요?
   인공 지능 스피커는 어떤 일을 해요?
   실버 로봇은 사람들을 어떻게 도와줘요?
   사물 인터넷(IoT)으로 무엇을 할 수 있어요?
   가상 현실(VR) 기기를 이용하면 무엇을 할 수 있어요?

3. 글을 다시 읽으면서 문제를 풀게 한다.

4. 답을 같이 확인한 후, 본문을 다시 읽으며 모르는 어휘가 없는지 확인한다. 필요한 경우 새로운 어휘, 표현을 설명한다.

1. 생활 속에서 우리에게 편리함을 주는 제품에는 무엇이 있습니까? 그 제품이 나오기 전과 후의 우리
생활이 어떻게 다릅니까?

제품	나오기 전	나온 후
세탁기	•시간이 오래 걸리고 많은 양의 물이 필요했다. •손으로 직접 빨래를 하니까 허리와 어깨가 아파서 너무 힘들었다.	•빨래를 세탁기에 돌리고 다른 일을 할 수 있어서 시간을 절약할 수 있다.

2. 과학 기술의 발전으로 우리의 생활에 어떤 변화가 있었습니까? 우리에게 편리함을 주는 제품이 나오기
전과 후를 비교하는 글을 써 보세요.

기술 발전으로 인한 생활의 변화에 대해 쓰기

1. 어떤 글을 쓸지 알려 주고 글에 들어갈 내용을 생각해 보게 한다.

   🎤 생활 속에서 우리에게 편리함을 주는 물건에는 무엇이 있어요?
   그 물건이 나오기 전과 후의 우리의 생활이 어떻게 달라졌어요?

2. 교재 지문에 대해 자신이 쓸 내용을 간단하게 메모하도록 한다. 교사는
   학생들이 쓴 메모에 오류가 없는지 확인해 준다.

3. 메모한 내용을 바탕으로 글로 완성하게 한다.

문화와 정보

온돌

온돌은 한국의 전통적인 난방 방식이다. 온돌은 불을 때는 아궁이, 아궁이에서 나온 열기로 방을 따뜻하게 만드는 구들(방바닥 아래에 까는 넓은 돌), 연기가 밖으로 빠져나가는 통로인 굴뚝으로 이루어진다.

온돌은 구들이 오랫동안 온기를 지니기 때문에 한국 사람들은 춥고 긴 겨울밤에도 추위를 견딜 수 있었다. 이뿐만 아니라 아궁이 위에 솥을 걸어 놓고 밥을 하거나 아궁이 불을 이용하여 요리를 할 수 있기 때문에 온돌은 일석이조이다.

이렇게 온돌에 익숙해진 한국 사람들은 지금도 방바닥을 데우는 방식으로 난방을 하고 있다. 다만 전과는 다르게 아궁이에 불을 때는 방식이 아니라 보일러를 이용하여 뜨거운 물이 방바닥 아래를 흐르게 하는 방식을 쓰고 있다.

1) 온돌의 구조를 간단하게 설명해 보세요.
2) 온돌과 현대 한국인의 난방 방식의 공통점과 차이점은 무엇입니까?
3) 여러분 고향에서는 난방 또는 냉방을 어떻게 합니까?

온돌

1. 이 단원의 문화와 정보가 무엇에 대한 것인지 알려 준다.

   🎤 한국의 겨울은 추워요. 그래서 겨울에는 집을 따뜻하게 하는 난방을 해요. 오늘은 한국의 전통 난방인 '온돌'에 대해 알아봅시다.

2. 교재의 그림(사진)을 보면서 주제에 대해 알고 있는 것을 상기시키고 말해 보게 한다. 이때 관련 시각 자료를 추가로 활용할 수 있다.

   🎤 한국의 전통집은 한옥이라고 해요.
   겨울에 추워서 방을 따뜻하게 하려고 난방을 해요. 한국의 전통 난방을 '온돌'이라고 해요. 어떻게 난방을 하는지 함께 볼까요?

3. 교재를 같이 읽으면서 내용을 설명한다. 이때 중요한 정보가 있는 부분에 밑줄을 긋거나 표시하게 하는 것도 좋다.

4. 질문 1), 2)의 답을 찾아보고 답하게 한다.

   🎤 온돌의 구조를 간단하게 설명해 보세요.
   온돌과 현대 한국인의 난방 방식의 공통점과 차이점은 무엇입니까?

5. 질문 3)을 이용하여 학습자 자신의 경험을 말해 보도록 한다.

   🎤 여러분 고향에서는 난방 또는 냉방을 어떻게 하는지 소개해 보세요.

배운 어휘 확인

- ☐ 인공 지능(AI)
- ☐ 로봇 청소기
- ☐ 인공 지능 스피커
- ☐ 자율 주행차
- ☐ 스리디(3D) 프린터
- ☐ 드론
- ☐ 가상 현실(VR) 게임
- ☐ 무인 편의점
- ☐ 모바일 앱
- ☐ 체중계
- ☐ 공기 청정기
- ☐ 조종하다
- ☐ 치료하다
- ☐ 수집하다

- ☐ 분석하다
- ☐ 활용하다
- ☐ 지능형
- ☐ 사물 인터넷(IoT)
- ☐ 응답하다
- ☐ 제어하다
- ☐ 체험하다
- ☐ 작동하다
- ☐ 끊임없이
- ☐ 발전하다
- ☐ 개발하다
- ☐ 음성
- ☐ 주목받다
- ☐ 기대하다

- 이 단원에서 배운 어휘 중 기억나는 것을 말해 보세요.
- 이 단원에서 배운 문법은 뭐예요? 어떻게 사용해요?
- 최신 기능을 가진 제품에는 어떤 것들이 있어요? 그것의 장점은 뭐예요?
- 인공 지능(AI)으로 무엇을 할 수 있어요? 어떻게 활용돼요?
- 온돌은 무엇이에요?

마무리

1. 단원에서 학습한 어휘 중 기억하는 것을 먼저 말해 보게 한다.
2. 배운 어휘 목록의 어휘들을 읽으면서 의미를 상기시킨다.
3. 단원에서 학습한 문법(통 형 -는 줄 알다, 통 -곤 하다)을 상기시키며 의미와 사용법을 기억하는지 확인한다.
4. 단원의 목표와 성취도를 확인한다.
5. 익힘책을 과제로 제시하고 마무리한다.

4 한국의 의례

어휘: 한국의 의례

문법: 동 형 -더니

　　　동 형 -은 나머지

활동: 결혼식 절차 말하기

　　　특별한 날에 대해 쓰기

문화와 정보: 성년의 날

①

수업 목표 및 내용

- **주제:** 한국의 의례

- **어휘와 문법**
  - 어휘: 결혼식과 장례식 의례 관련 어휘를
    익힌다.
  - 문법: '동 형 -더니', '동 형 -은 나머지'의 의미와
    형태를 익혀 사용할 수 있다.

- **활동**
  - 말하기: 결혼식 절차에 대해 말할 수 있다.
  - 듣기: 장례식장 조문 예절에 대한 대화를 듣고
    이해할 수 있다.
  - 읽기: 한국인의 특별한 생일에 대한 글을 읽고
    이해할 수 있다.
  - 쓰기: 특별한 날에 대해 글을 쓸 수 있다.

- **문화와 정보:** 성년의 날

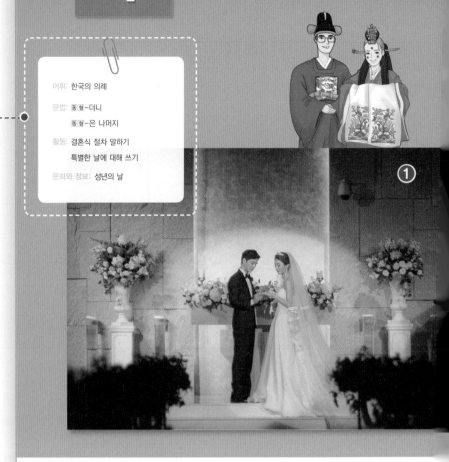

수업 전개	도입, 어휘	1차시		문법	2차시	
		·결혼식 의례 ·장례식 의례			·동 형 -더니 ·동 형 -은 나머지	
		익힘책 pp.34-35			익힘책 pp.36-38	

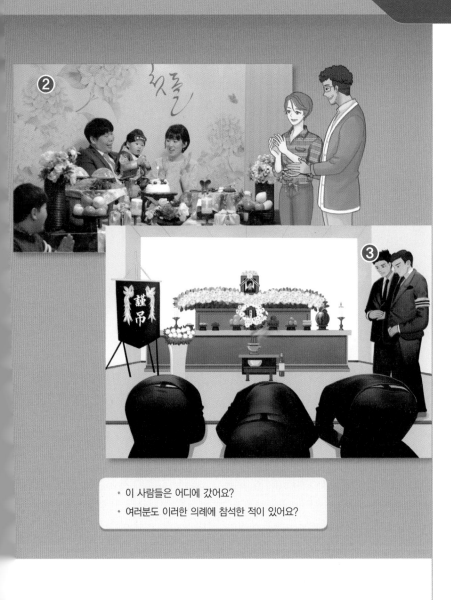

- 이 사람들은 어디에 갔어요?
- 여러분도 이러한 의례에 참석한 적이 있어요?

도입

1. 교재 그림을 이용하여 학생들과 이야기하며 이 과의 주제를 노출한다.

그림❶ 🎤 이 두 사람은 지금 무엇을 하고 있어요?
여러분은 이런 장소에 참석해 본 적이 있어요?
여러분 나라에서는 결혼식을 어떻게 해요?

그림❷ 🎤 이 사람들은 지금 무슨 행사를 하고 있어요?
여기서 아이는 무엇을 해요?
여러분 나라에도 이런 행사가 있어요?

그림❸ 🎤 여기에서 무엇을 하고 있어요?
앞에 있는 두 사람은 누구예요?
이곳에 가면 사람들은 무엇을 해요?

2. 대화 내용을 정리하며 이 단원에서는 결혼식, 장례식, 돌잔치 등 '한국의 의례'에 대해 공부한다는 것을 알려 준다.

―――― **이 단원을 지도할 때는…** ――――

이 단원과 관계있는 단원들은 아래와 같습니다. 관련 단원의 학습 내용을 확인하셔서 지도에 참고하시면 좋을 것 같습니다.

- 주제: 특별한 날
  - 1권 11과
- 문법: 통-었더니
  - 4권 7과

말하기 듣기, 발음 **3차시**	읽기 **4차시**	쓰기, 문화와 정보, 마무리 **5차시**
·결혼식 절차에 대해 말하기 · 장례식장 조문 예절에 대해 듣기	·한국인의 특별한 생일에 대해 읽기	·특별한 날에 대해 쓰기 ·성년의 날
익힘책 p.39	익힘책 p.40	익힘책 p.41

- **신랑/신부:** 봄이 되니까 결혼하는 신랑, 신부가 많아진 것 같아요.
- **주례:** 제 친구는 초등학교 동창과 결혼하게 되어서 선생님께 주례를 부탁드렸어요.
- **하객:** 제 결혼을 축하해 주려고 온 하객들에게 감사의 인사를 전했어요.
- **축의금을 내다:** 축하하는 마음을 담아 친구 결혼식에 가서 축의금을 냈어요.
- **피로연을 하다:** 결혼식이 끝난 후에 신랑과 신부는 하객들과 함께 피로연을 했어요.
- **폐백:** 폐백 때 신부가 신랑의 부모에게 큰절을 해요.

- **장례식장:** 친구 아버지께서 돌아가셔서 친구를 위로하러 장례식장에 다녀왔어요.
- **빈소:** 아버지께서는 쉬지도 않으시고 할머니의 빈소를 지켰어요.
- **고인:** 죽은 사람을 말해요.
- **영정:** 제사나 장례를 지낼 때 죽은 사람의 얼굴이 들어간 사진이나 그림을 말해요.
- **조문하다:** 아버지를 잃은 친구를 조문하러 동창들이 모였어요.
- **상을 당하다:** 회사 동료가 아버지 상을 당해서 회사에 나오지 못했어요.

---

1. 한국의 결혼식장에서는 누가 무엇을 해요? 이야기해 보세요.

축의금을 내다 / 피로연을 하다 / 폐백을 하다

2. 한국의 장례식장에서는 누가 무엇을 해요? 이야기해 보세요.

어휘 (결혼식과 장례식의 의례)

1 도입, 제시

1. 결혼식, 장례식에 가 본 적이 있는지 물으며 오늘의 어휘는 한국의 결혼식, 장례식의 의례와 관련된 표현임을 알려 준다.

   🎤 여러분은 결혼식, 장례식에 가 본 적이 있어요?
   한국에서는 결혼식, 장례식을 어떻게 할까요?

2. 교사를 따라 어휘를 소리 내어 한 번 읽는다. 이때 발음에 주의하게 한다.

3. 어휘의 의미를 설명한다. 어휘가 사용된 문장을 예로 제시하거나 의미를 풀어서 설명해 준다. 상황에 따라 유의어나 반의어 등을 추가로 설명할 수 있다.

4. 배운 어휘를 소리 내어 읽도록 한다. 이때 '-어요' 형태로 단어를 읽는 등 변화를 줄 수 있다.

2 연습

1. 배운 어휘를 사용하여 한 사람씩 문장을 만들어 보는 연습을 먼저 한다.

2. 연습한 문장을 이용하여 결혼식, 장례식에서 누가 무엇을 하는지 짝과 대화하도록 한다.

3. 학생들끼리 이야기한 것을 교사가 정리해 주며 같이 이야기한다.

   🎤 결혼식장에 가면 누구를 볼 수 있어요?
   결혼식장에 가면 무엇을 해요?
   장례식장에 가면 무엇을 볼 수 있어요?
   장례식장에 가면 어떻게 해야 해요?

4. 자신의 실제 경험을 이야기하는 활동으로 확장할 수 있다.

동 형 -더니

과거에 관찰해서 알게 된 사실에 이어진 행동이나 상황을 나타낸다.

예문
• 가: 라흐만 씨는 어디에 갔어요?
  나: 잘 모르겠어요. 방금 문자를 확인하더니 밖으로 나갔어요.
• 슬기는 갑자기 밥을 많이 먹더니 배탈이 났다.
• 지난주에는 날씨가 무덥더니 이번 주에는 시원해졌다.

안젤라: 이링 씨, 잠시드 씨에게 친구를 소개해 줬어요?
이 링: 네. 잠시드 씨가 제 친구를 보더니 마음에 든다고 했어요.

-더니	• 읽다 → 읽더니
	• 좋다 → 좋더니
	• 들어오다 → 들어오더니
	• 아프다 → 아프더니

1. 보기 와 같이 친구와 이야기해 보세요.

애나 씨한테 무슨 좋은 일이 있어요?

네. 애나 씨가 2년 동안 장거리 연애를 하더니 드디어 결혼하네요.

이름	이전의 행동이나 상황	현재의 행동이나 상황
보기 애나	2년 동안 장거리 연애를 하다 ➡	드디어 결혼하다
1) 후엔	열심히 돈을 모으다 ➡	좋은 집으로 이사하다
2) 라민	열심히 공부하다 ➡	장학금을 받다
3) 안젤라	성실하게 근무하다 ➡	동기들보다 먼저 승진하다
4) 잠시드	작년에는 한국어를 잘 못하다 ➡	올해에는 한국어를 유창하게 하다

2. 우리 반 친구들에게 어떤 변화가 생겼는지 '-더니'를 사용해서 이야기해 보세요.

 제이슨 씨는 여행을 많이 다니더니 여행 책을 냈어요.

단어장
무덥다
동기
승진하다
유창하다

동 형 -더니

동사, 형용사 뒤에 붙어 과거에 관찰해서 알게 된 사실에 이어진 행동이나 상황을 나타낸다. '-더니'의 뒤에 나오는 절은 주로 과거 시제를 쓴다. '-더니' 앞 절의 주어나 주제는 뒤 절과 같아야 한다. 앞 절과 뒤 절의 주어는 대부분 3인칭이며 2인칭은 드물게 나타난다.

• 가: 라흐만 씨는 어디에 갔어요?
  나: 잘 모르겠어요. 방금 문자를 확인하더니 밖으로 나갔어요.

• 가: 저 이번 중간 평가에 통과했어요.
  나: 정말 축하드려요. 한국어를 그렇게 열심히 공부하더니 합격하셨네요.

• 슬기는 갑자기 밥을 많이 먹더니 배탈이 났다.

• 아침에는 날이 흐리더니 오후에는 개었다.

-더니 (받침 O, X)	먹다 → 먹더니
	불다 → 불더니
	걷다 → 걷더니
	가다 → 가더니
	좋아하다 → 좋아하더니
	많다 → 많더니
	작다 → 작더니
	그립다 → 그립더니
	흐리다 → 흐리더니
	조용하다 → 조용하더니

문법 1 (동 형 -더니)

1 도입, 제시

1. 도입 그림과 대화를 통해 문법이 사용되는 상황을 인지시킨다.

🎤 두 사람은 누구에 대해 이야기하고 있어요?
잠시드 씨에게 무슨 일이 있었어요?
이링 씨는 그것을 어떻게 알아요?

2. 교재의 대표 예문을 보면서 문법의 의미를 설명한다.

🎤 이야기 속의 남자는 이링 씨에게 여자를 소개 받아서 만났어요. 그 결과 여자가 마음에 들었어요. 관찰해서 알게 된 사실에 이어진 행동이나 상황을 말하고 싶을 때 '-더니'를 사용해요.

3. 학생들과 교재의 예문들을 읽으면서 문법의 의미를 설명하고 이해시킨다.

4. 문법의 형태 정보를 제시하고 설명한다.

5. 추가 예문을 제시하고 문법의 의미와 사용법을 정확하게 이해시킨다.

2 연습 1

1. 〈보기〉의 대화를 교사와 함께 완성해 본다.

2. 나머지 문제를 〈보기〉의 대화처럼 짝과 완성하도록 한다.

3. 연습한 것을 발표하게 하거나 교사가 전체 학생 대상으로 답하게 하여 확인한다. 그리고 오류가 있으면 수정해 준다.

3 연습 2

1. 주변 사람들에게 무슨 일이 생겼는지 그리고 그 결과 어떻게 되었는지 자신의 경험에 대해 이야기해 보도록 한다.

2. 친구와 대화한 것을 발표하게 하고 오류가 있으면 수정해 준다.

익힘책 36-37쪽을 풀게 하거나 과제로 제시한다. 익힘책은 연습 활동 난이도에 따라 교재 연습 문제 전후로 활용한다.

◤ 동형 -은 나머지

동사, 형용사 뒤에 붙어 앞의 상태나 행동의 결과로 뒤와 같은 심한 정도의 일이 일어났음을 말할 때 사용한다. '-은 나머지'의 뒤 절에는 주로 과거 시제가 쓰인다.

◤
- 가: 면접시험은 잘 보고 왔어요?
  나: 아니요. <u>긴장한 나머지</u> 아무것도 생각나지 않았어요.

- 가: 어제 수업에 왜 안 나왔어요?
  나: 주말에 운동을 <u>열심히 한 나머지</u> 몸살이 났어요.

- 수업에 지각하지 않으려고 <u>서두른 나머지</u> 지갑을 집에 놓고 나왔다.

- 라민은 <u>지친 나머지</u> 공부를 그만두고 고향에 돌아갈 생각까지 했었다.

-은 나머지 (받침 O)	읽다 → 읽은 나머지 좋다 → 좋은 나머지 *듣다 → 들은 나머지 *시끄럽다 → 시끄러운 나머지
-ㄴ 나머지 (받침 X, ㄹ 받침)	사다 → 산 나머지 일하다 → 일한 나머지 놀라다 → 놀란 나머지 아프다 → 아픈 나머지 행복하다 → 행복한 나머지 *힘들다 → 힘든 나머지

문법 2 (동형 -은 나머지)

1 도입, 제시

1. 도입 그림과 대화를 통해 문법이 사용되는 상황을 인지시킨다.

🎙 라흐만 씨는 어디에 다녀왔어요?
친구의 기분은 어때 보였어요?
그래서 친구는 어떻게 하고 있었어요?

2. 교재의 대표 예문을 보면서 문법의 의미를 설명한다.

🎙 한 남자가 울고 있어요. 이 남자는 너무 슬퍼서 울음을 멈추지 못하네요. 우리는 어떤 상태가 너무 심하면 지나치게 부정적인 상태가 되거나 행동을 하게 돼요. 그때 '-은 나머지'를 사용해요.

3. 학생들과 교재의 예문들을 읽으면서 문법의 의미를 설명하고 이해시킨다.

4. 문법의 형태 정보를 제시하고 설명한다.

5. 추가 예문을 제시하고 문법의 의미와 사용법을 정확하게 이해시킨다.

2 연습 1

1. 〈보기〉의 대화를 교사와 함께 완성해 본다.

2. 나머지 문제를 〈보기〉의 대화처럼 짝과 완성하도록 한다.

3. 연습한 것을 발표하게 하거나 교사가 전체 학생 대상으로 답하게 하여 확인한다. 그리고 오류가 있으면 수정해 준다.

3 연습 2

1. 생활하면서 어떤 상태나 행동에 너무 빠지거나 집중한 결과 일어난 자신의 경험을 이야기하도록 한다.

2. 친구와 대화한 것을 발표하게 하고 오류가 있으면 수정해 준다.

익힘책 37-38쪽을 풀게 하거나 과제로 제시한다. 익힘책은 연습 활동 난이도에 따라 교재 연습 문제 전후로 활용한다.

1. 이링 씨와 안젤라 씨가 결혼식에 간 경험을 이야기합니다. 다음 대화처럼 이야기해 보세요.

이 링: 안젤라 씨, 주말에 뭐 했어요?

안젤라: 지난번에 같이 만난 지민 씨 기억나요?
그 친구 결혼식에 다녀왔어요.

이 링: 아, 네. 지민 씨가 오랫동안 연애를 하더니 드디어 결혼했네요. 결혼식은 어땠어요?
저는 한국에서 결혼식에 아직 못 가 봤어요.

안젤라: 음, 먼저 하객들은 결혼식장에 들어갈 때 축의금을 냈어요. 그리고 신랑, 신부 어머니들이 촛불을 켜면서 결혼식을 시작했어요.

이 링: 촛불을 켜는 게 신기하네요. 그다음에 신랑, 신부가 입장하고 혼인 서약을 했었죠?

안젤라: 네. 그리고 주례사 이후에 신랑이 축가를 불렀고요. 그런데 신랑이 너무 긴장한 나머지 노래 가사를 잊어버렸어요. 하객들은 신랑의 그런 모습에 계속 웃었고요.

이 링: 그랬군요. 다음에 지민 씨를 만나면 축하해 줘야겠네요.

4-4 EBOOK

1) 오랫동안 연애를 하다, 드디어 결혼하다 | 신랑이 너무 긴장하다, 노래 가사를 잊어버렸

2) 올해 안에 결혼하고 싶다고 하다, 결혼하다 | 신랑이 너무 신나다, 노래를 부르면서 춤을 췄다

2. 아래 상황에 맞게 결혼식에 대해 묻는 사람과 결혼식에 다녀온 사람이 되어 대화해 보세요. 그리고 여러분의 경험도 이야기해 보세요.

결혼식에 대한 정보 묻기

• 결혼식은 어떻게 진행되나요?

• 결혼식의 어떤 부분이 인상적이었어요?

결혼식에 다녀온 경험 말하기

• 화촉 점화 → 신랑, 신부 입장 → 혼인 서약 → 주례사 → 축가 → 신랑, 신부 행진

• 신랑과 신부가 부모님께 감사의 편지를 읽는 것, 신랑의 부모님께 폐백을 드리는 것

단어장
혼인 서약
축가

4과 한국의 의례 **53**

• **혼인 서약**: 결혼식에서 신랑과 신부는 평생 서로를 사랑한다는 약속의 혼인 서약을 해요.

• **축가**: 이번 주말에 친한 친구 결혼식이 있어서 다른 친구들과 축하하는 마음을 담아 축가를 준비했어요.

• **행진**: 발을 맞추어 앞으로 걸어간다는 뜻이에요.

발음

4-4 EBOOK

• **오랫동안**[오래똥안]

• **웃었고요**[우선꼬요] : 구어에서는 [우섣꾸요]와 같이 발음할 수 있어요.

결혼식 절차에 대해 말하기

1 대화문 연습

1. 교재의 그림을 이용해 어떤 상황인지 추측해 보도록 한다.

🎤 여기는 어디이고, 사람들은 무엇을 하고 있어요?
여러분은 결혼식에 가 본 적이 있어요?
결혼식에서 가장 기억에 남는 일은 무엇이에요?

2. 지시문을 이용하여 대화 상황을 학생들에게 명확하게 알려 준다.

3. 대화를 들려주고 간단한 질문을 하여 대화 내용을 이해했는지 확인한다.

🎤 결혼식에 가면 하객들은 가장 먼저 무엇을 해요?
결혼식은 어떤 순서로 진행돼요?
신랑, 신부 어머니는 무엇을 해요?
신랑, 신부는 무엇을 해요?

4. 교사와 함께 대화문을 읽으면서 자연스럽게 말하는 연습을 한다. 두 번 정도 반복해서 연습한다.

5. 교체 어휘를 활용하여 짝과 함께 연습하게 한다.

6. 연습이 끝나면 한두 팀을 발표시키거나 교사가 전체 학생을 대상으로 확인한다.

2 확장 연습

1. 일상생활에서 결혼식에 참석했던 자신의 경험에 대해 말하기를 한다고 알려 준다.

2. 짝과 자신의 경험에 대해 이야기할 때는 다음과 같은 내용을 포함하여 말하도록 지시한다.

🎤 한국의 결혼식에 대해 아는 것이 있어요?
한국의 결혼식에서 인상적인 것은 무엇이에요?
여러분 고향의 결혼식과 어떤 점이 비슷하고 달라요?

3. 이야기가 끝나면 한두 팀을 발표시키거나 교사가 전체 학생을 대상으로 확인하고 오류를 수정해 준다.

아나이스(여): 저 갑자기 친구 아버님이 돌아가셔서 장례식장에
가야 되는데요. 제가 한국에서 장례식에 안 가 봐서
어떻게 하는 건지 모르겠어요.

한국 친구(남): 그래요? 일단 검은색 옷을 입고 가는 게 예의예요.
그리고 조의금도 준비하세요.

아나이스(여): 조의금이 뭐예요?

한국 친구(남): 유족을 위로하기 위해서 내는 돈이에요. 보통 흰
봉투에 넣어서 준비해요.

아나이스(여): 그렇군요. 그럼 거기 가서는 어떻게 해야 돼요?

한국 친구(남): 먼저 빈소에 들어갈 때 방명록에 이름을 적고
조의금을 내요. 그리고 고인의 사진 앞에 꽃을 놓은
다음에 그 앞에서 절을 하거나 기도를 하면 돼요.
그러고 나서 유족들에게 인사를 하고요. 조문이
끝나면 빈소 옆에서 식사를 하기도 해요.

아나이스(여): 자세히 알려 줘서 고마워요.

---

1. 여러분은 한국에서 장례식장에 가 본 적이 있습니까? 다음의 문자 메시지는 무슨 소식을 전하는 것인지 이야기해 보세요.

<부고>
박진호 씨의 부친 박영석님께서 별세하셨습니다.
상주: 박진호, 박철호, 박윤경
빈소: 한국병원 장례식장 10호
발인: 20XX년 XX월 XX일

삼가 고인의 명복을 빕니다.

좋은 곳에서 편히 쉬시길 바랍니다.

2. 아나이스 씨와 한국인 친구가 이야기합니다. 잘 듣고 질문에 답해 보세요.

1) 장례식장에 갈 때는 어떤 색의 옷을 입는 게 좋습니까?
   검은색 옷을 입고 가는 것이 좋습니다.

2) 빈소 안에서 하는 행동을 순서에 맞게 써 보세요.

| 분향을 하거나 헌화를 한다. | ➡ | 고인의 사진 앞에서 절을 하거나 기도를 한다. | ➡ | 유족들에게 인사를 한다. |

3) 들은 내용과 같으면 ◯, 다르면 X 하세요.
   ❶ 조의금은 유족을 위로하는 의미로 낸다. (◯)
   ❷ 빈소에서 나올 때 방명록에 이름을 쓴다. (X)
   ❸ 조문 후에는 식사를 하기도 한다. (◯)

단어장
별세하다
삼가
명복을 빌다

발음

단어 첫음절 이외의 '의' → [의], [이]

조의금 ➡ [조의금, 조이금]

조의금[조의금, 조이금]
축의금[추긔금, 추기금]
예의[예의, 예이]

다음을 듣고 따라 읽으세요.
1) 장례식장에 갈 때는 조의금을 준비하세요.
2) 친구 결혼식장에서 축의금을 냈어요.
3) 장례식장에서는 예의를 지켜야 돼요.

장례식장 조문 예절에 대해 듣기

1. 지문에 대해 답하며 앞으로 들을 내용을 추측하게 한다.
   🎙 여러분은 한국에서 장례식장에 가 본 적이 있어요?
   다음 문자 메시지는 무슨 소식을 전해요?

2. 지시문을 이용하여 등장인물과 대화 상황을 설명한다.
   🎙 이 두 사람은 무슨 이야기를 하고 있어요?
   여자에게는 어떤 문제가 있어요?

3. 문제를 읽고 들어야 하는 정보를 파악하게 한다.
   🎙 장례식장에 갈 때는 무슨 색 옷을 입어야 해요?
   조의금은 왜 준비해요?
   빈소에 가면 어떻게 하면 돼요?

4. 듣기 파일을 두 번 듣고 문제를 풀게 한다.

5. 교재 질문의 답을 확인한 후 해당 대화를 같이 읽으며 내용을 확인한다.
   필요한 경우 새로운 어휘, 표현을 설명한다.

발음

1. '조의금, 축의금, 예의'의 발음을 들려주고 '의'의 발음이 어떻게 들리는지
   학습자 스스로 확인해 보도록 한다.

2. 단어의 첫음절 이외의 '의'는 [의]로 발음하는 것이 원칙이지만 [이]로도
   발음할 수 있음을 알려 준다. 단, 자음을 첫소리로 가지고 있는 음절의
   '의'는 [이]로 발음한다.(例 무늬)

   주의 조사 '의'는 [의] 또는 [에]로 발음되는 규칙에 대해 간단히 설명할 수
   있다. 그러나 이 발음 규칙은 여러 번 반복해서 학습하게 되므로 이
   단원에서는 '의'가 [이]로 발음되는 것에 초점을 둔다.

3. '조의금, 축의금, 예의'의 발음을 다시 듣고 교사를 따라 말해 본다.

4. 1)~3)의 문장을 듣고 교사를 따라 말하게 한다.

5. 짝과 함께 대화를 읽으며 연습하게 한 후에 확인한다.

· 이중 모음 '의' 발음
   단어의 첫음절 이외의 음절의 '의'는 [이]로 발음한다.

1. 다음은 어떤 행사인지 맞는 것과 연결하고 이야기해 보세요.

| 백일잔치 | 돌잔치 | 회갑연/환갑잔치 | 고희연/칠순 잔치 |

| 아기의 첫 번째 생일을 축하하고 아기의 장래를 추측함 | 일흔 번째 생일을 축하하고 기뻐함 | 아기가 태어난 지 백 일째 되는 날을 축하함 | 예순 번째 생일을 축하하고 건강과 장수를 기원함 |

2. 다음은 어떤 행사의 초대장과 순서지입니다. 어떤 행사인지, 이 행사에서 무엇을 할지 이야기해 보세요.

예나의 돌잔치에 초대합니다

여러분의 사랑과 관심 속에서 태어난 예나가 건강하게 돌을 맞이했습니다.
예나를 사랑해 주신 분들을 모시고 소중한 시간을 함께하고 싶어 자리를 마련했습니다.
참석하셔서 자리를 빛내 주시면 감사하겠습니다.

일시: 20XX년 X월 X일 저녁 6시
장소: 대한호텔 2층

돌잔치 순서

- 아빠 엄마의 감사 인사
- 예나와 함께한 1년 영상 보기
- 돌잡이
- 기념사진 촬영
- 식사

4과 한국의 의례 55

- **백일잔치:** 아기가 태어난 지 100일이 된 날을 축하하기 위해 백일잔치를 해요.
- **돌잔치:** 아기가 태어난 지 1년이 된 날을 축하하기 위해 돌잔치를 해요.
- **회갑연/환갑잔치:** 만 60세를 기념하는 잔치(파티)를 말해요.
- **고희연/칠순 잔치:** 만 70세를 기념하는 잔치(파티)를 말해요.
- **장래:** 부모님께서는 늘 자식들의 장래를 걱정해 주세요.
- **장수:** 오래 산다는 뜻이에요.
- **기원하다:** 부모님께서 새해에도 더욱 건강하시기를 기원했어요.

- **맞이하다:** 매년 저는 가족과 함께 새해를 맞이해요.
- **자리를 마련하다:** 다음 주에 고향으로 돌아가는 친구를 위해 다 같이 식사하는 자리를 마련했어요.
- **빛내다:** 그 사람은 많은 봉사 활동으로 학교의 이름을 빛냈다.

한국인의 특별한 생일

1. 한국인들에게 특별한 생일은 무엇인지 생각하게 한다.

   🎤 한국인들에게 특별한 생일에는 무엇이 있어요?
   그날들이 왜 특별하다고 생각해요?

2. 백일잔치, 돌잔치, 회갑연/환갑잔치, 고희연/칠순 잔치에 대한 설명을 읽고 의미를 파악할 수 있게 한다.

3. 질문을 하여 내용을 잘 이해했는지 확인한다.

   🎤 백일잔치는 어떤 의미가 있어요?
   돌잔치는 어떤 의미가 있어요?
   회갑연/환갑잔치는 어떤 의미가 있어요?
   고희연/칠순 잔치는 어떤 의미가 있어요?

4. 돌잔치 초대장을 읽고 초대장의 정보를 파악할 수 있게 한다.

5. 돌잔치에 대한 초대장과 순서지를 이야기하게 한다.

   🎤 돌잔치는 어떤 행사예요?
   돌잔치에서는 무엇을 해요?

- **치르다**: 이번 회사의 행사를 성공적으로 치렀어요.
- **감격하다**: 저희의 깜짝 선물에 어머니께서는 감격하셔서 눈물을 흘리셨어요.
- **분주하다**: 다음 주에 새 집으로 이사할 예정이어서 짐 정리를 하느라 분주해요.
- **효도**: 한국은 전통적으로 부모님에 대한 효도를 중요하게 생각해 왔어요.
- **정겹다**: 고향의 모습은 언제 봐도 정겨워요.

---

3. 다음은 가족 행사에 대한 글입니다. 잘 읽고 질문에 답해 보세요.

가족 행사

지난달에는 가족 행사가 많았다. 작년에 태어난 조카는 돌을 맞았고 시어머니도 예순한 살이 되셔서 우리 가족은 큰 생일잔치를 두 번이나 치렀다. 남편은 이 두 생일이 한국에서는 의미 있는 가족 행사 중 하나라고 했다.

돌잔치에서는 오랜만에 친척들을 볼 수 있어서 반가웠다. 그리고 무엇보다도 재미있는 것은 아기의 장래를 추측하는 돌잡이 행사였다. 예를 들어 아기가 실을 잡으면 장수하고, 돈이나 쌀을 잡으면 부자가 되고, 연필을 잡으면 공부를 잘할 거라고 추측한다. 친척들은 조카가 돈이나 연필을 잡기를 바랐다. 그런데 우리 조카는 마이크를 잡아서 모두 웃었다. 조카가 나중에 유명한 가수가 되면 좋겠다.

얼마 있다가 우리 가족은 시어머니의 환갑잔치도 치렀다. 맛있는 음식도 먹고 자녀들, 손주들이 다 같이 부모님께 절을 올렸다. 시어머니께서는 너무나 감격한 나머지 눈물을 흘리시기도 했다. 또 우리는 환갑 여행도 보내 드렸는데 부모님은 여행을 다녀오시더니 너무 좋았다고 하셨다. 시어머니의 모습을 보니 고향에 계신 부모님 생각이 더 났다. 우리 부모님 환갑 때도 찾아뵙고 축하를 해 드려야겠다.

행사가 많아서 분주했지만 조카에게는 사랑을, 부모님께는 효도의 마음을 표현할 수 있는 한 달을 보냈다. 가족들의 건강과 장수를 기원하는 한국의 풍습이 참 정겹게 느껴진다.

1) 조카가 잡은 돌잡이 물건과 그 물건이 가지는 의미를 써 보세요.

물건: <u>마이크</u>   의미: <u>가수가 된다</u>

2) 한국인의 특별한 생일에 대한 내용으로 맞지 <u>않는</u> 것은 무엇입니까?
   ① 돌잡이를 통해서 아기의 미래를 예상한다.
   ② 돌잔치 때는 가족들이 다 함께 여행을 간다.
   ③ 환갑잔치로 부모님께 효도의 마음을 표현한다.
   ④ 건강하고 오래 살기 바라는 풍습이다.

3) 시어머니 환갑 때 한 일이 <u>아닌</u> 것은 무엇입니까?
   ① 시어머니를 위해 잔치를 열었다.
   ② 시어머니께 절을 했다.
   ③ 시어머니께 노래를 불러 드렸다.
   ④ 시어머니를 위해 여행을 보내 드렸다.

단어장
치르다
감격하다
분주하다
효도
정겹다

한국인의 특별한 생일에 대해 읽기

1. 고향에서 특별한 생일은 언제인지 간략하게 이야기하고 한국인의 특별한 생일에 대한 글을 읽게 한다.

🎤 여러분 고향에서 사람들에게 특별한 생일은 언제예요?
   한국인들에게 특별한 생일은 언제일까요?

2. 글을 훑어 읽게 한 후 주제, 중심 내용 등을 간단히 말해 보도록 한다.

🎤 돌잔치는 누구의 생일이에요?
   돌잔치에서 특별한 행사는 뭐예요?
   환갑잔치는 어떤 날이에요?
   환갑잔치에서 사람들은 무엇을 해요?

3. 글을 다시 읽으면서 문제를 풀게 한다.

4. 답을 같이 확인한 후, 본문을 다시 읽으며 모르는 어휘가 없는지 확인한다. 필요한 경우 새로운 어휘, 표현을 설명한다.

1. 여러분 고향의 사람들에게는 어떤 날이 **특별합니까?** 그날에 대해서 써 보세요.

> 특별한 날
>
> 의미
>
> 하는 일

2. 여러분 고향의 특별한 날에 대해서 써 보세요.

특별한 날에 대해 쓰기

1. 어떤 글을 쓸지 알려 주고 글에 들어갈 내용을 생각해 보게 한다.

   🎤 여러분 고향에서 사람들에게 특별한 날은 언제예요?
   이날은 어떤 의미가 있어요? 또 이날 무엇을 해요?

2. 교재 지문에 대해 자신이 쓸 내용을 간단하게 메모하도록 한다. 교사는
   학생들이 쓴 메모에 오류가 없는지 확인해 준다.

3. 메모한 내용을 바탕으로 글로 완성하게 한다.

문화와 정보

성년의 날

　예로부터 한국에서는 아이가 성년이 된 것을 기념하여 축하하는 행사를 가졌다. 과거에는 '관례, 계례'라는 의식을 행했는데 남자는 15~20세 사이에 상투를 올리고, 여자는 15세가 되면 비녀를 꽂았다. 이 의식을 가지면 성인으로 인정을 받았다.

　현대 한국에서는 매년 5월 셋째 월요일을 성년의 날로 정하여 만 19세가 되는 젊은이들이 성인이 되었음을 알린다. 그렇지만 요즘은 성년의 날이 오면 특별한 행사에 참여하는 사람보다는 친구들끼리 선물을 주고받으며 축하하는 사람들이 더 많다.

　만 19세가 되면 성인으로서 권리와 의무, 책임을 갖게 된다. 음주나 흡연이 가능하고 부모의 동의가 없어도 결혼할 수 있다. 신용 카드와 휴대 전화도 자신의 이름으로 가질 수 있고 사업자 등록도 할 수 있게 된다. 할 수 있는 것이 많아지면서 법을 지키지 않았을 때의 책임도 커진다.

1) 한국에서 성년의 날은 어떻게 변화했습니까?
2) 성년이 되면 갖게 되는 권리와 의무는 무엇입니까?
3) 여러분 고향에서는 성년이 된 것을 어떻게 기념합니까?

5월

일요일	월요일	화요일	수요일	목요일	금
		1	2	3	
6	7	8	9	10	11	12
13	14	15	16	17	18	19
20	21 성년의 날	22	23	24	25	26
27	28	29	30	31	

성년의 날

1. 이 단원의 문화와 정보가 무엇에 대한 것인지 알려 준다.

🎤 성년의 날은 만 19세 성인이 되는 날을 기념하는 특별한 날이에요. 한국에서 성년의 날은 언제이고 또 성년의 날에는 무엇을 하는지 알아봅시다.

2. 교재의 그림(사진)을 보면서 주제에 대해 알고 있는 것을 상기시키고 말해 보게 한다. 이때 관련 시각 자료를 추가로 활용할 수 있다.

🎤 여러분 고향에서는 성년의 날이 있어요? 성년의 날은 언제예요? 또 이날 무엇을 해요?

3. 교재를 같이 읽으면서 내용을 설명한다. 이때 중요한 정보가 있는 부분에 밑줄을 긋거나 표시하게 하는 것도 좋다.

4. 질문 1), 2)의 답을 찾아보고 답하게 한다.

🎤 한국에서 성년의 날은 어떻게 변화했습니까? 성년이 되면 갖게 되는 권리와 의무는 무엇입니까?

5. 질문 3)을 이용하여 학습자 자신의 경험을 말해 보도록 한다.

🎤 여러분 고향에서는 성년이 된 것을 어떻게 기념하는지 소개해 보세요.

배운 어휘 확인

- 결혼식장
- 신랑
- 신부
- 주례
- 사회자
- 하객
- 축의금을 내다
- 피로연을 하다
- 폐백을 하다
- 장례식장
- 빈소
- 고인
- 영정
- 조문객
- 상주
- 조문하다
- 조의금을 내다
- 상을 당하다
- 상복을 입다
- 무덥다
- 동기
- 승진하다

- 유창하다
- 촬영하다
- 과로하다
- 우울증
- 혼인 서약
- 축가
- 별세하다
- 삼가
- 명복을 빌다
- 백일잔치
- 돌잔치
- 회갑연/환갑잔치
- 고희연/칠순 잔치
- 장래를 축축하다
- 장수를 기원하다
- 자리를 빛내다
- 돌잡이
- 치르다
- 감격하다
- 분주하다
- 효도
- 정겹다

- 이 단원에서 배운 어휘 중 기억나는 것을 말해 보세요.
- 이 단원에서 배운 문법은 뭐예요? 어떻게 사용해요?
- 한국의 결혼식장과 장례식장의 예절에 대해 이해했어요?
- 한국인에게 특별한 날은 언제인가요?
- 한국에서는 성년의 날에는 무엇을 해요?

마무리

1. 단원에서 학습한 어휘 중 기억하는 것을 먼저 말해 보게 한다.

2. 배운 어휘 목록의 어휘들을 읽으면서 의미를 상기시킨다.

3. 단원에서 학습한 문법(통형-더니, 통형-은 나머지)을 상기시키며 의미와 사용법을 기억하는지 확인한다.

4. 단원의 목표와 성취도를 확인한다.

5. 익힘책을 과제로 제시하고 마무리한다.

5 문화유산

어휘: 문화유산 관련 어휘

문법: 얼마나 동형-는지 모르다
　　　동형-든지

활동: 문화유산 볼 수 있는 장소 추천하기
　　　문화유산 소개하는 글 쓰기

문화와 정보: 아리랑

①

경주 불국사

수업 목표 및 내용

• **주제:** 문화유산

• **어휘와 문법**
  – 어휘: 문화유산 관련 어휘를 익힌다.
  – 문법: '얼마나 동형-는지 모르다', '동형-든지'의
　　　　의미와 형태를 익혀 사용할 수 있다.

• **활동**
  – 말하기: 문화유산을 볼 수 있는 장소에 대해
　　　　　말할 수 있다.
  – 듣기: 한글을 소개하는 강연를 듣고 이해할 수
　　　　있다.
  – 읽기: 한국의 문화유산에 대한 기행문을 읽고
　　　　이해할 수 있다.
  – 쓰기: 문화유산을 소개하는 글을 쓸 수 있다.

• **문화와 정보:** 아리랑

수업
전개

도입, 어휘　**1차시**

·한국의 문화유산
· 문화유산 소개 어휘

익힘책 pp.42-43

문법　**2차시**

·얼마나 동형-는지 모르다
·동형-든지

익힘책 pp.44-46

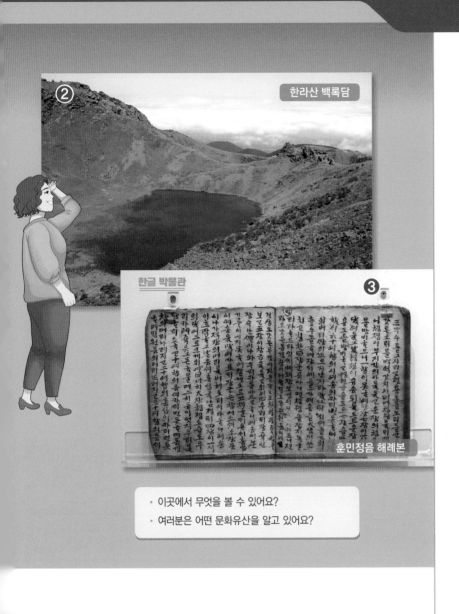

② 한라산 백록담

한글 박물관

③

훈민정음 해례본

· 이곳에서 무엇을 볼 수 있어요?
· 여러분은 어떤 문화유산을 알고 있어요?

도입

1. 교재 그림을 이용하여 학생들과 이야기하며 이 과의 주제를 노출한다.

그림❶ 🎤 이곳은 어디예요?
이곳에서 무엇을 볼 수 있어요?
여러분은 불국사에 가 본 적이 있어요?

그림❷ 🎤 이곳의 이름이 뭐예요?
이 호수는 어디에 있어요?
여러분 나라에도 이런 곳이 있어요?

그림❸ 🎤 이 책의 이름이 뭐예요?
훈민정음이 무엇인지 아세요?

2. 대화 내용을 정리하며 이 단원에서는 '한국의 문화유산이 무엇이 있는지 어디에서 볼 수 있는지' 등에 대해 공부한다는 것을 알려 준다.

─ 이 단원을 지도할 때는… ─

이 단원과 관계있는 단원들은 아래와 같습니다. 관련 단원의 학습 내용을 확인하셔서 지도에 참고하시면 좋을 것 같습니다.

· 문화: 한국의 인기 여행지
 – 1권 12과
· 문화: 한국의 유명한 도시
 – 2권 1과
· 어휘: 고향 및 소개 관련 어휘
 – 2권 1과
· 문법: 통-거나

말하기 듣기, 발음	3차시		읽기	4차시		쓰기, 문화와 정보, 마무리	5차시

·문화유산을 볼 수 있는 장소에 대해 말하기
·한글을 소개하는 강연 듣기

·한국 문화유산 기행문 읽기

·소개하고 싶은 문화유산에 대해 쓰기
·아리랑

익힘책 p.47

익힘책 p.48

익힘책 p.49

- **문화유산**: 과거의 문화 중에서 다음 세대에게 물려줄 만한 가치가 있는 것이에요.
- **자연 유산**: 미래를 위해 보호해야 할 가치가 있는 자연 지역이에요.
- **무형 유산**: 음악, 춤, 기술과 같은 문화 중에서 가치가 높은 것이에요.
- **기록 유산**: 이전 시대의 사람들이 책, 사진, 그림 등으로 기록을 남겨 놓은 문화유산이에요.
- **문화재**: 과거 사람들이 남긴 것 중에서 역사적, 문화적 가치가 높아서 보호해야 할 것이에요.
- **유적지**: 역사적인 일이 있었던 장소나 건물 등을 말할 때 사용해요.
- **유물**: 과거 사람들이 남긴 물건이에요.

- **조선 시대의 궁궐**: 창덕궁은 조선 시대에 왕이 살던 궁궐이에요.
- **산 정상에 있는 호수**: 백록담은 한라산 정상에 있는 호수예요.
- **신라 시대의 사찰**: 불국사는 신라 시대에 만들어진 사찰이에요.
- **왕의 제사를 모신 곳**: 종묘는 조선 시대에 왕의 제사를 모신 곳이에요.
- **조선 시대 왕의 무덤**: 조선 왕릉은 조선 시대 왕의 무덤이에요.
- **바다 위의 큰 화산섬**: 성산 일출봉은 바다 위에 있는 큰 화산섬이에요.
- **조선 시대의 성곽**: 수원 화성은 성 안으로 적이 들어오지 못하게 만든 조선 시대의 성곽이에요.

---

1. 여러분은 이것에 대해 들었거나 본 적이 있어요? 다음을 보고 한국의 문화유산에 대해 이야기해 보세요.

창덕궁 　 불국사 　 훈민정음 해례본 　 판소리 　 성산 일출봉

| 문화유산 | 자연 유산 | 무형 유산 | 기록 유산 |
| 문화재 | | 유적지 | 유물 |

2. 다음 문화유산을 어떻게 소개할 수 있어요? 이야기해 보세요.

조선 왕릉 / 수원 화성 / 창덕궁 / 불국사 / 종묘 / 성산 일출봉 / 백록담

- 조선 시대의 궁궐
- 산 정상에 있는 호수
- 신라 시대의 사찰
- 왕의 제사를 모신 곳
- 조선 시대 왕의 무덤
- 바다 위의 큰 화산섬
- 조선 시대의 성곽

수원 화성은 어떤 곳이에요? 　 조선 시대의 성곽이에요.

어휘 (한국의 문화유산)

1 도입, 제시

1. 한국의 문화유산에 대해 들었거나 본 적이 있는지 물으며 오늘의 어휘는 한국의 문화유산과 문화유산을 소개할 때 사용하는 표현임을 알려 준다.

🎤 여기에 있는 사진들은 한국의 문화유산이에요.
　여러분은 이것들을 본 적이 있어요?
　이 문화유산에 대해서 아는 것을 말해 보세요.

2. 교사를 따라 어휘를 소리 내어 한 번 읽는다. 이때 발음에 주의하게 한다.

3. 어휘의 의미를 설명한다. 어휘가 사용된 문장을 예로 제시하거나 의미를 풀어서 설명해 준다. 상황에 따라 유의어나 반의어 등을 추가로 설명할 수 있다.

4. 배운 어휘를 소리 내어 읽도록 한다. 이때 '-어요' 형태로 단어를 읽는 등 변화를 줄 수 있다.

2 연습

1. 배운 어휘를 사용하여 한 사람씩 문장을 만들어 보는 연습을 먼저 한다.

2. 연습한 문장을 이용하여 한국어를 사용하면서 어떤 어려움을 경험했는지 짝과 대화하도록 한다.

3. 학생들끼리 이야기한 것을 교사가 정리해 주며 같이 이야기한다.

🎤 이 사진은 창덕궁이에요. 창덕궁은 어떤 곳이에요?
　불국사는 경주에 있어요. 여기는 어떤 곳이에요?
　산 정상에 있는 호수는 어디에서 볼 수 있어요?

4. 자신의 실제 경험을 이야기하는 활동으로 확장할 수 있다.

① 얼마나 동형 -는지 모르다

어떤 사실이나 생각, 느낌이 매우 그렇다고 강조해서 말할 때 사용한다.

정아라: 요즘 외국인 관광객들에게 한옥 체험이 얼마나 인기 있는지 몰라요.

잠시드: 그렇군요. 기회가 있을 때 저도 꼭 해 보고 싶네요.

예문
- 가: 한글이 과학적인 글자예요?
  나: 네, 얼마나 과학적으로 만들어졌는지 몰라요.
- 남산 타워 야경이 얼마나 화려한지 몰라요.
- 경주에 옛 유물이 얼마나 많은지 몰라요.

-는지 모르다	• 가다 → 가는지 모르다
	• 조심하다 → 조심하는지 모르다
	*살다 → 사는지 모르다
-은지 모르다	• 넓다 → 넓은지 모르다
	• 좋다 → 좋은지 모르다
-ㄴ지 모르다	• 신기하다 → 신기한지 모르다
	• 다르다 → 다른지 모르다

1. 보기와 같이 친구와 이야기해 보세요.

> 창덕궁에 관광객이 많아요?

> 네, 관광객이 얼마나 많이 방문하는지 몰라요.

보기	창덕궁에 관광객이 많다	정말 많이 방문하다
1)	판소리 공연을 본 적이 있다	요즘 노래와 너무 다르다
2)	시험이 모두 끝났다	마음이 무척 가벼워졌다
3)	한국의 옛 궁궐의 모습을 봤다	내부가 매우 웅장하다
4)	휴가를 재미있게 보냈다	고향 친구들과 정말 재미있게 보냈다

2. 우리 반 친구들의 장점에 대해 '얼마나 –는지 모르다'를 사용해서 이야기해 보세요.

> 이링 씨가 얼마나 요리를 잘하는지 몰라요.
> 지난번에 이링 씨가 빵을 만들어 와서 먹어 봤는데 정말 맛있었어요!

단어장
웅장하다

5과 문화유산 **63**

얼마나 동형 -는지 모르다

어떤 사실이나 생각, 느낌이 매우 그렇다고 강조해서 말할 때 사용한다. 동사 뒤에 붙어 '-는지 모르다', 형용사 '-(으)ㄴ 지 모르다'의 형태로 사용한다.

- 가: 라흐만 씨가 일을 잘하는 것 같아요.
  나: 맞아요 일을 얼마나 빨리 배우는지 몰라요.
- 가: 와, 여기 경치가 너무 아름다워요.
  나: 그렇지요? 낮에도 멋있지만 야경도 얼마나 아름다운지 몰라요.
- 휴대 전화를 잃어버려서 얼마나 불편한지 몰라요.
- 지난주에 제주도로 여행을 다녀왔는데 얼마나 좋았는지 몰라요.

-는지 모르다 (동사 받침 O, X)	많이 먹다 → 많이 먹는지 모르다 빨리 오다 → 빨리 오는지 모르다 열심히 듣다 → 열심히 듣는지 모르다 조심하다 → 조심하는지 모르다 *맛있다 → 맛있는지 모르다 맛있게 *만들다 → 맛있게 만드는지 모르다
-은지 모르다 (형용사 받침 O)	작다 → 작은지 모르다 넓다 → 넓은지 모르다 많다 → 많은지 모르다
-ㄴ지 모르다 (형용사 받침 X, ㄹ 받침)	바쁘다 → 바쁜지 모르다 신기하다 → 신기한지 모르다 *길다 → 긴지 모르다 *미끄럽다 → 미끄러운지 모르다
인지 모르다 (명사 받침 O, X)	괜찮은 사람 → 괜찮은 사람인지 모르다 좋은 회사 → 좋은 회사인지 모르다

문법 1 (얼마나 동형 -는지 모르다)

1 도입, 제시

1. 도입 그림과 대화를 통해 문법이 사용되는 상황을 인지시킨다.

> 🎤 여러분 한옥 알아요?
> 여러분은 한옥에서 잠을 자 봤어요?
> 요즘 외국인 관광객들에게 한옥 체험이 아주 인기가 많아요.

2. 교재의 대표 예문을 보면서 문법의 의미를 설명한다.

> 🎤 한옥 체험이 외국인들에게 아주 인기가 많다고 강조해서 말하고 싶어요.
> 어떤 사실이나 생각, 느낌이 매우 그렇다고 강하게 이야기할 때
> '얼마나 동형 -는지 모르다'를 사용해요.

3. 학생들과 교재의 예문들을 읽으면서 문법의 의미를 설명하고 이해시킨다.

4. 문법의 형태 정보를 제시하고 설명한다.

5. 추가 예문을 제시하고 문법의 의미와 사용법을 정확하게 이해시킨다.

2 연습 1

1. 〈보기〉의 대화를 교사와 함께 완성해 본다.

2. 나머지 문제를 〈보기〉의 대화처럼 짝과 완성하도록 한다.

3. 연습한 것을 발표하게 하거나 교사가 전체 학생 대상으로 답하게 하여 확인한다. 그리고 오류가 있으면 수정해 준다.

3 연습 2

1. 반 친구들의 장점에 대해 '얼마나 동형 -는지 모르다'를 사용해서 이야기해 보도록 한다.

2. 친구와 대화한 것을 발표하게 하고 오류가 있으면 수정해 준다.

> **익힘책** 44-45쪽을 풀게 하거나 과제로 제시한다. 익힘책은 연습 활동 난이도에 따라 교재 연습 문제 전후로 활용한다.

동형 -든지

여러 가지 중에서 어떠한 경우도 상관없음을 말할 때 사용한다. 동사, 형용사 뒤에 '-든지'의 형태로 사용한다. '-든지 -든지'의 구성으로 쓴다.

- 가: 이건 너무 싼데 선물로 괜찮을까요?
  나: 선물은 <u>비싸든지 싸든지</u> 정성이 중요하지요.

- 가: 팀장님, 보고서를 어떻게 드릴까요?
  나: 직접 <u>주든지</u> 이메일로 <u>보내든지</u> 하세요.

- 한 번 선택한 일은 <u>쉽든지 어렵든지</u> 최선을 다해야 한다.

- 한국 역사를 배우기 위해 책으로 <u>공부하든지</u> 유적지에 <u>가든지</u> 할 것이다.

-든지 (받침 O, X)	먹다 → 먹든지
	듣다 → 듣든지
	마시다 → 마시든지
	요리하다 → 요리하든지
	눕다 → 눕든지
	많다 → 많든지
	길다 → 길든지
	재미있다 → 재미있든지
	비싸다 → 비싸든지
	나쁘다 → 나쁘든지

2 동형 -든지   어떤 것을 선택해도 관계없음을 말할 때 사용한다.

- 가: 고향에 돌아가도 계속 연락하고 지내요.
  나: 물론이지요. 이메일을 하든지 에스엔에스(SNS)로 메시지를 보내든지 할게요.
- 한글 박물관은 실내니까 비가 오든지 안 오든지 아무 때나 가도 돼요.
- 유물은 크기가 작든지 크든지 모두 역사적인 가치가 있다.

-든지	• 마시다 → 마시든지
	• 쓰다 → 쓰든지
	• 눕다 → 눕든지
	• 찾다 → 찾든지
	• 적다 → 적든지
	• 나쁘다 → 나쁘든지

후 엔: 우리 제주도에 언제 갈까요?
박민수: 저는 평일에 가든지 주말에 가든지 다 좋아요.

1. 보기와 같이 친구와 이야기해 보세요.

한국 역사를 배우려면 어떻게 하는 것이 좋아요?		책으로 공부하든지 유적지에 가든지 해 보세요.
궁금한 점		**선택 가능한 조건**
보기	한국 역사를 배우는 방법	책으로 공부하다 / 유적지에 가다
1)	감기가 빨리 낫는 방법	따뜻한 차를 마시다 / 비타민을 섭취하다
2)	고민을 해결하는 방법	가족에게 말하다 / 전문가의 조언을 받다
3)	한국의 전통문화를 경험할 수 있는 방법	민속촌에 가다 / 한옥 마을에 가다
4)	물건을 싸게 살 수 있는 방법	벼룩시장을 이용하다 / 알뜰 장터를 이용하다

2. 친구들의 질문을 듣고 선택할 수 있는 좋은 방법들을 이야기해 주세요.

- 스트레스를 푸는 방법
- 여가 시간에 할 수 있는 것
- 부모님을 즐겁게 해 드리는 방법

스트레스를 어떻게 풀면 좋을까요?

잠을 자든지 매운 음식을 먹든지 해 보세요.

단어장
섭취하다
해결하다

문법 2 (동형 -든지)

1 도입, 제시

1. 도입 그림과 대화를 통해 문법이 사용되는 상황을 인지시킨다.

   🎤 여러분 제주도에 가 봤어요?
   여러분이 제주도에 여행 갈 수 있어요. 언제 가는 것이 좋아요?
   선생님은 평일에 가도 좋아요. 주말에 가도 좋아요. 다 괜찮아요.

2. 교재의 대표 예문을 보면서 문법의 의미를 설명한다.

   🎤 제주도 여행을 평일에 가도 좋아요. 주말에 가도 좋아요. 모두 다 좋아요.
   여러 가지 중에 어떤 것을 선택해도 다 괜찮을 때 '-든지'를 사용해요.

3. 학생들과 교재의 예문들을 읽으면서 문법의 의미를 설명하고 이해시킨다.

4. 문법의 형태 정보를 제시하고 설명한다.

5. 추가 예문을 제시하고 문법의 의미와 사용법을 정확하게 이해시킨다.

2 연습 1

1. 〈보기〉의 대화를 교사와 함께 완성해 본다.

2. 나머지 문제를 〈보기〉의 대화처럼 짝과 완성하도록 한다.

3. 연습한 것을 발표하게 하거나 교사가 전체 학생 대상으로 답하게 하여 확인한다. 그리고 오류가 있으면 수정해 준다.

3 연습 2

1. '스트레스를 푸는 방법, 여가 시간에 할 수 있는 것, 부모님을 즐겁게 해 드리는 방법' 등 선택할 수 있는 자신의 좋은 방법들을 이야기하도록 한다.

2. 친구와 대화한 것을 발표하게 하고 오류가 있으면 수정해 준다.

   익힘책 45-46쪽을 풀게 하거나 과제로 제시한다. 익힘책은 연습 활동 난이도에 따라 교재 연습 문제 전후로 활용한다.

1. 아나이스 씨와 라민 씨가 여행 정보를 주고받습니다. 다음 대화처럼 이야기해 보세요.

아나이스: 라민 씨, 요즘도 여행 많이 다니지요? 라민 씨가 블로그에 올린 여행 칼럼이 얼마나 재미있는지 몰라요.

라　민: 아이고, 고마워요. 혹시 여행 정보에 대해 궁금한 게 있으면 물어보세요.

아나이스: 혹시 여행도 하고 문화유산도 공부할 수 있는 곳이 있어요?

라　민: 좋은 곳이 많지만 불국사에는 꼭 가 보세요. 불국사는 신라 시대 사찰인데 그 시대의 불교 문화를 느낄 수 있어요.

아나이스: 그래요? 안 그래도 저도 가 보고 싶었던 곳이에요.

라　민: 필요하면 다른 정보도 줄게요. 메일로 보내든지 에스엔에스(SNS)로 보내든지 할게요.

아나이스: 아, 정말 고마워요.

1) 문화유산도 공부하다 | 불국사, 신라 시대 사찰인데 그 시대의 불교 문화를 느끼다

2) 자연 유산을 보다 | 성산 일출봉, 바다 위의 큰 화산섬인데 아름다운 일출을 보다

2. 문화유산을 소개하는 사람과 묻는 사람이 되어 대화해 보세요. 그리고 여러분이 알고 있는 문화유산에 대해서도 친구들과 이야기해 보세요.

문화유산에 대해 묻는 사람
- 창덕궁의 위치와 특징
- 백록담의 위치와 특징

문화유산을 소개하는 사람
- 조선 시대의 궁궐, 아름다운 왕실 정원을 볼 수 있다.
- 한라산 정상에 있는 호수, 화산 작용으로 만들어진 자연 경관이 매우 신기하다

단어장
일출
화산 작용

5과 문화유산 **65**

- **칼럼:** 신문이나 잡지에 사회 문제를 쓴 짧은 기사예요.
- **일출:** 해가 뜨는 일출을 보기 위해서 아침 일찍 출발했어요.
- **화산 작용:** 백록담은 화산 작용으로 생긴 물이 고여 만들어진 호수예요.
- **자연 경관:** 아름다운 자연 경관 앞에서 사람들은 사진을 찍어요.

발음

- **신라 시대**[실라 시대]
- **백록담**[뱅녹땀]
- **한라산**[할라산]

문화유산을 볼 수 있는 장소에 대해 말하기

1 대화문 연습

1. 알고 있는 한국의 문화유산을 이야기하며 교재의 그림을 이용해 어떤 상황인지 추측해 보도록 한다.

🎤 두 사람은 어디에 대해서 이야기하고 있어요?
여기는 어디일까요? 이곳에서는 무엇을 볼 수 있을까요?
여러분은 이곳에 가 본 적이 있어요?

2. 지시문을 이용하여 대화 상황을 학생들에게 명확하게 알려 준다.

3. 대화를 들려주고 간단한 질문을 하여 대화 내용을 이해했는지 확인한다.

🎤 라민 씨는 여행을 자주 다녀요?
라민 씨는 블로그에 무엇을 올려요?
아나이스 씨는 어떤 곳에 여행을 가고 싶어 해요?
라민 씨는 어디를 소개해 줬어요? 그곳은 어때요?
라민 씨는 여행 정보를 어떻게 줄 거예요?

4. 교사와 함께 대화문을 읽으면서 자연스럽게 말하는 연습을 한다. 두 번 정도 반복해서 연습한다.

5. 교체 어휘를 활용하여 짝과 함께 연습하게 한다.

6. 연습이 끝나면 한두 팀을 발표시키거나 교사가 전체 학생을 대상으로 확인한다.

2 확장 연습

1. 문화유산을 소개하는 사람과 묻는 사람이 되어서 말하기를 한다고 알려 준다.

2. 짝과 문화유산을 소개하거나 물을 때는 다음과 같은 내용을 포함하여 말하도록 지시한다.

🎤 이곳의 이름이 뭐예요?
이곳은 어떤 곳이에요?
이곳에 가면 무엇을 볼 수 있어요? 이곳의 특징이 뭐예요?

3. 이야기가 끝나면 한두 팀을 발표시키거나 교사가 전체 학생을 대상으로 확인하고 오류를 수정해 준다.

강의자(여): 안녕하십니까? 오늘 강의에서는 10월 9일 한글날을 맞아 한국의 문화유산 '한글'에 대해 다시 한번 생각해 보고 여러분이 한글을 처음 배울 때의 경험에 대해서도 이야기해 보겠습니다.

여러분, 현재 우리는 말을 글로 쓰는 것이 당연한 시대를 살고 있습니다. 하지만 만약 우리가 하는 '말'을 기록하는 '문자'가 없다면 어떨까요? 한글이 만들어지기 이전에 한국 사람들은 어땠을까요? (잠시 후) 그렇습니다. 한국어를 기록하는 고유의 글자가 없어서 백성들이 무척 불편함을 겪었습니다. 그래서 세종 대왕은 집현전 학자들과 함께 문자 생활을 편하게 하도록 하기 위해 한글을 창제하게 되었습니다.

한글은 전 세계적으로 우수성을 인정받고 있는 과학적인 문자로 알려져 있습니다. 여러분도 잘 알고 있는 것처럼 한글은 소리글자이고 자음과 모음으로 이루어져 있습니다. 모음은 하늘, 땅, 사람의 모양을 바탕으로 기본 문자가 만들어졌습니다. 또 자음자는 발음 기관의 모양을 본떠 기본 문자가 만들어졌습니다. 이런 원리를 잘 알면 한글을 배우기가 더 쉬워집니다. 여러분은 한글을 이해하고 배우는 데 얼마나 걸렸습니까? 여러분이 알고 있는 다른 문자와 한글은 어떤 차이점과 공통점을 가지고 있습니까?

---

1. 다음은 한글에 대한 기사입니다. 어떤 내용인지 이야기해 보세요.

과학적인 문자 한글, 세계적으로 우수성 인정받아

"한글, 정말 배우기 쉬워요." 외국인 유학생에게 물었더니……

세종 대왕, 초등학생이 가장 존경하는 왕 1위

2. 한국의 문화유산에 대한 강의입니다. 잘 듣고 질문에 답해 보세요.

1) 무엇에 대한 내용입니까?

❶ 한글의 우수성 ❷ 세종 대왕 ❸ 한글날 행사

2) 들은 내용과 같으면 ○, 다르면 X 하세요.

❶ 한글이 만들어지기 전에는 한국어의 고유 문자가 없었다. (○)
❷ 세종 대왕은 한글보다 더 배우기 쉬운 문자를 만들려고 노력했다. (X)
❸ 일반 한국인을 위한 강의 내용이다. (X)

단어장
우수성
인정받다
집현전 학자
본뜨다

3) 강의를 들은 후에 사람들이 무엇에 대해 이야기할 것 같습니까?

❶ 한글을 이해하고 배우는 데 걸린 시간
❷ 한글과 다른 문자의 차이점과 공통점

발음

ㅎ은 받침 ㄴ, ㄹ, ㅁ, ㅇ과 모음 사이에서 약하게 발음한다.

문화[무놔]
전화[저놔]
영화[영와]

다음을 듣고 따라 읽으세요.

1) 문화유산을 잘 보존해야 한다.
2) 이따 전화하든지 문자하든지 할게요.
3) 이 영화에는 세계적으로 유명한 유적지가 나온다.

66 사회통합프로그램(KIIP) 한국어와 한국문화 중급 2

한글을 소개하는 강연 듣기

1. 지시문에 대해 답하며 앞으로 들을 내용을 추측하게 한다.

🎤 이분은 누구예요? 무엇을 만드셨어요?
　신문 기사에서 한글은 어떤 글자라고 해요?

2. 지시문을 이용하여 등장인물과 대화 상황을 설명한다.

🎤 '강의'가 무엇이에요?
　한국의 문화유산인 무엇에 대해 이야기할 것 같아요?

3. 문제를 읽고 들어야 하는 정보를 파악하게 한다.

🎤 무엇에 대해 이야기하고 있어요?
　세종 대왕은 왜 한글을 만들었어요?
　강의를 들은 후에 사람들은 무엇에 대해 이야기할까요?

4. 듣기 파일을 두 번 듣고 문제를 풀게 한다.

5. 교재 질문의 답을 확인한 후 해당 대화를 같이 읽으며 내용을 확인한다. 필요한 경우 새로운 어휘, 표현을 설명한다.

발음

1. '문화, 전화, 영화'의 발음을 들려주고 'ㅎ'의 발음이 어떻게 들리는지 학습자 스스로 확인해 보도록 한다.

2. 받침 'ㄴ, ㄹ, ㅁ, ㅇ'과 모음 사이에서 'ㅎ'이 약하게 발음된다는 것을 알려 준다.

주의 'ㅎ'의 소리가 완전히 없어지는 것이 아니라 약하게 발음된다는 것을 알려 준다.

3. '문화, 전화, 영화'의 발음을 다시 듣고 교사를 따라 말해 본다.

4. 1)~3)번 문장을 듣고 교사를 따라 말하게 한다.

5. 짝과 함께 대화를 읽으며 연습하게 한 후에 확인한다.

• **'ㅎ' 약화**
받침 'ㄴ, ㄹ, ㅁ, ㅇ'과 모음 사이에서 'ㅎ'은 약하게 발음한다.

1. 다음은 문화유산에 대한 바람직한 내용과 태도입니다. 이것이 어떤 의미가 있는지 이야기해 보세요.

> 문화재를 잘 보존해야 합니다. 문화재는 역사적인 가치가 매우 크기 때문입니다.

유적지를 탐방하다

세계 문화유산으로 지정하다

문화재를 보존하다

문화유산을 전승하다

- 역사적인 가치가 크다
- 조상에게 받은 것을 후손들에게 물려주다
- 그 시대의 분위기를 생생하게 느끼다
- 세계적으로 역사적 가치를 인정하다

2. 다음은 문화유산 아카데미에 대한 공지글입니다. 어떤 내용인지 이야기해 보세요.

한국의 문화유산 아카데미

✓ 기간: 3~5월, 매주 토요일
✓ 대상: 한국의 문화유산에 대해 공부하고 싶은 청소년과 성인
✓ 신청: **박물관 홈페이지(선착순 20명)
✓ 비용: 무료(입장료, 교통비 개인 부담)
✓ 기타: 이론 강의(5회)와 탐방(5회)에 모두 참석하신 분에게 문화유산 아카데미 수료증 발급

1회	한국의 문화유산 강의 ①	6회	탐방 ③ - 조선 왕릉
2회	탐방 ① - 창덕궁	7회	한국의 문화유산 강의 ④
3회	한국의 문화유산 강의 ②	8회	탐방 ④ - 판소리 공연
4회	탐방 ② - 종묘	9회	한국의 문화유산 강의 ⑤
5회	한국의 문화유산 강의 ③	10회	탐방 ⑤ - 한글 박물관

5과 문화유산 **67**

- **탐방하다:** 이번 여름휴가에 한국의 역사를 배울 수 있는 유적지를 탐방할 거예요.
- **지정하다:** 가치가 있는 유적과 유물은 국가에서 문화재로 지정해요.
- **보존하다:** 문화재는 역사적으로 중요하기 때문에 잘 보존해야 해요.
- **전승하다:** 그는 전통 춤을 전승하기 위해 많은 노력을 기울였다.
- **인정하다:** 한국에는 유네스코에서 가치가 크다고 인정한 문화유산이 있어요.
- **가치:** 판소리는 보존해야 할 가치가 있어요.
- **조상:** 조상들의 생활 모습에서 삶의 지혜를 배울 수 있어요.
- **후손:** 후손들에게 아름다운 자연 환경을 남겨 주기 위해 보호해야 해요.
- **물려주다:** 현대인들은 소중한 문화유산을 후손에게 물려주기 위해 노력하고 있어요.
- **아카데미:** 한국의 역사를 배우기 위해 역사 아카데미에 참여했어요.

- **기행문**: 여행하면서 보고, 듣고, 느끼고, 겪은 것을 적은 글이에요.

- **묻히다**: 조선 시대에 왕과 왕비가 죽으면 왕릉에 묻혀요.

- **둘러보다**: 불국사의 이곳저곳을 둘러보았어요.

- **절대적**: 농촌 인구의 감소로 일할 수 있는 사람이 절대적으로 부족한 상황이에요.

- **조각상**: 조선 시대 궁궐에는 궁궐을 지키는 동물 모양의 조각상이 있어요.

- **진지하다**: 한국으로 귀화하는 것에 대해서 진지하게 생각해서 결정해야 해요.

- **조경**: 조선 왕릉 주변은 키가 큰 나무로 둘러싸여 조경이 아름다워요.

---

3. 다음은 기행문의 내용입니다. 잘 읽고 질문에 답해 보세요.

아는 만큼 보인다

요즘 박물관에서 진행하는 '한국의 문화유산 아카데미'에 다닌다. 지난주에는 경기도 여주에 있는 영릉에 문화유산 탐방을 다녀왔다. 영릉은 세종 대왕의 능이다. 조선 왕릉은 18개 지역에 40기가 있는데 영릉도 그중 한 곳이다. 영릉은 조선 왕릉 중 최초로 왕과 왕비가 함께 묻힌 곳으로 알려져 있다.

문화 해설사의 설명을 들으면서 왕릉을 둘러보았다. "왕이 살아 있을 때는 '궁궐'에 있고, 죽고 나면 '왕릉'에 묻힙니다. 참고로, 왕의 영혼을 모신 곳은 '종묘'입니다. 조선 시대 사람들에게 왕은 절대적인 존재였지요. 그러니 궁궐만큼 왕릉을 잘 만들고 보존하는 것이 얼마나 큰일이었는지 모릅니다. 예를 들면 왕릉의 위치를 어디로 할지, 그 주변에 물과 산이 있는지, 왕릉의 모양과 방향은 어떻게 할지, 무슨 나무를 심고 어떤 조각상을 둘지 등에 대해 진지하게 생각을 했던 거지요."

왕릉에 대한 설명을 자세히 들으니까 조선 왕릉이 유네스코 세계 문화유산으로 지정된 이유를 알 것 같았다. 조선 왕릉은 그 시대의 전통, 정치, 건축, 예술, 조경 등을 생생하게 느낄 수 있는 역사적인 곳이기 때문에 세계적으로도 그 가치를 인정한 것이다.

"아는 만큼 보인다."라는 말이 있다. 문화유산에 대해 배우면 배울수록 이전에는 보이지 않았던 것까지 느끼고 볼 수 있어서 좋다. 앞으로도 문화유산 탐방 기회가 자주 있으면 좋겠다.

1) 윗글의 내용과 같으면 ○, 다르면 X 하세요.
   ❶ 조선 시대 사람들은 왕릉도 궁궐만큼 중요하게 여겼다. (○)
   ❷ 왕릉의 위치는 역사적으로 큰 의미가 없다. (X)

2) 다음 빈칸에 들어갈 표현을 글에서 찾아 써 보세요.

   조선 시대에 왕은 _궁궐_ 에서 살다가 죽으면 _왕릉_ 에 묻힌다.

3) 글을 쓴 사람에 대한 내용이 맞지 않는 것을 고르세요.
   ❶ 글을 쓴 사람은 문화 해설사의 설명을 들었다.
   ❷ 글을 쓴 사람은 다음에도 문화유산 탐방을 갈 것 같다.
   ❸ 글을 쓴 사람은 조선 왕릉의 역사적 가치를 새롭게 알게 되었다.
   ❹ 글을 쓴 사람은 문화유산에 대한 공부를 시작하려고 한다.

단어장
묻히다
절대적
조각상
진지하다

한국 문화유산 기행문 읽기

1. 기행문이라는 글의 종류가 가지는 특징에 대해 간략하게 설명하고 조선 왕릉에 대한 기행문 글을 읽게 한다.
   🎤 여행하면서 보고, 듣고, 느끼고, 경험한 것을 적은 글을 기행문이라고 해요. 여러분은 기행문을 읽은 적이 있어요?

2. 글을 훑어 읽게 한 후 주제, 중심 내용 등을 간단히 말해 보도록 한다.
   🎤 지난주에 어디를 다녀왔어요?
   영릉은 누구의 무덤이에요? 어떤 특징이 있어요?
   조선 시대 사람들은 왜 왕릉을 중요하게 생각했어요?
   조선 왕릉은 왜 세계적으로 가치를 인정받았어요?

3. 글을 다시 읽으면서 문제를 풀게 한다.

4. 답을 같이 확인한 후, 본문을 다시 읽으며 모르는 어휘가 없는지 확인한다. 필요한 경우 새로운 어휘, 표현을 설명한다.

1. 여러분은 어떤 문화유산을 알고 있습니까? 그것을 소개하고 어떤 특징이 있는지 써 보세요.

문화유산	
소개	
특징/가치	

2. 여러분이 알고 있는 문화유산을 소개하는 글을 써 보세요.

소개하고 싶은 문화유산에 대해 쓰기

1. 어떤 글을 쓸지 알려 주고 글에 들어갈 내용을 생각해 보게 한다.

   🎤 여러분은 어떤 문화유산을 알고 있어요?
   그것은 어떤 특징과 가치가 있어요?

2. 교재 지문에 대해 자신이 쓸 내용을 간단하게 메모하도록 한다. 교사는 학생들이 쓴 메모에 오류가 없는지 확인해 준다.

3. 메모한 내용을 바탕으로 글로 완성하게 한다.

아리랑

아리랑은 한국 민요 중 가장 유명하다. 아리랑은 지역과 시기에 따라 다양하게 불리어 오늘에 이르고 있다. 옛날로부터 지금에 이르기까지 불린 아리랑이 모두 몇 종인지는 정확하게 알 수는 없으나 대략 60여 종이 있다고 한다.

아리랑은 원래 일을 하면서 겪는 힘듦을 이겨 내기 위하여 부른 노동요였다. 아리랑의 노랫말을 보면 사랑, 이별, 시집살이의 어려움 등을 담고 있으므로 한국인의 정서, 한을 대변한다. 이렇게 아리랑이 한국인의 정서를 잘 대변하기 때문에 한국인의 동질성을 확인하고 단결이 필요할 때 자주 불렸다. 그래서 일본 식민 통치 시기에는 저항 정신을 표현하는 노래가 되기도 했다.

현대에 와서 아리랑은 새롭게 편곡되어 불리기도 한다. 빠르게 또는 느리게, 슬프게 또는 밝게 불리면서 아리랑은 또 다른 모습으로 현대 한국인에게 사랑을 받고 있다. 그리고 이제는 한국을 넘어 전 세계인에게도 친근하게 다가가고 있다.

1) 아리랑은 어떤 노래입니까?
2) 아리랑의 노랫말은 주로 어떤 내용입니까?
3) 여러분 고향의 대표적인 전통 민요로는 무엇이 있습니까?

진도아리랑
Jindo Arirang

밀양아리랑
Miryang Arirang

70　사회통합프로그램(KIIP) 한국어와 한국문화 중급 2

아리랑

1. 이 단원의 문화와 정보가 무엇에 대한 것인지 알려 준다.

🎤 여러분 '아리랑' 노래를 알아요? 아리랑은 한국 민요 중에서 가장 유명해요. 오늘은 아리랑에 대해 알아봅시다.

2. 교재의 그림(사진)을 보면서 주제에 대해 알고 있는 것을 상기시키고 말해 보게 한다. 이때 관련 시각 자료를 추가로 활용할 수 있다.

🎤 여러분은 아리랑을 부를 수 있어요?
한국에는 아리랑의 종류가 많아요. 여러분이 들어 본 아리랑은 어떤 것이에요?

3. 교재를 같이 읽으면서 내용을 설명한다. 이때 중요한 정보가 있는 부분에 밑줄을 긋거나 표시하게 하는 것도 좋다

4. 질문 1), 2)의 답을 찾아보고 답하게 한다.

🎤 아리랑은 어떤 노래입니까?
아리랑의 노랫말은 주로 어떤 내용입니까?

5. 질문 3)을 이용하여 학습자 자신의 경험을 말해 보도록 한다.

🎤 여러분 고향의 대표적인 전통 민요는 무엇이 있는지 소개해 보세요.

단원 마무리

5분

배운 어휘 확인

☐ 문화유산	☐ 일출
☐ 자연 유산	☐ 화산 작용
☐ 무형 유산	☐ 우수성
☐ 기록 유산	☐ 인정받다
☐ 문화재	☐ 집현전 학자
☐ 유적지	☐ 본뜨다
☐ 유물	☐ 탐방하다
☐ 시대	☐ 지정하다
☐ 궁궐	☐ 보존하다
☐ 정상	☐ 전승하다
☐ 호수	☐ 가치
☐ 사찰	☐ 조상
☐ 제사	☐ 후손
☐ 무덤	☐ 물려주다
☐ 화산섬	☐ 인정하다
☐ 성곽	☐ 묻히다
☐ 웅장하다	☐ 절대적
☐ 섭취하다	☐ 조각상
☐ 해결하다	☐ 진지하다

5과 문화유산 **71**

- 이 단원에서 배운 어휘 중 기억나는 것을 말해 보세요.
- 이 단원에서 배운 문법은 뭐예요? 어떻게 사용해요?
- 문화유산을 볼 수 있는 여행 장소는 어디가 있을까요?
- 한국의 문화유산은 어떤 것들이 있어요? 그것이 어떤 의미가 있어요?
- 아리랑은 어떤 노래예요?

마무리

1. 단원에서 학습한 어휘 중 기억하는 것을 먼저 말해 보게 한다.
2. 배운 어휘 목록의 어휘들을 읽으면서 의미를 상기시킨다.
3. 단원에서 학습한 문법(얼마나 [동][형]-는지 모르다, [동][형]-든지)을 상기시키며 의미와 사용법을 기억하는지 확인한다.
4. 단원의 목표와 성취도를 확인한다.
5. 익힘책을 과제로 제시하고 마무리한다.

5과 문화유산 **69**

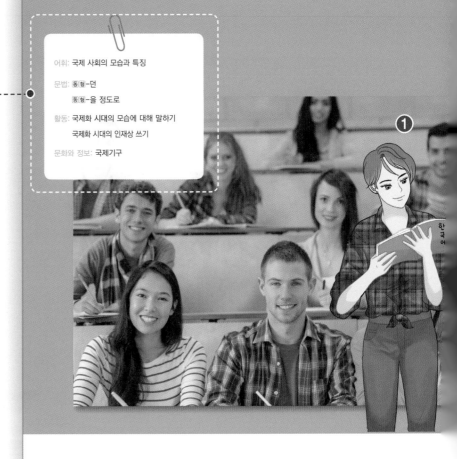

6 국제화 시대

어휘: 국제 사회의 모습과 특징

문법: 동형-던
　　　동형-을 정도로

활동: 국제화 시대의 모습에 대해 말하기
　　　국제화 시대의 인재상 쓰기

문화와 정보: 국제기구

수업 목표 및 내용

• **주제:** 국제화 시대

• **어휘와 문법**

－ 어휘: 국제 사회의 모습과 특징에 관련한 어휘를 익힌다.

－ 문법: '동형-던', '동형-을 정도로'의 의미와 형태를 익혀 사용할 수 있다.

• **활동**

－ 말하기: 국제화 시대의 모습에 대해 발할 수 있다.

－ 듣기: 한국 사회의 외국인 증가에 대한 뉴스를 듣고 이해할 수 있다.

－ 읽기: 해외 취업 성공 수기를 읽고 이해할 수 있다.

－ 쓰기: 국제화 시대의 인재상에 대해 글을 쓸 수 있다.

• **문화와 정보:** 국제기구

수업
전개

도입, 어휘 **1차시**

·현대 국제 사회의 모습
·국제화 시대에 국가와
　개인이 할 수 있는 일

문법 **2차시**

·동형-던
·동형-을 정도로

익힘책 pp.50-51

익힘책 pp.52-54

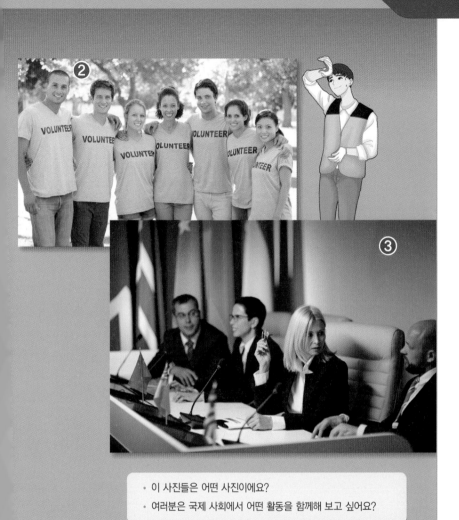

- 이 사진들은 어떤 사진이에요?
- 여러분은 국제 사회에서 어떤 활동을 함께해 보고 싶어요?

단원 도입

1. 교재 그림을 이용하여 학생들과 이야기하며 이 과의 주제를 노출한다.

그림❶ 🎤 이 사람들은 지금 무엇을 하고 있어요?
어떨 때 여러 나라 사람들이 모일까요?

그림❷ 🎤 이 사람들은 무슨 일을 해요?
여러분도 이런 일을 한 적이 있어요?
이런 일을 하고 나면 여러분은 마음이 어때요?

그림❸ 🎤 이 사람들이 모여서 무엇을 할까요?
여러분은 국제회의 뉴스를 본 적이 있어요?
그 회의에서 어떤 문제에 대해 의견을 나눠요?

2. 대화 내용을 정리하며 이 단원에서는 '현대 국제 사회의 모습, 한국 사회에서의 외국인의 증가' 등에 대해 공부한다는 것을 알려 준다.

— 이 단원을 지도할 때는… —

이 단원과 관계있는 단원들은 아래와 같습니다. 관련 단원의 학습 내용을 확인하셔서 지도에 참고하시면 좋을 것 같습니다.

- 주제: 한국 생활 및 이민 생활
  - 4권 16과
- 문법: 통-은
  - 2권 15과

말하기 듣기, 발음 **3차시**	읽기 **4차시**	쓰기, 문화와 정보, 마무리 **5차시**
·국제화 시대의 모습에 대해 말하기 ·한국 사회의 외국인 증가에 대해 듣기	·해외 취업 경험에 대해 읽기	·국제화 시대의 인재상 쓰기 ·국제기구
익힘책 p.55	익힘책 p.56	익힘책 p.57

- **국제 협력 단체가 늘어나다:** 국제화 시대가 되면서 서로 힘을 모아 문제를 해결하기 위한 국제 협력 단체가 늘어나고 있다.
- **국제 교류가 활발해지다:** 한국어, 한국 문화에 관심 있는 외국인이 많아지면서 콘서트 등 국제 교류가 활발해졌다.
- **국제 분쟁을 해결하다:** 나라와 나라 사이에 일어난 정치, 문화, 경제적인 다툼을 잘 해결한다는 뜻이에요.

- **국제기구에 가입하다:** 여러 나라가 모여 있는 단체와 함께한다는 뜻이에요.
- **외교 관계를 맺다:** 한국은 191개의 국가와 외교 관계를 맺고 있다.
- **세계 평화 유지에 힘쓰다:** 국제기구에 가입한 여러 나라들은 국가들 간의 싸움 없이 세계 평화 유지에 힘쓰고 있다.
- **문화 교류를 추진하다:** 각 도시마다 세계의 여러 도시들과 음악, 체육 등 서로의 문화를 알리는 문화 교류를 추진하고 있다.
- **다국적 기업:** 하나의 국가가 아닌 여러 국가에 공장 및 회사를 만들어 사업을 한다는 뜻이에요.
- **세계 시민 의식을 가지다:** 각자 다른 모습을 하고 있지만 우리는 함께 서로 도우며 살아가는 세계 시민 의식을 가져야 한다.

---

1. 현대 국제 사회는 어떤 모습이에요?

| 국제 협력 단체가 늘어나다 | 국제 교류가 활발해지다 | 다문화 사회가 되다 | 국제 분쟁을 해결하다 |

2. 국제화 시대에 국가와 개인이 할 수 있는 일은 무엇인가요?

| 국제기구에 가입하다 | 외교 관계를 맺다 | 세계 평화 유지에 힘쓰다 | 문화 교류를 추진하다 |

| 다국적 기업이 증가하다 | 해외 지사를 늘리다 | 국가 간 스포츠 교류를 활발히 하다 | 외국어에 능통하다 |

| 해외 봉사 단체에 지원하다 | 세계 시민 의식을 가지다 | 해외 지사에서 근무하다 |

74 사회통합프로그램(KIIP) 한국어와 한국문화 중급 2

어휘 (국제 사회의 모습과 특징)

1 도입, 제시

1. 우리가 생활하며 국제화 시대라고 느끼는 사회의 변화들을 물으며 오늘의 어휘는 현대 국제 사회의 모습, 국제화 시대에 국가와 개인이 할 수 있는 일을 말할 때 사용하는 표현임을 알려 준다.

　🎤 여러분은 한국에서 살면서 외국인들의 모습을 많이 볼 수 있나요?
　여러분이 처음 한국에 왔을 때와 비교하면 어떤 변화가 있나요?
　국제화 시대는 어떤 모습을 말하는 걸까요?

2. 교사를 따라 어휘를 소리 내어 한 번 읽는다. 이때 발음에 주의하게 한다.

3. 어휘의 의미를 설명한다. 어휘가 사용된 문장을 예로 제시하거나 의미를 풀어서 설명해 준다. 상황에 따라 유의어나 반의어 등을 추가로 설명할 수 있다.

4. 배운 어휘를 소리 내어 읽도록 한다. 이때 '-어요' 형태로 단어를 읽는 등 변화를 줄 수 있다.

2 연습

1. 배운 어휘를 사용하여 한 사람씩 문장을 만들어 보는 연습을 먼저 한다.

2. 연습한 문장을 이용하여 현대 국제 사회는 어떤 모습인지, 국제화 시대에 국가와 개인이 할 수 있는 일은 무엇인지 짝과 대화하도록 한다.

3. 학생들끼리 이야기한 것을 교사가 정리해 주며 같이 이야기한다.

　🎤 여러분은 어떤 모습이 국제 사회의 모습이라고 생각해요?
　여러분은 국제화 시대에 어떤 일을 할 수 있어요?
　국제화 시대에 여러분이 할 수 있는 일들 중 지금 실천하고 있는 일들이 있어요?

4. 자신의 실제 경험을 이야기하는 활동으로 확장할 수 있다.

1 동 형 -던
과거의 반복된 사건이나 행위, 상태를 회상하거나
과거 행위가 현재까지 지속되지 않음을 나타낼 때 사용한다.

예문
- 가: 못 보던 가방이네요. 새로 샀어요?
- 나: 아니요. 언니가 쓰던 가방이에요.

- 그 많던 동네 친구가 이제는 다들 먼 곳으로 이사를 해서 만나기가 어려워요.

- 3년 동안 다니던 회사를 그만두었어요.

고찬: 요즘 다문화 사회가 되면서 우리처럼 국제 결혼하는 부부가 해마다 늘고 있다고 해요.

후엔: 네. 전에는 남편이랑 걸어가면 신기하게 쳐다보던 사람들도 이제는 많이 달라졌어요.

-던
- 가다 → 가던   · 크다 → 크던
- 먹다 → 먹던   · 작다 → 작던
- 놓다 → 놓던   · 친절하다 → 친절하면

1. 보기 와 같이 친구와 이야기해 보세요.

자국에서만 사업을 하던 기업들이 해외로 진출하고 있어요.

	과거	현재
보기	기업들이 자국에서만 사업을 하다	기업들이 해외로 진출하고 있다
1)	일부 국가들이 위기를 겪다	일부 국가들이 국가 간 협력으로 위기를 극복했다
2)	한국이 다른 나라의 도움을 받다	한국이 세계 곳곳에 해외 봉사단을 보내다
3)	두 나라가 서로 관심이 없다	두 나라가 문화 교류가 활발해졌다
4)	내 동생이 외국어를 전혀 모르다	내 동생이 외국어를 유창하게 하다

2. 여러분이 고향에서의 생활을 기억하며 '-던'을 사용해 친구들과 이야기해 보세요.

- 자주 가던 곳
- 자주 먹던 음식
- 자주 만나던 사람

제가 고향에서 자주 가던 곳은 호수가 있는 공원이었어요. 친구들과 자주 가던 그 공원이 지금도 생각나요.

단어장
신기하다

6과 국제화 시대 **75**

동 형 -던

반복된 과거의 사건이나 행위, 상태를 회상하거나 과거 행위가 현재까지 지속되지 않음을 나타낼 때 사용한다. 받침이 있는 동사와 형용사, 받침이 없는 동사와 형용사 뒤에 동일하게 '-던'의 형태로 사용한다.

- 가: 무슨 좋은 일이 있어요?
  나: 취업 준비를 하고 있던 동생이 해외 지사에서 근무하게 되었어요.

- 가: 여기는 어디 사진이에요?
  나: 어렸을 때 제가 살던 동네 사진이에요.

- 학생 때 자주 가던 식당에 가고 싶어요.

- 함께 공부하던 친구가 해외 봉사 단체에 지원했어요.

-던 (받침 O, X)		
가다	→	가던
먹다	→	먹던
듣다	→	듣던
일하다	→	일하던
놀다	→	놀던
작다	→	작던
크다	→	크던
예쁘다	→	예쁘던
재미있다	→	재미있던
친절하다	→	친절하던

문법 1 (동 형 -던)

1 도입, 제시

1. 도입 그림과 대화를 통해 문법이 사용되는 상황을 인지시킨다.

🎙 두 사람은 국제결혼을 했어요.
예전에 두 사람처럼 국제결혼을 하는 부부가 많았어요?
처음에 한국 사람들은 두 사람에 대해서 어떤 생각을 했을까요?

2. 교재의 대표 예문을 보면서 문법의 의미를 설명한다.

🎙 처음에 후엔 씨가 남편과 같이 걸어갈 때 사람들이 많이 쳐다봤어요.
그때 일을 생각하면서 이야기해요. 예전 일을 다시 생각하면서 말하거나
과거에 시작했지만 아직 끝나지 않은 일을 이야기 할 때 '-던'을 사용해요.

3. 학생들과 교재의 예문들을 읽으면서 문법의 의미를 설명하고 이해시킨다.

4. 문법의 형태 정보를 제시하고 설명한다.

5. 추가 예문을 제시하고 문법의 의미와 사용법을 정확하게 이해시킨다.

2 연습 1

1. 〈보기〉의 대화를 교사와 함께 완성해 본다.

2. 나머지 문제를 〈보기〉의 대화처럼 짝과 완성하도록 한다.

3. 연습한 것을 발표하게 하거나 교사가 전체 학생 대상으로 답하게 하여 확인한다. 그리고 오류가 있으면 수정해 준다.

3 연습 2

1. '자주 가던 곳', '자주 먹던 음식', '자주 만나던 사람'에 대해 이야기해 보도록 한다.

2. 친구와 대화한 것을 발표하게 하고 오류가 있으면 수정해 준다.

익힘책 52-53쪽을 풀게 하거나 과제로 제시한다. 익힘책은 연습 활동 난이도에 따라 교재 연습 문제 전후로 활용한다.

◢ 동형 **-을 정도로**

뒤에 오는 행동이나 상태가 앞말과 비슷한 정도임을 나타낸다.

- 가: 한국어 실력이 많이 늘었어요?
  나: 네. 친구들에게 한국어를 <u>가르칠 정도로</u> 한국어 실력이 많이 늘었어요.

- 가: 이 음식이 유명해요?
  나: 모르는 사람이 <u>없을 정도로</u> 유명한 음식이에요.

- 눈이 <u>아플 정도로</u> 휴대폰 게임을 많이 했어요.

- 요즘 고향에서 한국과 문화 교류를 <u>추진할 정도로</u> 한국 문화에 관심이 높아졌어요.

-을 정도로 (받침 O)	먹다 → 먹을 정도로 읽다 → 읽을 정도로 싫다 → 싫을 정도로 작다 → 작을 정도로 *듣다 → 들을 정도로 *덥다 → 더울 정도로
-ㄹ 정도로 (받침 X, ㄹ 받침)	쓰다 → 쓸 정도로 사다 → 살 정도로 아프다 → 아플 정도로 바쁘다 → 바쁠 정도로 *살다 → 살 정도로

---

2 동형 **-을 정도로**

뒤에 오는 행동이나 상태가 앞말과 비슷한 정도임을 나타낸다.

> **예문**
> • 가: 어제 늦게 퇴근했어요? 피곤해 보이네요.
>   나: 요즘 일이 많아서 아침에 못 일어날 정도로 피곤해요.
> • 이 소설책은 밤을 새워서 읽을 정도로 재미있어요.
> • 출퇴근 시간에는 발 디딜 틈이 없을 정도로 지하철에 사람이 많아요.

이링: 요즘 학교마다 국제 교류가 활발해서 교환 학생 프로그램도 많이 생긴 것 같아요.
안젤라: 네, 저도 대학교 때 한국에 교환 학생으로 온 적이 있었는데 시간이 얼마나 빨리 지나는지 모를 정도로 즐겁게 지냈어요.

1. 다음 어휘를 보고 [보기]와 같이 친구와 이야기해 보세요.

> 동생의 외국어 실력이 어때요?

> 국제기구에 지원할 정도로 외국어를 잘해요.

보기	동생의 외국어 실력		국제기구에 지원하다 / 외국어를 잘하다
1)	이링 씨의 회사		해마다 해외 지사를 늘리다 / 발전하고 있어요
2)	오늘 고향의 날씨		앞이 안 보이다 / 비가 많이 내리다
3)	제주도		계속 생각나다 / 아름다운 곳이다
4)	이태원		한국이 아니라고 생각되다 / 문화가 다양하다

2. 여러분이 경험한 일을 친구와 이야기해 보세요.

> • 얼마나 많이 먹었어요?
> • 얼마나 시험공부를 했어요?
> • 얼마나 좋아했어요?

> 친구의 생일 파티에서 배가 터질 정도로 많이 먹었어요.

> **단어장**
> 발 디딜 틈이 없다

문법 2 (동형 -을 정도로)

1 도입, 제시

1. 도입 그림과 대화를 통해 문법이 사용되는 상황을 인지시킨다.

🎤 여러 나라에서 온 교환 학생들이 수업 후 함께 이야기를 하고 있어요. 외국인에게 한국 생활은 힘들기도 하고 즐겁기도 한데 이 학생들의 학교생활은 어때 보여요? 얼마나 즐거워 보여요?

2. 교재의 대표 예문을 보면서 문법의 의미를 설명한다.

🎤 우리는 이야기를 할 때에 즐거우면 얼마나 즐거운지, 힘들면 얼마나 힘든지 이야기하지요? 다른 사람에게 나의 행동과 느낌을 이야기하는 상황에서 듣는 사람이 더 잘 이해할 수 있도록 얼마나 비슷한지 이야기 할 때 '-을 정도로'를 사용해요.

3. 학생들과 교재의 예문들을 읽으면서 문법의 의미를 설명하고 이해시킨다.

4. 문법의 형태 정보를 제시하고 설명한다.

5. 추가 예문을 제시하고 문법의 의미와 사용법을 정확하게 이해시킨다.

2 연습 1

1. 〈보기〉의 대화를 교사와 함께 완성해 본다.

2. 나머지 문제를 〈보기〉의 대화처럼 짝과 완성하도록 한다.

3. 연습한 것을 발표하게 하거나 교사가 전체 학생 대상으로 답하게 하여 확인한다. 그리고 오류가 있으면 수정해 준다.

3 연습 2

1. '음식을 얼마나 많이 먹었는지', '얼마나 시험공부를 했는지', '어떤 것 또는 누구를 얼마나 좋아했는지'에 대해 이야기하도록 한다.

2. 친구와 대화한 것을 발표하게 하고 오류가 있으면 수정해 준다.

익힘책 53-54쪽을 풀게 하거나 과제로 제시한다. 익힘책은 연습 활동 난이도에 따라 교재 연습 문제 전후로 활용한다.

1. 아나이스 씨와 라흐만 씨가 국제화 시대에 대해 이야기합니다. 다음 대화처럼 이야기해 보세요.

> 라 흐 만: 아나이스 씨, 뭘 그렇게 열심히 보고 있어요?
>
> 아나이스: 해외 파견 근무자 모집에 대한 안내문을 읽고 있었어요. 외국에 다양한 분야의 인력을 파견한다고 해서 찾아보는 중이에요.
>
> 라 흐 만: 그렇군요. 졸업하고 나서 고향에 안 돌아가고 계속 외국에서 일하려고요?
>
> 아나이스: 네. 해외 진출 기업에서 일하는 친구들이 있는데 정신없이 바쁘지만 **일을 찾아서 할 정도로 재미있대요.**
>
> 라 흐 만: 제 주변에도 외국 기업에 취업하려고 하는 사람들이 많아요. **국제 교류가** 활발해지면서 더 이상 다른 문화를 낯설어하지 않는 것 같아요.
>
> 아나이스: 맞아요. 저도 다양한 사람들과 함께 어울리면서 더 많이 배우고 생각도 넓히면 좋겠어요.

1) 일을 찾아서 하다, 재미있다 | 국제 교류가 활발해지다
2) 고향이 생각나지 않다, 매일 새로운 것을 경험하다 | 다문화 사회가 되다

2. 여러분이 경험한 국제화 시대는 어떤 모습이니까? 여러분의 생각을 친구와 이야기해 보세요.

 외국인과 능통하게 의사소통하는 사람들이 많아졌어요.

세계에서 일어나는 일들이 낯설게 느껴지지 않아요.

> **단어장**
>
> 해외 파견 근무자
> 분야
> 인력
> 파견하다
> 정신없다
> 낯설어하다
> 생각을 넓히다

6과 국제화 시대 **77**

- **분야:** 기준에 따라 나눈 부분이라는 뜻이에요. **예** 국제화 시대에는 나라 간 여러 문제를 다룰 외교 분야의 전문가가 필요하다.

- **인력:** 외국인 근로자 상담 센터에는 통역 및 상담 인력의 역할이 매우 중요하다.

- **파견하다:** 전염병이 발생한 곳에 의사를 파견했어요.

- **낯설어하다:** 짧게 바뀐 머리 스타일 때문에 아이가 엄마를 낯설어해요.

발음

- **찾아서 할 정도로**[차자서 할 쩡도로]
- **재미있대요**[재미읻때요]
- **취업하려고**[취어파려고]
- **국제**[국쩨]
- **낯설어**[낟써러]
- **넓히다**[널피다]

4-6 EBOOK

국제화 시대의 모습에 대해 말하기

1 대화문 연습

1. 국제화 시대의 모습을 생각하며 교재의 그림을 이용해 어떤 상황인지 추측해 보도록 한다.

> 🎤 여자는 무엇을 하고 있어요?
> 두 사람은 무엇에 대해서 이야기 하고 있어요?
> 여러분 주변에 해외에 취업한 사람이 있어요? 어떤 일을 하나요?

2. 지시문을 이용하여 대화 상황을 학생들에게 명확하게 알려 준다.

3. 대화를 들려주고 간단한 질문을 하여 대화 내용을 이해했는지 확인한다.

> 🎤 아나이스는 무엇을 하고 있었어요?
> 아나이스는 왜 해외 취업을 하고 싶어 해요?
> 라흐만 주변에는 왜 외국 기업에 취업하려는 사람들이 많아요?

4. 교사와 함께 대화문을 읽으면서 자연스럽게 말하는 연습을 한다. 두 번 정도 반복해서 연습한다.

5. 교체 어휘를 활용하여 짝과 함께 연습하게 한다.

6. 연습이 끝나면 한두 팀을 발표시키거나 교사가 전체 학생을 대상으로 확인한다.

2 확장 연습

1. 한국에서 생활하면서 또는 다양한 곳에서 국제화 시대를 겪었던 자신의 경험에 대해 말하기를 한다고 알려 준다.

2. 짝과 자신의 경험에 대해 이야기할 때는 다음과 같은 내용을 포함하여 말하도록 지시한다.

> 🎤 여러분은 언제 국제화 시대라는 것을 느껴요?
> 국제화 시대에 여러분은 어떤 일들을 하고 싶어요?
> 왜 그 일을 하고 싶어요?

3. 이야기가 끝나면 한두 팀을 발표시키거나 교사가 전체 학생을 대상으로 확인하고 오류를 수정해 준다.

6-L.mp3

기자(여): 국내에 체류하고 있는 외국인이 이제 250만 명을 넘어섰습니다. 이로써 전체 인구에서 외국인이 차지하는 비중은 4.9%가 되었습니다. 국적별로는 중국이 가장 많았으며, 이어 베트남, 태국, 미국, 일본 등의 순서였습니다. 최근 5년 동안 중국과 미국에서 온 외국인 비율은 줄어들고 동남아시아와 중앙아시아의 외국인 비율은 늘어난 것을 볼 수 있습니다. 체류 외국인 중에서는 취업을 목적으로 한국을 찾는 사람이 가장 많았으며, 그다음으로 유학생과 결혼 이민자 순으로 나타났습니다. 이러한 국내 체류 외국인들의 증가로 저출산, 고령화로 인한 일손 부족 문제를 해결할 수 있을 것이라는 기대를 하기도 합니다. 그러나 또 한편으로는 내국인과 외국인 사이에서 일어날 수 있는 갈등에 대해 우려하는 것이 사실입니다.

그러나 이제 다문화 사회로의 변화를 막을 수는 없으며 막아서도 안 됩니다. 우리에게 남은 과제는 서로에 대한 이해와 배려로 함께 가는 다문화 사회를 만들어 가는 것입니다.

1. 여러분은 한국에서 일어나고 있는 국제화 현상에 대해 알고 있습니까? 다음 기사 제목을 보고 무엇에 대한 이야기인지 이야기해 보세요.

> 국내 체류 외국인 252만 명······ '다문화 사회 진입'

> '대한 외국인'의 취업 도전기······ "한국에서 꼭 일하고 싶어요."

> 외국인 유학생 "내 일자리 어디에 있을까?"

> '굿 잡' 찾아요······ 외국인 취업 박람회

> 외국인 유학생 14만 명 시대······ 한국 대학 풍경이 바뀐다.

2. 뉴스에서 기자가 이야기합니다. 잘 듣고 질문에 답해 보세요.

6-L.mp3

1) 무엇에 대한 내용입니까? <u>한국 사회에서의 외국인의 증가</u>

2) 이 상황에서 생기는 기대와 우려는 무엇입니까?
   기대: <u>저출산, 고령화로 인한 일손 부족 문제 해결</u>
   우려: <u>국제적인 상황에 따른 내국인과 외국인의 갈등</u>

3) 들은 내용과 같으면 ◯, 다르면 X 하세요.
   ❶ 중국 국적의 외국인이 가장 많다. (◯)
   ❷ 한국에서 체류하는 외국인 중 유학생 비율이 가장 높다. (X)
   ❸ 다문화 사회로의 변화를 막는 것이 중요한 과제이다. (X)

단어장	
체류하다	고령화
차지하다	일손
비중	갈등
비율	우려하다
증가	배려
저출산	

발음

6-P.mp3

(으)ㄹ + ㄱ, ㄷ, ㅂ, ㅅ, ㅈ → (으)ㄹ + [ㄲ, ㄸ, ㅃ, ㅆ, ㅉ]

얻을 수 있어요[어들 쑤 이써요]   만날 사람[만날 싸람]   할 거예요[할 꺼예요]

다음을 듣고 따라 읽으세요.
1) 한국 생활에 자신감도 얻을 수 있어요.
2) 가: 지금 어디에 가요?
   나: 만날 사람이 있어서 센터에 가요.
3) 가: 주말에 뭐 할 거예요?
   나: 친구들과 김장 축제에 갈 거예요.

한국 사회의 외국인 증가에 대해 듣기

1. 지시문에 대해 답하며 앞으로 들을 내용을 추측하게 한다.
   🎤 한국에서 일어나는 국제화된 모습에 대해 알고 있어요?
   이 기사는 무엇에 대한 이야기예요?

2. 지시문을 이용하여 기자가 뉴스를 전달하는 상황을 설명한다.
   🎤 어떤 이야기를 들으려고 해요?
   왜 이 이야기가 뉴스에 나오게 되었을까요?

3. 문제를 읽고 들어야 하는 정보를 파악하게 한다.
   🎤 무슨 이야기예요?
   이 상황에서 생기는 기대와 걱정은 뭐예요?
   한국을 가장 많이 찾는 사람은 누구일까요?

4. 듣기 파일을 두 번 듣고 문제를 풀게 한다.

5. 교재 질문의 답을 확인한 후 해당 대화를 같이 읽으며 내용을 확인한다. 필요한 경우 새로운 어휘, 표현을 설명한다.

6-P.mp3

발음

1. '얻을 수 있어요, 만날 사람, 할 거예요'의 발음을 들려주고 '(으)ㄹ' 뒤의 자음 'ㄱ, ㄷ, ㅂ, ㅅ, ㅈ'의 발음이 어떻게 들리는지 학습자 스스로 확인해 보도록 한다.

2. '(으)ㄹ' 다음에 오는 'ㄱ, ㄷ, ㅂ, ㅅ, ㅈ'이 [ㄲ, ㄸ, ㅃ, ㅆ, ㅉ]으로 발음된다는 것을 알려 준다.

3. '얻을 수 있어요, 만날 사람, 할 거예요' 발음을 다시 듣고 교사를 따라 말해 본다.

4. 1)~3)의 문장을 듣고 교사를 따라 말하게 한다.

5. 짝과 함께 대화를 읽으며 연습하게 한 후에 확인한다

> • **경음화**
> '(으)ㄹ' 다음에 오는 'ㄱ, ㄷ, ㅂ, ㅅ, ㅈ'을 [ㄲ, ㄸ, ㅃ, ㅆ, ㅉ]으로 발음한다.

1. 국제화 시대를 살아가는 우리가 할 수 있는 일은 무엇일까요?

✓ 세계를 무대로 활동하다   ✓ 국제적 감각을 키우다
✓ 세계 시민 의식을 갖다   ✓ 다양한 문화를 존중하다
✓ 열린 마음을 갖다   ✓ 외국어를 구사하다

2. '국제화 시대에 갖춰야 할 것'에 대한 질문과 답변입니다. 여러분의 의견도 이야기해 보세요.

Q 국제화 시대에 갖춰야 할 것들은 뭐가 있을까요?

A 국제화 시대에 필수적으로 갖춰야 할 것은 당연히 외국어 능력 아닐까요? 직장인 과반수가 "업무 때 사용하지 않지만 외국어 능력이 필요하다."라고 응답한 것처럼 요즘은 외국어를 구사하는 능력이 최우선으로 필요한 것 같아요.

A 국제화 시대를 살아가기 위해서는 편견과 선입견을 버리고 열린 마음으로 변화와 다름을 받아들여야 하겠죠.

↳ 맞습니다. 유네스코(UNESCO)에서도 세계 각국의 다양성을 인정하자는 협약을 맺었죠. 다문화 사회로 변화하면서 다양한 문화를 존중하기 위한 노력이 세계적으로 이루어지고 있어요.

↳ 열린 마음을 갖기 위해서는 어렸을 때부터 다양한 문화를 경험하고 국제적 감각을 키우는 훈련이 필요하다고 생각해요.

↳ 요즘은 국제 사회에서 '세계 시민 의식 갖기'를 강조하고 있는데, 이를 위해서는 초, 중, 고등학교에서 다양한 방식으로 세계 시민 교육을 실시해야 합니다.

A 전 세계를 무대로 활동하려면 국제 사회의 정치, 경제, 문화 등의 배경지식을 갖추는 것이 중요할 것 같아요.

6과 국제화 시대 **79**

• **국제적 감각을 키우다:** 세계 사람들의 생각, 국제 사회의 모습들을 빨리 이해할 수 있다는 뜻이에요.

• **존중하다:** 처음에는 서로의 의견 차이가 컸지만, 상대방을 무시하지 않고 존중하며 의견 차이를 줄여 나갔다.

• **열린 마음을 갖다:** 나와 의견이 달라도 상대방의 입장에서 조금 더 생각하는 열린 마음을 갖는 태도가 필요해요.

• **과반수:** 반 이상의 수라는 뜻이에요. 예 회의에서 의견이 최종 선택되기 위해서는 참석자 과반수가 찬성해야 한다.

• **최우선:** 다른 것보다 이것을 가장 앞으로 생각한다는 뜻이에요. 예 나는 그 무엇보다 가족을 최우선으로 생각한다.

• **선입견:** 이미 마음속에 내가 가지고 있는 부정적인 생각이라는 뜻이에요.

• **배경지식:** 이미 어떤 사실을 듣고 배워서 알고 있는 정보라는 뜻이에요. 예 배경지식이 있으면 역사 이야기를 이해하기 쉬워요.

국제화 시대에 갖춰야 할 것

1. 국제화 시대를 살아가는 우리가 할 수 있는 일과 국제화 시대에 갖춰야 할 것에 대해 이해하고 생각하게 한다.

🎤 국제화 시대를 살아가는 우리가 할 수 있는 일은 무엇일까요?
또 갖춰야 할 것들은 뭐가 있을까요?

2. 국제화 시대를 살아가는 우리가 할 수 있는 일에 대해 읽고 각각의 의미를 파악할 수 있게 한다.

3. 질문을 하여 내용을 잘 이해했는지 확인한다.

🎤 국제화 시대를 살아가는 여러분은 어떤 일을 잘할 수 있어요?
왜 그 일을 다른 일보다 잘할 수 있다고 생각해요?

4. 국제화 시대에 갖춰야 할 것에 대한 질문과 대답을 읽고 각각의 의미를 파악할 수 있게 한다.

5. 국제화 시대에 갖춰야 할 것에 대한 각자의 의견을 이야기하게 한다.

🎤 국제화 시대에 갖춰야 할 능력에 대한 여러분의 의견을 이야기해 보세요.
국제화 시대에 갖춰야 할 능력에 대한 ○○ 씨 의견은 뭐예요?

- **수기**: 자기의 생활이나 체험을 직접 쓴 글이라는 뜻이에요.
  예 한국 문화 체험 수기를 모집합니다.

- **업무**: 직장 같은 곳에서 내가 해야 하는 일이라는 뜻이에요.
  예 회사에서 광고를 만드는 업무를 맡고 있습니다.

- **성장**: 크기나 힘이 점점 커지고 있다는 뜻이에요. 예 힘든 상황 속에서도 경제는 계속 성장하고 있다.

- **발전**: 더 좋은 상태나 더 높은 단계로 올라간다는 뜻이에요. 예 자기 발전을 위해 노력하는 사람이 많아요.

- **기회**: 해외 지사에서 근무를 하고 싶었는데 그곳의 직원 중 한 명이 그만두는 바람에 나에게도 기회가 생겼다.

- **도전**: 어렵고 힘들어도 피하지 않고 그것을 한다는 뜻이에요.
  예 이번 시험은 나에게 큰 도전이었다.

---

3. 다음은 해외 취업 성공 수기입니다. 잘 읽고 질문에 답해 보세요.

해외 취업 당신은 준비가 되었습니까?

저는 학교에서 배운 중국어를 사용해 보기 위해 처음으로 중국에 갔습니다. 중국은 변화와 성장이 빨라 미래 가능성이 높아 보였습니다. 세계화를 꿈꾸는 많은 기업이 중국에 진출하기 시작했기 때문입니다.

하지만 모든 것이 쉽지는 않았습니다. 비자 문제로 귀국해야 할 때도 있었습니다. 그러나 포기하지 않고 다시 도전했습니다. 제가 중국에서 다니는 회사는 독일 기업인데 중국에서 살고 있는 외국인의 다양한 경험을 중요하게 생각했습니다. 중국인들과 비교해 부족한 언어 실력이지만 다양한 경험을 한 외국인이라는 점에서 좋은 점수를 받고 합격하게 되었습니다.

합격을 한 후에는 회사 업무를 잘 수행하기 위해 언어 공부를 꾸준히 하고 있습니다. 일과 공부를 같이 하는 것은 쉽지 않습니다. 하지만 이것도 제가 발전할 수 있는 기회라고 생각하고 틈을 내서 열심히 하고 있습니다.

사실 중국에서 혼자 생활하며 이해하기 어려운 문화 때문에 고향으로 돌아가고 싶었던 적이 한두 번이 아니었습니다. 귀국까지 생각할 정도로 힘들었던 저는 그 나라의 문화를 받아들이는 자세가 부족했다는 것을 깨닫고 그 문화를 있는 그대로 받아들이기 시작했습니다. 그러자 놀랍게도 그들만이 가진 문화의 장점이 보이기 시작했습니다.

처음부터 쉬운 것은 없습니다. 저처럼 여러분들도 하나하나 준비하며 나와 다른 그들의 모습도 인정하는 마음을 가지고 도전한다면 성공적인 해외 취업을 할 수 있을 것입니다.

1) 이 사람은 어디에서 무엇을 하고 있습니까?
   중국에서 일을 하고 있습니다.

2) 이 사람이 그곳에 간 이유는 무엇입니까?
   학교에서 배운 중국어를 사용해 보기 위해 갔습니다.

3) 윗글의 내용과 같으면 ○, 다르면 X표 하세요.
   ❶ 이 사람은 지금 하는 일을 여러 번 포기했다. (X)
   ❷ 이 사람은 중국어를 아주 잘해서 합격했다. (X)
   ❸ 이 사람은 자신과 다른 문화를 결국 받아들였다. (○)

단어장	
변화	업무
성장	발전
비자	기회
도전	받아들이
언어 실력	

해외 취업 경험에 대해 읽기

1. 수기라는 글의 종류가 가지는 특징에 대해 간략하게 설명하고 해외 취업 성공에 대한 수기 글을 읽게 한다.

   🎤 자기의 체험을 쓴 글을 수기라고 해요
   여러분은 수기와 같은 글을 읽은 적이 있어요?

2. 글을 훑어 읽게 한 후 주제, 중심 내용 등을 간단히 말해 보도록 한다.

   🎤 이 사람은 왜 중국에 갔어요?
   이 사람은 어떤 회사에 취직했어요?
   중국에서의 생활은 어땠어요?
   해외 취업에 성공하기 위해 어떤 마음을 가져야 해요?

3. 글을 다시 읽으면서 문제를 풀게 한다.

4. 답을 같이 확인한 후 본문을 다시 읽으며 모르는 어휘가 없는지 확인한다. 필요한 경우 새로운 어휘, 표현을 설명한다.

1. 여러분은 국제화 시대에 어떤 인재가 필요하다고 생각합니까?

① 국제화 시대의 인재가 갖추어야 하는 것은 무엇이라고 생각합니까?	
② 여러분은 국제화 시대의 인재가 되기 위해 어떤 노력을 하고 있습니까?	

2. 여러분이 생각하는 국제화 시대에 필요한 인재상에 대해 써 보세요.

국제화 시대의 인재상 쓰기

1. 어떤 글을 쓸지 알려 주고 글에 들어갈 내용을 생각해 보게 한다.

🎤 **국제화 시대에는 어떤 인재가 필요하다고 생각해요?**
국제화 시대의 인재가 되기 위해 어떤 노력을 하고 있어요?

2. 교재 지문에 대해 자신이 쓸 내용을 간단하게 메모하도록 한다. 교사는 학생들이 쓴 메모에 오류가 없는지 확인해 준다.

3. 메모한 내용을 바탕으로 글로 완성하게 한다.

문화와 정보

국제기구

국제 사회에서 활동할 목적으로 두 나라 이상이 모여 만든 단체를 국제기구라고 한다. 국제기구는 국제 사회에서 여러 나라가 협력하여 국제 사회의 문제를 해결하고 발전을 도모하기 위하여 탄생하였다.

국제기구 중 가장 대표적인 것은 국제연합(UN)이다. 국제연합은 제2차 세계대전이 끝나면서 탄생한 국제기구로서 오랜 기간 국제 사회의 평화와 발전을 위해 노력해 오고 있다. 정치, 군사, 경제, 교육, 문화 등 국제 사회의 모든 문제를 대상으로 활동하고 있다.

시간이 지나면서 동남아국가연합(ASEAN)과 같이 지역 내 협력을 위한 국제기구가 출현하고 세계무역기구(WTO)와 같이 국제 사회의 특정한 문제를 해결하기 위한 국제기구가 출현하였다. 국제화가 가속화되는 현대 사회에서 국제기구의 역할이 점점 더 중요해지고 있음은 분명하다.

1) 국제기구란 무엇입니까?
2) 국제기구의 변화에 대해서 설명해 보세요.
3) 여러분이 알고 있는 국제기구에 대해서 이야기해 보세요.

82 사회통합프로그램(KIIP) 한국어와 한국문화 중급 2

국제기구

1. 이 단원의 문화와 정보가 무엇에 대한 것인지 알려 준다.

🎤 국제기구는 세계 여러 나라가 협력하고 문제를 해결하기 위해 만들어진 단체예요. 오늘은 세계 여러 나라가 함께하는 국제기구에 대해 알아봅시다.

2. 교재의 그림(사진)을 보면서 주제에 대해 알고 있는 것을 상기시키고 말해 보게 한다. 이때 관련 시각 자료를 추가로 활용할 수 있다.

🎤 여러분이 알고 있는 국제기구에는 어떤 것이 있어요? 언제 이 국제기구에 대해서 알게 되었어요?

3. 교재를 같이 읽으면서 내용을 설명한다. 이때 중요한 정보가 있는 부분에 밑줄을 긋거나 표시하게 하는 것도 좋다.

4. 질문 1), 2)의 답을 찾아보고 답하게 한다.

🎤 국제기구란 무엇입니까? 국제기구의 변화에 대해서 설명해 보세요.

5. 질문 3)을 이용하여 학습자 자신의 경험을 말해 보도록 한다.

🎤 여러분이 알고 있는 국제기구에 대해서도 이야기해 보세요.

80 사회통합프로그램(KIIP) 한국어와 한국문화 중급 2

배운 어휘 확인

- 국제 협력 단체가 늘어나다
- 국제 교류가 활발해지다
- 다문화 사회가 되다
- 국제 분쟁을 해결하다
- 국제기구에 가입하다
- 외교 관계를 맺다
- 세계 평화 유지에 힘쓰다
- 문화 교류를 추진하다
- 다국적 기업이 증가하다
- 해외 지사를 늘리다
- 외국어에 능통하다
- 해외 봉사 단체에 지원하다
- 세계 시민 의식
- 해외 지사
- 신기하다
- 발 디딜 틈이 없다
- 해외 파견 근무자
- 분야
- 인력
- 파견하다
- 정신없다
- 낯설어 하다

- 생각을 넓히다
- 체류하다
- 차지하다
- 비중
- 비율
- 증가
- 저출산
- 고령화
- 일손
- 갈등
- 우려하다
- 배려
- 변화
- 성장
- 비자
- 도전
- 언어 실력
- 업무
- 발전
- 기회
- 받아들이다

- 이 단원에서 배운 어휘 중 기억나는 것을 말해 보세요.
- 이 단원에서 배운 문법은 뭐예요? 어떻게 사용해요?
- 국제화 시대는 어떤 모습이에요?
- 국제화 시대에 우리가 할 수 있는 일은 어떤 것이 있어요?
- 국제 사회에서 여러 국가들이 모여 힘을 모아서 만든 단체를 뭐라고 해요?

마무리

1. 단원에서 학습한 어휘 중 기억하는 것을 먼저 말해 보게 한다.
2. 배운 어휘 목록의 어휘들을 읽으면서 의미를 상기시킨다.
3. 단원에서 학습한 문법(동형-던, 동형-을 정도로)을 상기시키며 의미와 사용법을 기억하는지 확인한다.
4. 단원의 목표와 성취도를 확인한다.
5. 익힘책을 과제로 제시하고 마무리한다.

7 현대인의 질병

어휘: 질병과 증상

문법: 통-되
　　　통-었더니

활동: 병에 대해 조언하기
　　　생활 습관과 병에 대해 쓰기

문화와 정보: 한국의 국민 건강 보험 제도

수업 목표 및 내용

• **주제:** 현대인의 질병

• **어휘와 문법**
 – 어휘: 질병과 증상 관련 어휘를 익힌다.
 – 문법: '통-되', '통-었더니'의 의미와 형태를 익혀 사용할 수 있다.

• **활동**
 – 말하기: 병의 증상과 주의할 점에 대해 말할 수 있다.
 – 듣기: 장염의 증상과 처방에 대한 대화를 듣고 이해할 수 있다.
 – 읽기: 현대인의 질병에 대한 글을 읽고 이해할 수 있다.
 – 쓰기: 생활 습관과 현대인의 병에 대해 글을 쓸 수 있다.

• **문화와 정보:** 한국의 국민 건강 보험 제도

수업 전개

도입, 어휘　1차시

·몸이 안 좋을 때의 증상
·신체 기관과 질병

익힘책 pp.58-59

문법　2차시

·통-되
·통-었더니

익힘책 pp.60-62

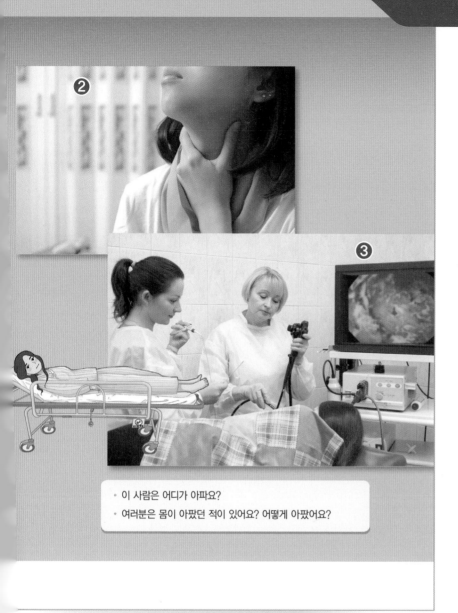

- 이 사람은 어디가 아파요?
- 여러분은 몸이 아팠던 적이 있어요? 어떻게 아팠어요?

도입

1. 교재 그림을 이용하여 학생들과 이야기하며 이 과의 주제를 노출한다.

그림① 🎤 이 사람은 지금 무엇을 하고 있어요?
　　　　이 사람은 건강한 것 같아요?
　　　　여러분의 건강은 어때요?

그림② 🎤 이 사람은 지금 어디가 아파요?
　　　　여기가 아프면 어떤 증상이 나타나요?
　　　　여러분은 여기가 아픈 적이 있어요?

그림③ 🎤 이 사람들은 지금 무엇을 하고 있어요?
　　　　이 검사는 어디가 아플 때 받는 거예요?
　　　　여러분은 이런 검사를 받은 적이 있어요?

2. 대화 내용을 정리하며 이 단원에서는 '질병과 증상, 현대인이 많이 걸리는 병' 등에 대해 공부한다는 것을 알려 준다.

─ 이 단원을 지도할 때는… ─

이 단원과 관계있는 단원들은 아래와 같습니다. 관련 단원의 학습 내용을 확인하셔서 지도에 참고하시면 좋을 것 같습니다.

- 주제: 병원, 건강
　　– 1권 16과, 2권 17과
- 어휘: 병원, 감기 치료법, 건강한 생활 습관, 건강 이상 증상
　　– 1권 16과, 2권 17과
- 문법: 동형-더니
　　– 4권 4과

말하기 듣기, 발음 **3차시**	읽기 **4차시**	쓰기, 문화와 정보, 마무리 **5차시**
·병의 증상과 주의할 점에 대해 말하기 ·장염의 증상과 처방에 대해 듣기	·현대인의 질병에 대해 읽기	·생활 습관과 현대인의 병에 대해 쓰기 ·한국의 국민 건강 보험 제도
익힘책 p.63	익힘책 p.64	익힘책 p.65

어휘

- **고열이 나다**: 몸에 높은 열이 난다는 뜻이에요.
- **재채기를 하다**: 수업 시간에 자꾸 재채기가 나서 참느라 혼났어요.
- **목이 따끔거리다**: 아침부터 목이 따끔거리는데 아무래도 감기에 걸렸나 봐요.
- **속이 쓰리다**: 아침을 안 먹고 커피를 마셔서 속이 쓰려요.
- **배가 더부룩하다**: 저녁을 너무 많이 먹고 그대로 누워서 배가 더부룩해요.
- **어지럽다**: 갑자기 일어설 때 주위가 도는 것 같고 어지러워요.
- **다리가 붓다**: 오늘 많이 걸어서 다리가 부었어요.

- **비염**: 콧속에 염증이 생겨 코가 막히고 콧물이 흐르며 재채기를 하는 병을 말해요.
- **기관지염**: 기관지에 염증이 생겨 기침, 가래, 고열 등의 증상이 나타나는 병을 말해요.
- **위염**: 위에 염증이 생겨 속이 쓰리고 소화 불량 등의 증상이 나타나는 병을 말해요.
- **장염**: 장에 염증이 생겨 배가 아프고 설사를 하는 등의 증상이 나타나는 병을 말해요.

---

1. 몸이 안 좋을 때 어떤 증상이 나타나요?

고열이 나다 / 재채기를 하다 / 목이 따끔거리다

속이 쓰리다 / 배가 더부룩하다 / 얼굴에 뭐가 나다

어지럽다 / 다리가 붓다 / 혈압이 높다

2. 다음 신체 기관에 이상이 생기면 어떤 질병에 걸려요?

비염 / 기관지염 / 위염 / 장염

어휘 (몸이 안 좋을 때의 증상)

1 도입, 제시

1. 몸이 안 좋을 때 어떻게 되는지를 물으며 오늘의 어휘는 질병과 관련된 증상에 대해 말할 때 사용하는 표현임을 알려 준다.

　🎤 몸이 안 좋을 때 어떤 증상이 나타나요?
　　여러분도 이런 경험이 있어요?

2. 교사를 따라 어휘를 소리 내어 한 번 읽는다. 이때 발음에 주의하게 한다.

3. 어휘의 의미를 설명한다. 어휘가 사용된 문장을 예로 제시하거나 의미를 풀어서 설명해 준다. 상황에 따라 유의어나 반의어 등을 추가로 설명할 수 있다.

4. 배운 어휘를 소리 내어 읽도록 한다. 이때 '-어요' 형태로 단어를 읽는 등 변화를 줄 수 있다.

2 연습

1. 배운 어휘를 사용하여 한 사람씩 문장을 만들어 보게 한다.

2. 연습한 문장을 이용하여 특정 신체 기관에 이상이 생겼을 경우 걸리는 질병에 대해 짝과 대화하도록 한다.

3. 학생들끼리 이야기한 것을 교사가 정리해 주며 같이 이야기한다.

　🎤 어떤 신체 기관에 이상이 있어요?
　　그러면 어떤 질병에 걸려요?
　　그 병에 걸리면 어떤 증상이 나타나요?

4. 자신의 실제 경험을 이야기하는 활동으로 확장할 수 있다.

문법 1 (동-되)

1 도입, 제시

1. 도입 그림과 대화를 통해 문법이 사용되는 상황을 인지시킨다.

   🎙 라민 씨와 의사가 이야기하고 있어요.
   라민 씨는 지금 어떻게 아파요?
   라민 씨는 아무 음식이나 다 먹을 수 있어요?

2. 교재의 대표 예문을 보면서 문법의 의미를 설명한다.

   🎙 이 남자는 지금 장염에 걸렸어요. 식사를 해도 되기는 하지만 그때의
   조건이나 주의할 점을 말하고 싶을 때 '-되'를 사용해요.

3. 학생들과 교재의 예문들을 읽으면서 문법의 의미를 설명하고
   이해시킨다.

4. 문법의 형태 정보를 제시하고 설명한다.

5. 추가 예문을 제시하고 문법의 의미와 사용법을 정확하게 이해시킨다.

2 연습 1

1. 〈보기〉의 대화를 교사와 함께 완성해 본다.

2. 나머지 문제를 〈보기〉의 대화처럼 짝과 완성하도록 한다.

3. 연습한 것을 발표하게 하거나 교사가 전체 학생 대상으로 답하게 하여
   확인한다. 그리고 오류가 있으면 수정해 준다.

3 연습 2

1. '-되'를 사용하여 아침 식사를 거르는 것, 보고서를 제출하는 방법 등에
   대해 친구와 이야기하도록 한다.

2. 연습한 것을 발표하게 하고 오류가 있으면 수정해 준다.

   익힘책 60-61쪽을 풀게 하거나 과제로 제시한다. 익힘책은 연습 활동
   난이도에 따라 교재 연습 문제 전후로 활용한다.

동-었더니

과거에 직접 관찰하거나 경험한 사실에 대한 결과를 말할 때 사용한다. 동사의 어간 끝음절 모음이 'ㅏ, ㅗ'일 때는 '-았더니', 어간 끝음절 모음이 'ㅏ, ㅗ'가 아닐 때는 '-었더니'의 형태로 사용한다. '-하다'가 붙은 동사 어간에는 '-였더니'를 쓰는데, 일반적으로 줄여서 '했더니'의 형태로 사용한다.
앞 절의 주어와 뒤 절의 주어가 다르며, 주로 앞 절에는 1인칭 주어가 나타난다. 단, 타인의 행위를 시작부터 끝까지 관찰했을 때는 3인칭 주어를 쓸 수 있다.

- 가: 목소리가 좀 이상한데 왜 그래요?
  나: 어제 창문을 열고 잤더니 목감기에 걸린 것 같아요.
- 가: 몸은 좀 괜찮아졌어요?
  나: 네. 주말 동안 푹 쉬었더니 많이 좋아졌어요.
- 이사한 뒤에 집 정리하면서 무리했더니 몸살이 났다.
- 세탁소에 맡겨야 하는 옷을 집에서 세탁기로 빨았더니 옷이 줄어들었다.

-았더니 (ㅏ, ㅗ O)	받다 → 받았더니 놀다 → 놀았더니 보다 → 봤더니 *담그다 → 담갔더니 *낫다 → 나았더니
-었더니 (ㅏ, ㅗ X)	먹다 → 먹었더니 마시다 → 마셨더니 쉬다 → 쉬었더니 *부르다 → 불렀더니 *듣다 → 들었더니
-였더니 (하다)	무리하다 → 무리했더니 운동하다 → 운동했더니 산책하다 → 산책했더니

2 동-었더니
과거에 직접 관찰하거나 경험한 사실에 대한 결과를 나타낸다.

안젤라: 제이슨 씨, 목소리가 왜 그래요?
제이슨: 어제 야구장에서 큰 소리로 응원을 했더니 목이 아픈 것 같아요.

예문
- 가: 한국어 실력이 많이 늘었네요.
  나: 매일 한국 드라마를 봤더니 한국어 실력이 좋아졌어요.
- 낮에 커피를 많이 마셨더니 잠이 안 온다.
- 인터넷으로 옷을 주문했더니 하루 만에 도착했다.

-았더니	• 받다 → 받았더니 • 보다 → 봤더니
-었더니	• 먹다 → 먹었더니 • 마시다 → 마셨더니
-했더니	• 무리하다 → 무리했더니 • 주문하다 → 주문했더니

1. 보기 와 같이 친구와 이야기해 보세요.

어디 아파요?

어제 야식을 먹고 잤더니 배가 더부룩해요.

	경험		결과
보기	어제 야식을 먹고 자다	➡	배가 더부룩하다
1)	옷을 얇게 입다	➡	감기에 걸렸다
2)	점심을 급하게 먹다	➡	소화가 안 되다
3)	지난주에 좀 무리하다	➡	몸살이 났다
4)	아침에 일찍 일어나다	➡	좀 피곤하다

2. 여러분이 경험한 일을 이야기해 보세요.

- 백화점이 끝날 때쯤 식품 매장에 갔다.
- 친구에게 메시지를 너무 많이 보냈다.

백화점이 끝날 때쯤 식품 매장에 갔더니 먹을 것을 세일해서 많이 샀어요.

단어장
무리하다
식품 매장

문법 2 (동-었더니)

1 도입, 제시

1. 도입 그림과 대화를 통해 문법이 사용되는 상황을 인지시킨다.

🎤 안젤라 씨와 제이슨 씨가 이야기하고 있어요.
제이슨 씨는 지금 어디가 아파요?
어떻게 하다가 그렇게 됐어요?

2. 교재의 대표 예문을 보면서 문법의 의미를 설명한다.

🎤 어제 야구장에서 큰 소리로 응원을 했어요. 그 결과 목이 아프고 목소리도 이상해졌어요. 이렇게 과거에 직접 관찰하거나 경험한 일에 대한 결과를 말하고 싶을 때 '-었더니'를 사용해요.

3. 학생들과 교재의 예문들을 읽으면서 문법의 의미를 설명하고 이해시킨다.

4. 문법의 형태 정보를 제시하고 설명한다.

5. 추가 예문을 제시하고 문법의 의미와 사용법을 정확하게 이해시킨다.

2 연습 1

1. 〈보기〉의 대화를 교사와 함께 완성해 본다.

2. 나머지 문제를 〈보기〉의 대화처럼 짝과 완성하도록 한다.

3. 연습한 것을 발표하게 하거나 교사가 전체 학생 대상으로 답하게 하여 확인한다. 그리고 오류가 있으면 수정해 준다.

3 연습 2

1. '-었더니'를 사용하여 백화점 할인 판매, 지나친 양의 메시지 전송에 대한 자신의 경험을 이야기하도록 한다.

2. 연습한 것을 발표하게 하고 오류가 있으면 수정해 준다.

익힘책 61-62쪽을 풀게 하거나 과제로 제시한다. 익힘책은 연습 활동 난이도에 따라 교재 연습 문제 전후로 활용한다.

말하기

1. 애나 씨와 제이슨 씨가 병의 증상과 주의할 점에 대해 이야기합니다. 다음 대화처럼 이야기해 보세요.

애나: 제이슨 씨, 며칠 전에도 그런 것 같은데 아직도 기침이 안 나았어요?

제이슨: 네. 무리해서 일했더니 약을 먹어도 잘 낫지 않아요. 열도 있고요.

애나: 기관지염인 것 같은데 병원에는 가 봤어요?

제이슨: 가기는 했는데 크게 걱정할 정도는 아니라고 하셨어요.

애나: 요즘 수업이 많은데 괜찮겠어요?

제이슨: 어쩔 수 없지요. 수업을 하되 무리하지 않도록 해야겠어요.

1) 기침이 안 나았다 | 열이 있다 | 기관지염
2) 속이 안 좋다 | 배가 더부룩하다 | 위염

• **무리하다:** 주말에 이사하면서 좀 무리했더니 몸살이 났어요.
• **어쩔 수 없다:** 다른 방법이 없기 때문에 그 일을 할 수밖에 없다는 뜻이에요.
• **전염되다:** 요즘 독감이 유행이라서 다른 사람에게서 독감이 전염되지 않도록 조심해야 해요.

발음

• **일했더니**[일핻떠니]
• **낫지 않아요**[낟찌 아나요]
• **가기는 했는데**[가기는 핸는데]
• **괜찮겠어요**[괜찬케써요]

2. 아래 상황에 맞게 아픈 사람과 조언하는 사람이 되어 이야기해 보세요.

상황	조언
고열이 나고 목이 부었다.	독감인 것 같다. 병원에 가야 한다. 전염될 수 있으므로 조심한다.
토하고 계속 설사한다.	장염인 것 같다. 병원에 가야 한다. 물을 자주 마셔야 한다.

단어장
전염되다

7과 현대인의 질병 89

병의 증상과 주의할 점에 대해 말하기

1 대화문 연습

1. 몸이 아플 때의 증상을 이야기하며 교재의 그림을 이용해 어떤 상황인지 추측해 보도록 한다.

🎤 남자는 지금 몸이 어떤 것 같아요?
여자는 남자에게 어떤 말을 할 것 같아요?
여러분은 이런 경험이 있어요?

2. 지시문을 이용하여 대화 상황을 학생들에게 명확하게 알려 준다.

3. 대화를 들려주고 간단한 질문을 하여 대화 내용을 이해했는지 확인한다.

🎤 제이슨 씨는 지금 몸이 어떻게 아파요?
제이슨 씨의 몸은 왜 빨리 좋아지지 않아요?
제이슨 씨는 병원에 가 봤어요?
제이슨 씨는 앞으로 어떻게 하는 게 좋아요?

4. 교사와 함께 대화문을 읽으면서 자연스럽게 말하는 연습을 한다. 두 번 정도 반복해서 연습한다.

5. 교체 어휘를 활용하여 짝과 함께 연습하게 한다.

6. 연습이 끝나면 한두 팀을 발표시키거나 교사가 전체 학생을 대상으로 확인한다.

2 확장 연습

1. 아픈 사람과 조언하는 사람이 되어 이야기하는 활동을 한다고 알려 준다.

2. 짝과 자신의 경험에 대해 이야기할 때는 다음과 같은 내용을 포함하여 말하도록 지시한다.

🎤 병의 이름은 뭐예요?
그때 어떻게 아팠어요?
그 병에 걸렸을 때 어떻게 하는 것이 좋아요?

3. 이야기가 끝나면 한두 팀을 발표시키거나 교사가 전체 학생을 대상으로 확인하고 오류를 수정해 준다.

발음

7-L.mp3

의사(남): 어서 오세요. 어디가 불편하세요?
환자(여): 선생님, 제가 아침부터 토하고 설사를 해서 왔어요.
의사(남): 그러세요? 어디 봅시다. 열도 있네요. 아침에 뭘 드셨어요?
환자(여): 집에 있던 냉커피를 마셨는데 나중에 보니 유통 기한이 지났더라고요.
의사(남): 그렇군요. 급성 장염인 것 같아요.
환자(여): 그러면 이제 어떻게 해야 돼요?
의사(남): 일단 식사는 하지 마시고요. 설사가 멈추면 식사를 하되 조금씩 하세요. 그리고 물도 많이 드세요.

---

1. 그림을 보고 장염에 걸렸을 때 어떻게 해야 하는지 이야기해 보세요.

왜 장염에 걸려요?

장염은 어떤 증상이 있어요?

장염에 걸리면 어떻게 해야 해요?

2. 병원에서 의사와 환자가 이야기합니다. 잘 듣고 질문에 답해 보세요.

7-L.mp3

1) 이 사람의 증상이 아닌 것을 고르세요.
 ❶ 토하다　　❷ 설사하다　　❸ 열이 있다　　❹ 배가 더부룩하다

2) 이 사람은 무엇을 먹고 장염에 걸렸습니까?
 유통기간이 지난 냉커피를 마시고 장염에 걸렸습니다.

3) 의사의 처방에 대해 들은 내용과 같으면 ○, 다르면 X 하세요.
 ❶ 지금부터 식사를 조금씩 해야 한다. (X)
 ❷ 설사가 멈추면 보통 때처럼 식사를 해야 한다. (X)
 ❸ 물을 많이 마셔야 한다. (○)

단어장
유통 기한
급성

7-P.mp3

발음

받침 + [이, 야, 여, 요, 유] ⟶ [ㄴ 첨가] 받침 + [니, 냐, 녀, 뇨, 뉴]

장+염[장념]
두통+약[두통냑]
이십+육[이심뉵]

다음을 듣고 따라 읽으세요.
1) 장염에 걸려서 배가 아파요.
2) 약국에 가서 두통약을 샀어요.
3) 다음 달 이십육 일에 이민자 축제를 해요.

90　사회통합프로그램(KIIP) 한국어와 한국문화 중급 2

장염의 증상과 처방에 대해 듣기

1. 지시문에 대해 답하며 앞으로 들을 내용을 추측하게 한다.
 🎤 이 사람은 지금 어디가 아파요?
 　장염에 걸리면 어떻게 해야 돼요?

2. 지시문을 이용하여 등장인물과 대화 상황을 설명한다.
 🎤 누구와 누가 이야기해요?
 　환자는 왜 병원에 갔을까요?

3. 문제를 읽고 들어야 하는 정보를 파악하게 한다.
 🎤 환자는 지금 어떤 증상이 있어요?
 　환자는 어떻게 하다가 장염에 걸렸어요?
 　의사는 환자에게 어떻게 하라고 했어요?

4. 듣기 파일을 두 번 듣고 문제를 풀게 한다.

5. 교재 질문의 답을 확인한 후 해당 대화를 같이 읽으며 내용을 확인한다. 필요한 경우 새로운 어휘, 표현을 설명한다.

발음

7-P.mp3

1. '장염, 두통약, 이십육'의 발음을 들려주고 '여, 야, 유'의 발음이 어떻게 들리는지 학습자 스스로 확인해 보도록 한다.

2. 받침이 있는 말과 '이, 야, 여, 요, 유'로 시작하는 말이 만나 하나의 단어를 이루는 경우, 'ㄴ' 음을 첨가하여 [니, 냐, 녀, 뇨, 뉴]로 발음한다는 것을 알려 준다.

3. '장염, 두통약, 이십육'의 발음을 다시 듣고 교사를 따라 말하게 한다.

4. 1)~3)의 문장을 듣고 교사를 따라 말하게 한다.

5. 짝과 함께 문장을 읽으며 연습하게 한 후에 확인한다.

• 'ㄴ' 첨가

합성어 및 파생어에서 앞 단어나 접두사의 끝이 자음이고 뒤 단어나 접미사의 첫음절이 '이, 야, 여, 요, 유'인 경우에는, 'ㄴ' 음을 첨가하여 [니, 냐, 녀, 뇨, 뉴]로 발음한다.

1. 잘못된 생활 습관 때문에 현대인들이 많이 걸리는 병에는 어떤 것이 있어요?

생활/문화 　건강 정보

건강 정보
자동차
도로/교통
여행/레저
패션/뷰티
공연/전시
책
날씨

암은 다른 사람의 이야기가 아니다!
과음과 과식, 운동 부족은 암을 부른다.

고혈압과 당뇨병의 지름길?
단 음식과 짠 음식을 지나치게 섭취하면
성인병의 발생 위험이 높아진다.

2. 잘못된 생활 습관 때문에 생기는 병을 예방하려면 어떻게 해야 돼요?

규칙적인 운동을 하다　　충분한 수면을 취하다

균형 잡힌 식사를 하다　　금연하다　　소금 섭취를 줄이다

7과 현대인의 질병 **91**

- **암:** 과음하는 생활을 지속하면 암에 걸릴 수 있어요.
- **고혈압:** 고혈압 환자는 짠 음식을 피하는 것이 좋아요.
- **당뇨병:** 갑자기 살이 빠지고 화장실에 자주 가는 사람들은 당뇨병 검사를 받아보는 게 좋아요.
- **성인병:** 고혈압, 당뇨병 등 중년 이후의 사람들에게 생기는 여러 가지 병을 말해요.

- **규칙적인 운동을 하다:** 정기적으로 일정하게 운동한다는 뜻이에요.
- **충분한 수면을 취하다:** 부족하지 않고 넉넉하게 잠을 잔다는 뜻이에요.
- **균형 잡힌 식사를 하다:** 식사를 할 때 여러 가지 영양소를 고려하여 균형 잡힌 식사를 하는 게 좋아요.
- **금연하다:** 건강하게 오래 살기 위해서는 금연하는 게 좋아요.
- **소금 섭취를 줄이다:** 음식을 싱겁게 만들어서 소금의 섭취를 줄이려고 해요.

잘못된 생활 때문에 생기는 병

1. 잘못된 생활 습관 때문에 생기는 병에는 어떤 것들이 있을지 생각하게 한다.

🎤 현대인들은 잘못된 생활 습관 때문에 병에 걸리는 경우가 많아요. 현대인들의 잘못된 생활 습관에는 어떤 것들이 있을까요? 이런 습관이 계속되면 어떤 병에 걸리게 될까요?

2. '건강 정보'의 제목과 내용을 읽고 의미를 파악하게 한다.

3. 질문을 하여 내용을 잘 이해했는지 확인한다.

🎤 과음이나 과식을 하면 어떤 병에 걸려요? 단 음식과 짠 음식을 지나치게 섭취하면 어떻게 돼요?

4. '잘못된 생활 습관 때문에 생기는 병을 예방하기 위한 방법'을 읽고 각 단어의 의미를 파악할 수 있게 한다.

5. 잘못된 생활 습관 때문에 현대인들이 많이 걸리는 질병과 예방법에 대한 각자의 생각을 이야기하게 한다.

🎤 생활 습관이 안 좋으면 어떤 병에 걸리게 될까요? 이 병을 예방하려면 어떻게 해야 할까요?

여러분은 잘못된 생활 습관 때문에 병에 걸린 적이 있어요?

- **시달리다:** 아이에게 하루 종일 시달렸더니 힘이 하나도 없어요.

- **밀접하다:** 건강은 생활 습관과 밀접한 관계가 있어요.

- **차지하다:** 제 생활비에서 가장 큰 비율을 차지하는 것은 식비예요.

- **과도하다:** 과도한 다이어트는 건강에 좋지 않아요.

- **권하다:** 친구가 내게 이 영화를 꼭 보라고 권했어요.

- **보:** 요즘 건강을 위해 매일 만 보씩 걷고 있어요.

- **기름지다:** 기름진 음식을 많이 먹어서 얼굴에 뭐가 났어요.

3. 다음은 '현대인의 질병'을 설명하는 글입니다. 잘 읽고 질문에 답해 보세요.

알아 두면 좋은 건강 상식

잘못된 생활 습관이 병을 부른다

의학 기술의 발달로 인간의 기대 수명은 과거보다 크게 늘어났지만 현대인들은 여전히 여러 질병에 시달리고 있다. 암이나 고혈압, 당뇨병 등은 현대인들이 많이 걸리는 병으로 흔히 생활 습관병이라고도 불린다. 이는 이들 질병의 직접적인 원인이 확인되지 않았지만 잘못된 생활 습관과 밀접한 관련이 있기 때문이다.

예를 들어 암은 한국인의 사망 원인 1위를 차지하는 병이다. 암의 원인으로 다양한 요인이 있지만, 흡연, 음주, 스트레스, 잘못된 식습관, 운동 부족 등이 영향을 주는 것으로 알려져 있다. 고혈압이나 당뇨병 역시 기름진 식사, 탄수화물과 소금의 과도한 섭취, 인스턴트 식품의 섭취 등과 관계가 있다.

이들 질병에 어떻게 대처해야 할까? 전문가들은 적절한 치료를 받되 생활 습관을 바꾸도록 권하고 있다. 즉, 균형 잡힌 식사와 규칙적인 운동을 해야 한다는 것이다. 식사는 규칙적으로 골고루, 알맞게 해야 한다. 물은 충분히 섭취하되 술이나 담배는 제한하는 것이 좋다. 운동의 경우 1주일에 3일 이상 꾸준히 해야 한다. 가령 하루에 만 보 걷기 운동은 성인병 예방에 도움이 된다. 이렇게 일상생활 속에서 올바른 생활 습관을 지킬 때 현대인은 건강한 삶을 누릴 수 있을 것이다.

1) 잘못된 생활 습관과 관련된 병에는 무엇이 있습니까?
   <u>암이나 고혈압, 당뇨병 등이 있습니다.</u>

2) 현대인의 건강에 부정적인 영향을 미치는 것은 무엇입니까?
   ❶ 금연하기　　❷ 만 보 걷기　　❸ 탄수화물 섭취하기　　❹ ⑦름지게 식사하기

3) 윗글의 내용과 같으면 ○, 다르면 X 하세요.
   ❶ 한국인의 대표적인 사망 원인은 암이다.　　(○)
   ❷ 암의 직접적인 원인은 최근 밝혀졌다.　　(X)
   ❸ 올바른 생활 습관은 성인병의 예방에 도움이 된다.　　(○)

단어장
시달리다
밀접하다
차지하다
과도하다
권하다

현대인의 질병에 대해 읽기

1. 알아 두면 좋은 건강 상식에 대해 간략하게 설명하고 현대인의 질병에 대한 글을 읽게 한다.

🎤 건강 상식에는 무엇이 있어요?
　여러분이 알고 있는 건강 상식을 소개해 보세요.
　현대인들이 많이 걸리는 병에는 어떤 것들이 있어요?

2. 글을 훑어 읽게 한 후 주제, 중심 내용 등을 간단히 말해 보도록 한다.

🎤 생활 습관병에는 어떤 것들이 있어요?
　한국인의 대표적인 사망 원인은 어떤 병인가요?
　암에 영향을 주는 것들은 무엇인가요?
　고혈압이나 당뇨병의 발생은 무엇과 관계가 있어요?
　생활 습관병을 예방하려면 어떻게 해야 해요?

3. 글을 다시 읽으면서 문제를 풀게 한다.

4. 답을 같이 확인한 후, 본문을 다시 읽으며 모르는 어휘가 없는지 확인한다. 필요한 경우 새로운 어휘, 표현을 설명한다.

1. 잘못된 생활 습관과 관련된 병에는 무엇이 있습니까? 이 병은 특히 어떤 생활 습관과 관련이 있습니까?
이 병을 예방하기 위해 어떤 노력을 해야 합니까?

병명	
원인	
예방 방법	

2. 생활 습관과 현대인의 병에 대해 설명하는 글을 써 보세요.

7과 현대인의 질병 **93**

생활 습관과 현대인의 병에 대해 쓰기

1. 어떤 글을 쓸지 알려 주고 글에 들어갈 내용을 생각해 보게 한다.

🎤 잘못된 생활 습관과 관련된 병에는 무엇이 있어요?
  이 병은 특히 어떤 생활 습관과 관련이 있어요?
  이 병을 예방하려면 어떻게 해야 돼요?

2. 교재 지문에 대해 자신이 쓸 내용을 간단하게 메모하도록 한다. 교사는 학생들이 쓴 메모에 오류가 없는지 확인해 준다.

3. 메모한 내용을 바탕으로 글로 완성하게 한다.

문화와 정보

한국의 국민 건강 보험 제도

한국에서는 높은 병원비 때문에 국민들이 심한 경제적 부담을 갖게 되는 것을 방지하기 위하여 국민 건강 보험 제도를 실시한다. 이 제도는 국민들이 평소에 보험료를 내고 국민건강보험공단이 이를 관리 및 운영하다가 필요 시 보험 급여를 제공하는 방식으로 운영된다.

국민 건강 보험은 국민 개개인의 의사에 관계없이 국민 모두가 개인 또는 가족 단위로 가입해서 일정한 보험료를 내야 하는 사회 보험이다. 보험료는 소득이나 재산 등에 따라 다르지만, 가입자는 모두 똑같은 보험 서비스를 받는다.

국민 건강 보험에는 외국인과 재외 동포도 가입할 수 있다. 체류 자격에 따라 다소 다르지만 대체로 한국에 6개월 이상 거주하는 경우, 가입할 자격이 생기고 외국인 등록을 한 후에 직장이나 지역에서 가입을 할 수 있다. 6개월 이상 거주하지 않은 외국인이라도 유학이나 결혼 등으로 6개월 이상 거주할 것이 확실한 경우에 가입할 수 있다.

1) 국민 건강 보험 제도는 어떤 제도입니까?
2) 건강 보험에 가입할 수 있는 외국인의 자격 조건은 무엇입니까?
3) 여러분 고향의 건강 보험 제도를 소개해 보세요.

한국의 국민 건강 보험 제도

1. 이 단원의 문화와 정보가 무엇에 대한 것인지 알려 준다.

🎙 한국에는 국민들의 병원비 부담을 줄여 주기 위한 제도가 있어요.
오늘은 한국의 국민 건강 보험 제도에 대해 알아봅시다.

2. 교재의 그림(사진)을 보면서 주제에 대해 알고 있는 것을 상기시키고 말해 보게 한다. 이때 관련 시각 자료를 추가로 활용할 수 있다.

🎙 여러분은 한국의 국민 건강 보험 제도를 알고 있어요?
국민 건강 보험 제도를 이용해 봤어요?

3. 교재를 같이 읽으면서 내용을 설명한다. 이때 중요한 정보가 있는 부분에 밑줄을 긋거나 표시하게 하는 것도 좋다.

4. 질문 1), 2)의 답을 찾아보고 답하게 한다.

🎙 국민 건강 보험 제도는 어떤 제도입니까?
건강 보험에 가입할 수 있는 외국인의 자격 조건은 무엇입니까?

5. 질문 3)을 이용하여 학습자 자신의 경험을 말해 보도록 한다.

🎙 여러분 고향의 건강 보험 제도를 소개해 보십시오.

배운 어휘 확인

- [ ] 고열이 나다
- [ ] 재채기를 하다
- [ ] 목이 따끔거리다
- [ ] 속이 쓰리다
- [ ] 배가 더부룩하다
- [ ] 얼굴에 뭐가 나다
- [ ] 어지럽다
- [ ] 다리가 붓다
- [ ] 혈압이 높다
- [ ] 비염
- [ ] 기관지염
- [ ] 위염
- [ ] 장염
- [ ] 자극적이다
- [ ] 뒷정리
- [ ] 예정일

- [ ] 무리하다
- [ ] 식품 매장
- [ ] 전염되다
- [ ] 유통 기한
- [ ] 급성
- [ ] 섭취하다
- [ ] 성인병
- [ ] 충분하다
- [ ] 수면
- [ ] 금연하다
- [ ] 시달리다
- [ ] 밀접하다
- [ ] 차지하다
- [ ] 과도하다
- [ ] 권하다

- 이 단원에서 배운 어휘 중 기억나는 것을 말해 보세요.
- 이 단원에서 배운 문법은 뭐예요? 어떻게 사용해요?
- 몸이 안 좋은 적이 있어요? 그때 어떻게 하는 것이 좋아요?
- 잘못된 생활 습관 때문에 현대인들이 많이 걸리는 병에는 어떤 것이 있어요? 그 병을 예방하려면 어떻게 해야 돼요?
- 국민 건강 보험 제도는 어떤 것이에요?

마무리

1. 단원에서 학습한 어휘 중 기억하는 것을 먼저 말해 보게 한다.
2. 배운 어휘 목록의 어휘들을 읽으면서 의미를 상기시킨다.
3. 단원에서 학습한 문법(통-되, 통-었더니)을 상기시키며 의미와 사용법을 기억하는지 확인한다.
4. 단원의 목표와 성취도를 확인한다.
5. 익힘책을 과제로 제시하고 마무리한다.

8 정보화 사회

어휘: 인터넷과 스마트폰으로 하는 일

문법: 동형 -는다면서요?
　　　동 -을 겸 동 -을 겸

활동: 인터넷과 스마트폰 사용의 문제점 말하기
　　　인터넷과 스마트폰 중독 문제와 예방 방안 쓰기

문화와 정보: 스마트폰과 애플리케이션

수업 목표 및 내용

- **주제:** 인터넷과 스마트폰 사용

- **어휘와 문법**
  - 어휘: 인터넷·스마트폰 사용 관련 어휘를 익힌다.
  - 문법: '동형 -는다면서요?', '동 -을 겸 동 -을 겸'의 의미와 형태를 익혀 사용할 수 있다.

- **활동**
  - 말하기: 인터넷과 스마트폰 사용의 문제점에 대해 말할 수 있다.
  - 듣기: 개인 정보 관리에 대한 대화를 듣고 이해할 수 있다.
  - 읽기: 스마트폰 사용의 장단점에 대한 글을 읽고 이해할 수 있다.
  - 쓰기: 인터넷과 스마트폰 중독 문제와 예방 방안에 대해 글을 쓸 수 있다.

- **문화와 정보:** 스마트폰과 편리한 애플리케이션

수업 전개	도입, 어휘	1차시	문법	2차시

·인터넷·스마트폰 사용
·인터넷 접속 활동

·동형 -는다면서요?
·동 -을 겸 동 -을 겸

익힘책 pp.66-67

익힘책 pp.68-70

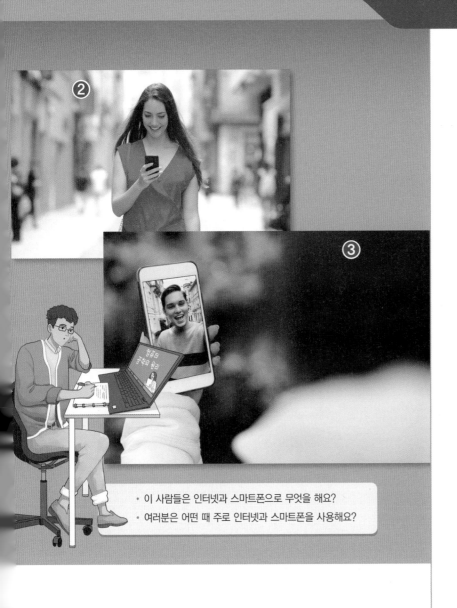

• 이 사람들은 인터넷과 스마트폰으로 무엇을 해요?
• 여러분은 어떤 때 주로 인터넷과 스마트폰을 사용해요?

도입

1. 교재 그림을 이용하여 학생들과 이야기하며 이 과의 주제를 노출한다.

그림❶ 🎤 여러분은 인터넷과 스마트폰을 자주 사용해요? 여러분은 인터넷과 스마트폰으로 보통 무엇을 해요?

그림❷ 🎤 여러분은 길에서 스마트폰을 자주 사용해요? 이때 스마트폰으로 주로 뭘 해요?

그림❸ 🎤 이 사람은 지금 무엇을 하고 있어요? 인터넷과 스마트폰을 사용할 때 좋은 점과 나쁜 점은 뭐예요?

2. 대화 내용을 정리하며 이 단원에서는 '인터넷과 스마트폰 사용'에 대해 공부한다는 것을 알려 준다.

─ 이 단원을 지도할 때는… ─

이 단원과 관계있는 단원들은 아래와 같습니다. 관련 단원의 학습 내용을 확인하셔서 지도에 참고하시면 좋을 것 같습니다.

• 주제: 인터넷과 스마트폰
    – 3권 14과
• 문법: 통-으면서
    – 2권 11과

말하기 듣기, 발음 3차시	읽기 4차시	쓰기, 문화와 정보, 마무리 5차시
·인터넷과 스마트폰 사용의 문제점에 대해 말하기 ·개인 정보 관리에 대해 듣기	·스마트폰 사용의 장단점에 대해 읽기	·인터넷과 스마트폰 중독 문제와 예방 방안에 대해 쓰기 ·스마트폰과 편리한 애플리케이션
익힘책 p.71	익힘책 p.72	익힘책 p.73

- **검색하다:** 인터넷으로 필요한 정보를 검색해요.
- **동영상:** 얼마 전부터 인터넷으로 동영상 수업을 듣고 있어요.
- **전송하다:** 보고서를 이메일로 회사에 전송했어요.
- **단톡방:** 심심할 때마다 동호회에서 새로 알게 된 사람들과 단톡방에서 대화를 나눠요
- **댓글:** 그 연예인에 대한 기사가 인터넷에 올라오자마자 수많은 댓글이 달렸어요.
- **재생:** 요즘 유행하는 음악을 듣기 위해서 재생 버튼을 눌렀어요.

- **접속하다:** 이메일을 확인하려고 인터넷에 접속했어요.
- **입력하다:** 제 핸드폰을 사용하려면 먼저 비밀번호를 입력해야 해요.
- **동의하다:** 저는 생각이 달라 그 의견에 동의할 수 없어요.
- **복사하다:** 회의에 참석하는 사람 수만큼 서류를 복사해 놓았어요.
- **저장하다:** 중요한 자료는 컴퓨터에 잘 저장해야 해요.
- **공유하다:** 에스엔에스(SNS)를 통해서 정보를 공유하고 있어요.

1. 여러분은 어디에서 정보를 얻어요? 여러분이 자주 사용하는 것에 대해 이야기해 보세요.

2. 여러분은 인터넷에 접속해서 주로 무엇을 해요?

어휘 (인터넷과 스마트폰 사용)

1 도입, 제시

1. 정보를 어디서 얻는지 물으며 오늘의 어휘는 인터넷, 스마트폰 사용과 관련된 표현임을 알려 준다.

   🎤 여러분은 보통 정보를 어디에서 얻어요?
   인터넷, 에스엔에스(SNS), 스마트폰으로 무엇을 해요?

2. 교사를 따라 어휘를 소리 내어 한 번 읽는다. 이때 발음에 주의하게 한다.

3. 어휘의 의미를 설명한다. 어휘가 사용된 문장을 예로 제시하거나 의미를 풀어서 설명해 준다. 상황에 따라 유의어나 반의어 등을 추가로 설명할 수 있다.

4. 배운 어휘를 소리 내어 읽도록 한다. 이때 '-어요' 형태로 단어를 읽는 등 변화를 줄 수 있다.

2 연습

1. 배운 어휘를 사용하여 한 사람씩 문장을 만들어 보는 연습을 먼저 한다.

2. 연습한 문장을 이용하여 인터넷에 접속해서 무엇을 하는지 짝과 대화하도록 한다.

3. 학생들끼리 이야기한 것을 교사가 정리해 주며 같이 이야기한다.

   🎤 인터넷 포털 사이트로 무엇을 할 수 있어요?
   스마트폰으로 무엇을 할 수 있어요?
   에스엔에스(SNS)로 무엇을 할 수 있어요?
   동영상 재생 사이트로 무엇을 할 수 있어요?

4. 자신의 실제 경험을 이야기하는 활동으로 확장할 수 있다.

문법

⏰ 50분

1 동 형 -는다면서요?

다른 사람에게 들은 내용을 상대방에게 확인하듯이 물을 때 사용한다.

"#이사"

안젤라: 이링 씨, 이사했다면서요?
에스엔에스(SNS)에 올린 사진을 봤어요.
이 링: 네. 직장 때문에 그렇게 됐어요.

예문

• 가: 후엔 씨가 이번에 TOPIK 4급 시험에 합격했다면서요?
나: 네, 정말 열심히 공부했거든요.

• 우리 아파트 앞에 큰 마트가 생긴다면서요?

• 동생의 키가 엄청 크다면서요?

| -는다면서요? | • 먹다 → 먹는다면서요?
• 듣다 → 듣는다면서요? |
| -ㄴ다면서요? | • 가다 → 간다면서요?
• 기다리다 → 기다린다면서요?
*살다 → 산다면서요? |
| -다면서요? | • 비싸다 → 비싸다면서요?
• 끝났다 → 끝났다면서요? |

Tip '몡이다'는 '몡이라면서요?'를 사용한다.

1. 그림을 보고 **보기** 와 같이 친구와 이야기해 보세요.

잠시드 씨, 어제 친구들과
모임을 했다면서요?

보기

잠시드
"#어제 친구들과 모임"

1)
제이슨
"#밤 11시에 퇴근"

2)
안젤라
"#제주도 여행 중"

3)
박슬기
"#이번 주말에 아빠랑 놀이공원 약속"

2. 여러분이 들은 친구의 소식에 대해 '-는다면서요?'를 사용해 이야기해 보세요.

이링 씨, 휴가 때 고향에
간다면서요?

단어장
엄청

8과 정보화 사회 **99**

동 형 -는다면서요?

동사, 형용사 뒤에 붙어 다른 사람에게 들은 내용을 상대방에게 확인하듯이 물을 때 사용한다. '-는다면서요'의 문장은 의문문 형태로 끝난다.

• 가: 후엔 씨가 이번에 토픽(TOPIK) 4급 시험에 합격했다면서요?
나: 네, 정말 열심히 공부했거든요.

• 가: 베트남에는 여성의 날이 있다면서요?
나: 네. 여성의 날에는 보통 여성들에게 선물로 꽃을 줘요.

• 동생의 키가 엄청 크다면서요?

• 다음 달에 친구들과 여행을 간다면서요?

| -는다면서요?
(동사 받침 O) | 읽다 | → 읽는다면서요? |
| | 듣다 | → 듣는다면서요? |
| -ㄴ다면서요?
(동사 받침 X, ㄹ 받침) | 가다 | → 간다면서요? |
| | 기다리다 | → 기다린다면서요? |
| | *살다 | → 산다면서요? |
| -다면서요
(형용사 받침 O, X) | 작다 | → 작다면서요? |
	멀다	→ 멀다면서요?
	비싸다	→ 비싸다면서요?
	크다	→ 크다면서요?

문법 1 (동 형 -는다면서요?)

1 도입, 제시

1. 도입 그림과 대화를 통해 문법이 사용되는 상황을 인지시킨다.

🎤 두 사람은 무슨 이야기를 하고 있어요?
이링 씨에게 무슨 일이 있어요?
안젤라 씨는 이링 씨 소식을 어떻게 알았어요?

2. 교재의 대표 예문을 보면서 문법의 의미를 설명한다.

🎤 이야기 속의 안젤라 씨는 에스엔에스(SNS)를 보고 이링 씨가 이사한 것을 알았어요. 다른 곳이나 사람을 통해 알게 된 사실을 듣는 사람에게 확인하고 싶을 때 '-는다면서요?'를 사용해요.

3. 학생들과 교재의 예문들을 읽으면서 문법의 의미를 설명하고 이해시킨다.

4. 문법의 형태 정보를 제시하고 설명한다.

5. 추가 예문을 제시하고 문법의 의미와 사용법을 정확하게 이해시킨다.

2 연습 1

1. 〈보기〉의 대화를 교사와 함께 완성해 본다.

2. 나머지 문제를 〈보기〉의 대화처럼 짝과 완성하도록 한다.

3. 연습한 것을 발표하게 하거나 교사가 전체 학생 대상으로 답하게 하여 확인한다. 그리고 오류가 있으면 수정해 준다.

3 연습 2

1. '-는다면서요?'를 사용하여 주변 상황이나 사람들로부터 들은 친구의 소식에 대해 이야기해 보도록 한다.

2. 친구와 대화한 것을 발표하게 하고 오류가 있으면 수정해 준다.

익힘책 68~69쪽을 풀게 하거나 과제로 제시한다. 익힘책은 연습 활동 난이도에 따라 교재 연습 문제 전후로 활용한다.

◀ **동-을 겸 동-을 겸**

동사 뒤에 붙어 어떤 행동을 하는 목적이 두 가지 이상일 때 사용한다. 행동의 목적이 두 가지 이상이면 '-을 겸 -을 겸', 행동의 목적이 한 가지이면 '-을 겸'의 형태로 사용한다.

◀
- 가: 안젤라 씨는 시간이 나면 보통 뭘 해요?
  나: 저는 운동도 할 겸 스트레스도 풀 겸 자전거 타는 것을 좋아해요.

- 가: 어디 다녀오시는 길이세요?
  나: 장도 볼 겸 바람도 쐴 겸 시장에 갔다 오는 길이에요.

- 친구들과 맛있는 음식도 먹을 겸 이야기도 나눌 겸 맛집에 가기로 했어요.

- 영어도 배울 겸 경험도 쌓을 겸 해외 어학 연수를 가려고 해요.

-을 겸 (받침 O)	먹다	→ 먹을 겸
	읽다	→ 읽을 겸
	앉다	→ 앉을 겸
	*걷다	→ 걸을 겸
-ㄹ 겸 (받침 X, ㄹ 받침)	사다	→ 살 겸
	마시다	→ 마실 겸
	쓰다	→ 쓸 겸
	바꾸다	→ 바꿀 겸
	여행하다	→ 여행할 겸
	*놀다	→ 놀 겸

---

2 동-을 겸 동-을 겸 　　　어떤 행동을 하는 목적이 두 가지 이상일 때 사용한다.

정아라: 이링 씨, 뭘 검색하고 있어요?
이　링: 친구 결혼식에도 참석할 겸 부모님도 뵐 겸 고향에 다녀오려고 비행기표를 보고 있어요.

예문
- 가: 안젤라 씨는 시간이 나면 보통 뭘 해요?
  나: 저는 운동도 할 겸 스트레스도 풀 겸 자전거 타는 것 좋아해요.
- 친구들과 맛있는 음식도 먹을 겸 이야기도 나눌 겸 맛집 가기로 했어요.
- 주말에는 옷도 살 겸 친구도 만날 겸 해서 백화점에 가려고 한다.

-을 겸	먹다 → 먹을 겸 *걷다 → 걸을 겸
-ㄹ 겸	장을 보다 → 장을 볼 겸 찾아뵈다 → 찾아뵐 겸 *만들다 → 만들 겸

1. 보기 와 같이 친구와 이야기해 보세요.

날마다 공원에 간다면서요?

[보기]

네. 운동도 할 겸 강아지 산책도 시킬 겸 날마다 공원에 가요.

날마다 공원에 가다　　　　　　　　운동을 하다 / 강아지 산책을 시키다

1) 요즘 자격증 공부를 하고 있다
자격증을 따다 / 다양한 취업 정보를 얻다

2) 한국어 수업에 빠진 적이 없다
한국어를 배우다 / 고향 친구들과 편하게 수다도 떨다

3) 한국 드라마를 꾸준히 챙겨 보다
한국어를 배우다 / 한국 사람들의 사고방식을 배우다

2. 요즘 무엇을 해요? 그것을 하는 목적이 뭐예요? 친구들과 이야기해 보세요.

저는 요즘 한국 사람들을 자주 만나요. 한국어 연습도 할 겸 한국 친구도 사귈 겸 해서요.

저는 가족들에게 소식도 전할 겸 고향 친구들과 연락도 할 겸 에스엔에스(SNS)를 자주 해요.

단어장
자격증
따다
꾸준히
사고방식

100 사회통합프로그램(KIIP) 한국어와 한국문화 중급 2

문법 2 (동-을 겸 동-을 겸)

1 도입, 제시

1. 도입 그림과 대화를 통해 문법이 사용되는 상황을 인지시킨다.

🎙 한 여자가 인터넷을 하고 있어요. 비행기표를 사려고 해요.
어디에 가려고 비행기표를 사요?
고향에 가서 무엇 무엇을 할 거예요?

2. 교재의 대표 예문을 보면서 문법의 의미를 설명한다.

🎙 우리는 어떤 한 가지 일을 하면서 여러 가지 목적을 이루기도 해요.
그때 '-을 겸 -을 겸'을 사용해요.

3. 학생들과 교재의 예문들을 읽으면서 문법의 의미를 설명하고 이해시킨다.

4. 문법의 형태 정보를 제시하고 설명한다.

5. 추가 예문을 제시하고 문법의 의미와 사용법을 정확하게 이해시킨다.

2 연습 1

1. 〈보기〉의 대화를 교사와 함께 완성해 본다.

2. 나머지 문제를 〈보기〉의 대화처럼 짝과 완성하도록 한다.

3. 연습한 것을 발표하게 하거나 교사가 전체 학생 대상으로 답하게 하여 확인한다. 그리고 오류가 있으면 수정해 준다.

3 연습 2

1. '-을 겸 -을 겸'을 사용하여 일상생활 중 어떤 행동을 하면서 여러 가지 일들을 함께 끝낸 자신의 경험을 이야기하도록 한다.

2. 친구와 대화한 것을 발표하게 하고 오류가 있으면 수정해 준다.

익힘책 69-70쪽을 풀게 하거나 과제로 제시한다. 익힘책은 연습 활동 난이도에 따라 교재 연습 문제 전후로 활용한다.

라민 씨와 아나이스 씨가 인터넷의 문제점에 대해 이야기합니다. 다음과 같이 이야기해 보세요.

라　민: 아나이스 씨, 인터넷에서 개인 정보가 유출됐다면서요?

아나이스: 네, 저도 그 기사 봤어요. 자꾸 그런 일이 생겨서 걱정이에요.

라　민: 저는 인터넷에서 다양한 정보를 얻을 수 있어서 좋다고 생각했는데 요즘 이런 일들을 보면 인터넷 뱅킹과 인터넷 쇼핑을 계속해도 될지 걱정이에요.

아나이스: 그래서 인터넷을 할 때는 비밀번호도 조금 복잡하게 만들고 자주 바꿀 필요가 있는 것 같아요.

라　민: 사람들이 편리하게 사용하는 인터넷이 이렇게 악용되는 걸 보니까 너무 안타까워요.

아나이스: 인터넷은 잘 사용하면 유익하지만 좋은 영향만 주는 것은 아닌 것 같아요. 그러니까 인터넷을 이용하는 우리가 조심할 수밖에 없어요.

4-8 EBOOK

1) 개인 정보가 유출되다 | 비밀번호를 조금 복잡하게 만들고 자주 바꾸다

2) 가짜 뉴스가 넘쳐나다 | 어떤 정보가 맞는지 틀리는지 잘 판단하다

다음 기사들을 보면서 인터넷과 스마트폰 사용의 문제점에 대해 의견을 말해 보세요.

단어장
악용되다
판단하다

- **유출되다**: 비밀 정보가 밖으로 유출되었어요.

- **악용되다**: 우리를 편리하게 해 주는 과학 기술이 때로는 악용되기도 해요.

- **판단하다**: 뉴스를 볼 때 진짜 뉴스인지 가짜 뉴스인지 잘 판단하는 것은 중요해요.

- **심각하다**: 한국은 최근 출생률이 줄어들어 심각한 문제가 되고 있어요.

발음

- **유출됐다면서요?**[유출돼따면서요]
- **인터넷에서**[인터네세서]
- **쇼핑**: 구어에서는 [쑈핑]과 같이 발음할 수 있어요.
- **복잡하게**[복짜파게]

4-8 EBOOK

8과 정보화 사회　**101**

인터넷과 스마트폰 사용의 문제점에 대해 말하기

1 대화문 연습

1. 교재의 그림을 이용해 어떤 상황인지 추측해 보도록 한다.

🎤 여기는 어디이고, 사람들은 무엇을 하고 있어요?
인터넷을 사용할 때 좋은 점은 무엇이에요?
인터넷을 사용할 때 나쁜 점에는 뭐가 있을까요?

2. 지시문을 이용하여 대화 상황을 학생들에게 명확하게 알려 준다.

3. 대화를 들려주고 간단한 질문을 하여 대화 내용을 이해했는지 확인한다.

🎤 인터넷을 사용할 때 어떤 문제가 생길 수 있을까요?
개인 정보를 잘 관리하기 위해서 무엇을 해야 할까요?
스마트폰을 사용할 때 어떤 문제가 생길 수 있을까요?
그 해결 방법에는 뭐가 있을까요?

4. 교사와 함께 대화문을 읽으면서 자연스럽게 말하는 연습을 한다. 두 번 정도 반복해서 연습한다.

5. 교체 어휘를 활용하여 짝과 함께 연습하게 한다.

6. 연습이 끝나면 한두 팀을 발표시키거나 교사가 전체 학생을 대상으로 확인한다.

2 확장 연습

1. 인터넷과 스마트폰을 사용하면서 겪었던 문제를 중심으로 자신의 경험에 대해 말하기를 한다고 알려 준다.

2. 짝과 자신의 경험에 대해 이야기할 때는 다음과 같은 내용을 포함하여 말하도록 지시한다.

🎤 인터넷을 사용할 때 어떤 문제가 있었어요?
스마트폰을 사용할 때 어떤 문제가 있었어요?
그리고 그 문제들을 어떻게 해결했어요?

3. 이야기가 끝나면 한두 팀을 발표시키거나 교사가 전체 학생을 대상으로 확인하고 오류를 수정해 준다.

8-L.mp3

제이슨(남): 애나 씨, 어제 뉴스를 보니까 은행 고객들의 개인 정보가 유출됐다면서요?

애 나(여): 네, 저도 그 뉴스 봤어요. 저도 그 은행에 계좌가 있는데 걱정이에요.

제이슨(남): 저도 마찬가지예요. 통장 번호, 연락처, 주소 등이 모두 유출됐다고 하는데 어떡하면 좋을까요?

애 나(여): 은행에서 곧 입장 발표를 할 것 같아요. 그런데 도대체 누가 그런 짓을 했을까요?

제이슨(남): 보통 해커 같은 사람들이 개인 정보를 유출해서 돈을 번다고 해요.

애 나(여): 요즘은 인터넷 덕분에 생활이 너무 편리한 대신에 이렇게 개인 정보가 유출될 가능성이 있어서 너무 불안해요.

제이슨(남): 맞아요. 인터넷 쇼핑몰에 개인 정보만 입력해도 스팸 문자가 계속 오고 광고 전화도 계속 와서 너무 귀찮잖아요. 개인 정보를 입력할 때도 진짜 조심해야 될 것 같아요.

---

1. 여러분은 다음과 같은 기사를 본 적이 있습니까?

인터넷 은행, 개인 정보 유출	운전 중 스마트폰 사용, 교통사고 증가
스마트폰 사용 시간 증가, 중독 문제 심각	악성 댓글에 고통받는 연예인

이 기사는 어떤 내용 것 같아요?

왜 이런 일이 생긴 것 같아요?

2. 제이슨 씨와 애나 씨가 이야기합니다. 잘 듣고 질문에 답해 보세요.

8-L.mp3

1) 두 사람은 무엇에 대한 이야기를 합니까?
   ❶ 악성 댓글　　❷ 인터넷 중독
   ❸ 개인 정보 관리　　❹ 운전 중 스마트폰 사용 문제

2) 들은 내용을 완성해 보세요.

   어제 뉴스에서 은행 고객들의 **통장 번호**, **연락처**, **주소** 등이 유출되었다는 기사가 나왔다.

3) 들은 내용과 같으면 ○, 다르면 X 하세요.
   ❶ 애나 씨는 은행에서 통장을 만들지 않았다. (X)
   ❷ 해커들은 개인 정보를 유출해서 돈을 벌 수 있다. (○)
   ❸ 인터넷 쇼핑몰의 개인 정보를 이용해 스팸 문자가 온다. (○)

   단어장
   입장
   해커

발음

$\boxed{ㄴ}$ + $\boxed{ㄹ}$ ➡ $\boxed{[ㄹ]}$ + $\boxed{ㄹ}$

다음을 듣고 따라 읽으세요.

편리[펼리]
연락처[열락처]
관련성[괄련썽]

1) 생활이 편리한 대신에 개인 정보가 유출될 가능성이 있어서 불안하다.
2) 연락처 좀 가르쳐 주시겠어요?
3) 그 나라의 언어는 문화와 깊은 관련성을 가지고 있다.

개인 정보 관리에 대해 듣기

1. 지시문에 대해 답하며 앞으로 들을 내용을 추측하게 한다.
   🎤 이 신문 기사들은 무엇에 대한 기사예요?
      왜 이런 일들이 생긴다고 생각해요?

2. 지시문을 이용하여 등장인물과 대화 상황을 설명한다.
   🎤 누구와 누가 이야기해요?
      두 사람은 무슨 이야기를 하고 있어요?

3. 문제를 읽고 들어야 하는 정보를 파악하게 한다.
   🎤 여러분은 인터넷이나 스마트폰을 사용할 때, 악성 댓글, 개인 정보 유출, 스마트폰 사용으로 인한 운전 중 교통사고, 인터넷 중독 중에서 어느 문제가 가장 심각하다고 생각해요?

4. 듣기 파일을 두 번 듣고 문제를 풀게 한다.

5. 교재 질문의 답을 확인한 후 해당 대화를 같이 읽으며 내용을 확인한다. 필요한 경우 새로운 어휘, 표현을 설명한다.

발음

8-P.mp3

1. '편리, 연락처, 관련성'의 발음을 들려주고 'ㄴ'의 발음이 어떻게 들리는지 학습자 스스로 확인해 보도록 한다.

2. 'ㄴ'은 'ㄹ'의 앞이나 뒤에서 [ㄹ]로 바뀐다는 것을 알려 준다.

3. '편리, 연락처, 관련성'의 발음을 다시 듣고 교사를 따라 말해 본다.

4. 1)~3)의 문장을 듣고 교사를 따라 말하게 한다.

5. 짝과 함께 대화를 읽으며 연습하게 한 후에 확인한다.

- **유음화**
  'ㄴ'은 'ㄹ'의 앞이나 뒤에서 [ㄹ]로 바뀐다.

1. 다음은 스마트폰 중독 진단 테스트입니다. 자신에게 해당되는 것에 ✓ 해 보세요.

스마트폰 중독 진단 테스트

① 스마트폰이 없으면 손이 떨리고 불안하다. ☐
② 스마트폰을 잃어버리면 친구를 잃어버린 느낌이다. ☐
③ 스마트폰을 하루에 2시간 이상 사용한다. ☐
④ 스마트에 설치한 앱이 30개 이상이고 대부분 사용하고 있다. ☐
⑤ 화장실에 갈 때 스마트폰을 가져간다. ☐
⑥ 스마트폰 키패드가 컴퓨터 키패드와 같다. ☐
⑦ 스마트폰으로 글자를 치는 속도가 손으로 글자를 쓰는 것보다 빠르다. ☐
⑧ 식사 중 스마트폰이 울리면 바로 달려간다. ☐
⑨ 스마트폰을 보물 1호라고 생각한다. ☐
⑩ 스마트폰으로 쇼핑을 한 것이 두 번 이상이다. ☐

😊 1~2개, 아직 괜찮아요　　😟 3~4개, 조금 위험해요
😣 5~7개, 중독이 의심돼요　　😫 8개 이상, 중독이에요

2. 다음은 인터넷과 스마트폰으로 인해 나타나는 다양한 문제점입니다. 이러한 문제가 나타나는 원인으로 맞는 것을 연결해 보세요.

시력이 저하되다
인터넷을 사용할 수 없으면 무기력해지다
기억력이 떨어지다
스마트폰 중독에 빠지다
개인 정보가 유출되다
가짜 뉴스가 많아지다
악성 댓글(악플)을 달다
거북목 증후군에 시달리다

의존성
익명성
장시간 사용
해킹

8과 정보화 사회　103

• **저하되다**: 운동 부족으로 체력이 저하된 것 같아요.
• **무기력해지다**: 그 사람은 인생에서 여러 번의 실패를 경험한 후 무기력해졌어요.
• **기억력**: 나이를 먹으니까 기억력이 나빠져서 자꾸 깜박하고 잊어버려요.
• **거북목**: 오랜 시간 동안 목을 빼고 컴퓨터를 보면서 일하면 거북목이 될 수 있으니까 중간에 스트레칭을 해 줘야 해요.
• **증후군**: 최근에 새 아파트로 이사했더니 피부도 가렵고, 목도 아픈 것이 새집 증후군이 생긴 것 같아요.
• **의존성**: 어릴 때부터 부모로부터 너무 많은 보호를 받은 아이는 나중에 부모에 대한 의존성이 강해져요.
• **익명성**: 인터넷에서는 익명성 뒤에 숨어서 악성 댓글을 다는 사람들이 많아요.

스마트폰 사용의 문제

1. 인터넷과 스마트폰 사용의 부작용은 무엇인지 생각하게 한다.

🎤 인터넷을 사용할 때 어떤 문제점이 생길 수 있을까요?
　　스마트폰을 사용할 때 어떤 문제점이 생길 수 있을까요?

2. 스마트폰 중독 진단 테스트를 읽고 스마트폰 중독 증상을 파악할 수 있게 한다.

3. 인터넷과 스마트폰 사용의 문제점에 대한 문제를 풀고 의미를 파악할 수 있게 한다.

4. 질문을 하여 내용을 잘 이해했는지 확인한다.

🎤 인터넷과 스마트폰에 많이 의존하면 어떤 문제가 생길까요?
　　인터넷과 스마트폰 사용에서 익명성 때문에 어떤 문제가 생길까요?
　　인터넷과 스마트폰을 장시간 사용하면 어떤 문제가 생길까요?
　　인터넷과 스마트폰이 해킹되면 어떤 문제가 생길까요?

5. 인터넷과 스마트폰 사용의 문제점과 그 해결 방법을 이야기하게 한다.

🎤 인터넷과 스마트폰을 사용할 때 어떤 문제가 생길까요?
　　그리고 어떻게 하면 해결할 수 있을까요?

3. 다음은 스마트폰 사용에 대한 글입니다. 잘 읽고 질문에 답해 보세요.

스마트폰은 손안에 있는 컴퓨터와 같다. 스마트폰 하나만 있으면 사진 촬영, 동영상 촬영, 음악 듣기까지 모두 가능하다. 텔레비전(TV)과 라디오 시청, 게임하기, 인터넷 사용 등 못할 것이 없다. 유럽에 있는 친구와 영상 통화를 하면서 안부를 물을 수 있고 사진을 즉시 전송할 수도 있다. 직장에서는 연락도 할 겸 서로 의견도 교환할 겸 단체 카톡방을 만들기도 한다. 이메일 주고받기는 기본이고 영화 보기도 쉽게 할 수 있다. 스마트폰을 통해 인터넷 뱅킹도 가능하기 때문에 손쉽게 은행 일을 보기도 한다.

그러나 스마트폰으로 대부분의 일을 해결할 수 있지만 잘 관리하지 않으면 여러 문제점이 발생한다. 먼저 스마트폰의 지나친 사용으로 중독에 빠질 수 있다. 스마트폰이 없을 때 불안해서 일이나 공부에 집중할 수 없으면 중독이다. 스마트폰으로만 대화를 하기 때문에 이웃뿐만 아니라 가족과도 대화가 단절될 수밖에 없다. 스마트폰을 분실하거나 해킹을 당하면 개인 정보 유출이라는 심각한 문제가 생긴다. 사진이나 동영상 등의 사생활이 노출되어 나쁜 영향을 끼칠 수도 있다. 아무리 유용한 것도 관리가 소홀하면 피해가 생길 수밖에 없다.

1) 윗글의 제목으로 가장 알맞은 것을 고르세요.
❶ 스마트폰으로 하는 일 　　　　　❷ 스마트폰 사용의 문제점
❸ 스마트폰 사용의 장단점 　　　　❹ 스마트폰으로 인한 피해

2) 스마트폰의 장점이 무엇인지 내용을 완성해 보세요.

스마트폰으로 사진을 찍을 수 있고, ① **동영상도 촬영할 수 있고**, 음악도 들을 수 있다. 텔레비전(TV) 시청과 게임은 물론이고 단체 카톡방에서 직장 동료와 의견을 나눌 수도 있다. 게다가 인터넷 뱅킹으로 ② **은행 일을 보기도 한다.**

3) 윗글의 내용과 같으면 ○, 다르면 X 하세요.
❶ 최근 스마트폰으로 영상 통화를 하는 사람이 급증했다. 　(X)
❷ 사람들은 은행에 가는 것보다 스마트폰 뱅킹을 선호한다. (X)
❸ 개인 정보 유출 문제는 사용하는 사람에게 원인이 있다. 　(X)

단어장	
손쉽다	노출되다
지나치다	유용하다
단절되다	소홀하다
사생활	

- **손쉽다:** 어떤 일을 하기가 매우 쉽다는 뜻이에요.
- **지나치다:** 제 친구는 지나치게 솔직한 편이어서 친구의 말로 주변 사람들이 상처받을 때가 있어요.
- **단절되다:** 핸드폰 사용으로 인해 가족 간의 대화가 단절되었어요.
- **사생활:** 기숙사에서 여러 사람들이 같이 생활하니까 사생활을 보호받기 어려워요.
- **노출되다:** 햇볕에 오랜 시간 동안 노출되면 피부 건강에 나빠요.
- **유용하다:** 이 가방은 크지만 가벼워서 여행 다닐 때 유용해요.
- **소홀하다:** 요즘 일 때문에 너무 바쁜 나머지 주변 사람들과의 관계에 소홀했어요.

스마트폰 사용의 장단점에 대해 읽기

1. 스마트폰을 어떨 때 자주 사용하는지 간략하게 이야기하고 스마트폰 사용의 장단점에 대한 글을 읽게 한다.

🎤 여러분은 어떨 때 스마트폰을 자주 사용하세요?
스마트폰을 사용할 때 좋은 점과 나쁜 점은 뭐라고 생각해요?

2. 글을 훑어 읽게 한 후 주제, 중심 내용 등을 간단히 말해 보도록 한다.

🎤 스마트폰으로 할 수 있는 일에는 뭐가 있어요?
스마트폰을 사용할 때 생길 수 있는 문제점은 뭐라고 생각해요?

3. 글을 다시 읽으면서 문제를 풀게 한다.

4. 답을 같이 확인한 후, 본문을 다시 읽으며 모르는 어휘가 없는지 확인한다. 필요한 경우 새로운 어휘, 표현을 설명한다.

1. 현대인들이 인터넷과 스마트폰에 얼마나 의존한다고 생각합니까? 심각해지고 있는 인터넷과 스마트폰 중독과 바람직한 사용 방법에 대해 메모해 보세요.

심각한 스마트폰 의존성	
바람직한 사용 방법	- - -

2. 현대인의 지나친 인터넷과 스마트폰 의존과 바람직한 사용 방안에 대한 글을 써 보세요.

인터넷과 스마트폰 중독 문제와 예방 방안에 대해 쓰기

1. 어떤 글을 쓸지 알려 주고 글에 들어갈 내용을 생각해 보게 한다.

🎤 현대인들은 인터넷과 스마트폰에 얼마나 많이 의존한다고 생각해요?
인터넷과 스마트폰을 건강하게 사용하려면 어떤 방법이 있을까요?

2. 교재 지문에 대해 자신이 쓸 내용을 간단하게 메모하도록 한다.
교사는 학생들이 쓴 메모에 오류가 없는지 확인해 준다.

3. 메모한 내용을 바탕으로 글로 완성하게 한다.

스마트폰과 애플리케이션

요즘은 언제, 어디서나 인터넷을 이용할 수 있다. 스마트폰은 손안의 컴퓨터라고 불릴 정도로 다양한 기능을 가지고 있다. 사람들은 그러한 스마트폰에 다양한 애플리케이션을 설치해서 많은 일들을 한다.

스마트폰에서 가장 많이 사용되는 애플리케이션은 카카오톡, 위챗, 라인, 밴드 같은 채팅 앱이다. 전화를 하거나 이메일을 보내는 대신에 간단하게 안부를 전할 수 있고, 여러 명이 동시에 대화가 가능하기 때문이다. 게다가 사진이나 동영상을 전송하는 것도 가능하다.

사진, 동영상과 관련된 다른 애플리케이션으로는 페이스북, 트위터, 인스타그램이 있다. 이것들은 채팅 앱과는 다르게 주로 사진이나 동영상을 올려서 공유한다.

또 다른 애플리케이션은 유튜브, 넥플릭스 같은 동영상 재생 사이트를 이용할 수 있는 것들이다. 예전에는 드라마나 영화를 보려면 인터넷 사이트에 가입해서 돈을 내고 다운로드하는 경우가 많았다. 하지만 지금은 유튜브에서 수많은 동영상을 볼 수 있다.

> 1) 채팅 애플리케이션은 무엇입니까?
> 2) 스마트폰으로 동영상을 보고 싶을 땐 어떤 애플리케이션을 사용합니까?
> 3) 여러분이 스마트폰으로 주로 이용하는 애플리케이션이 무엇인지 이야기해 보세요.

스마트폰과 애플리케이션

1. 이 단원의 문화와 정보가 무엇에 대한 것인지 알려 준다.

   🎤 스마트폰을 잘 이용하려면 다양한 애플리케이션이 필요하지요?
   스마트폰에는 어떤 애플리케이션이 있는지 알아봅시다.

2. 교재의 그림(사진)을 보면서 주제에 대해 알고 있는 것을 상기시키고 말해 보게 한다. 이때 관련 시각 자료를 추가로 활용할 수 있다.

   🎤 여러분 스마트폰에는 어떤 애플리케이션이 있어요?
   여러분은 그중에서 어느 애플리케이션을 자주 사용해요?

3. 교재를 같이 읽으면서 내용을 설명한다. 이때 중요한 정보가 있는 부분에 밑줄을 긋거나 표시하게 하는 것도 좋다.

4. 질문 1), 2)의 답을 찾아보고 답하게 한다.

   🎤 채팅 애플리케이션은 무엇입니까?
   스마트폰으로 동영상을 보고 싶을 땐 어떤 애플리케이션을 사용합니까?

5. 질문 3)을 이용하여 학습자 자신의 경험을 말해 보도록 한다.

   🎤 여러분이 스마트폰으로 주로 이용하는 애플리케이션은 무엇인지 소개해 보세요.

배운 어휘 확인

- □ 전송하다
- □ 댓글
- □ 접속하다
- □ 입력하다
- □ 동의하다
- □ 엄청
- □ 자격증
- □ 따다
- □ 꾸준히
- □ 사고방식
- □ 악용되다
- □ 판단하다
- □ 입장
- □ 해커
- □ 진단
- □ 해당되다

- □ 키패드
- □ 저하되다
- □ 무기력하다
- □ 거북목 증후군
- □ 시달리다
- □ 의존성
- □ 익명성
- □ 해킹
- □ 손쉽다
- □ 지나치다
- □ 단절되다
- □ 사생활
- □ 노출되다
- □ 유용하다
- □ 소홀하다

8과 정보화 사회 **107**

- 이 단원에서 배운 어휘 중 기억나는 것을 말해 보세요.
- 이 단원에서 배운 문법은 뭐예요? 어떻게 사용해요?
- 인터넷과 스마트폰의 편리한 점과 문제점은 무엇이라고 생각해요?
- 스마트폰 중독을 예방하려면 어떻게 해야 해요?
- 편리한 스마트폰 애플리케이션에는 뭐가 있어요?

마무리

1. 단원에서 학습한 어휘 중 기억하는 것을 먼저 말해 보게 한다.

2. 배운 어휘 목록의 어휘들을 읽으면서 의미를 상기시킨다.

3. 단원에서 학습한 문법(통형-는다면서요?, 통-을 겸 통-을 겸)을 상기시키며 의미와 사용법을 기억하는지 확인한다.

4. 단원의 목표와 성취도를 확인한다.

5. 익힘책을 과제로 제시하고 마무리한다.

9 사건과 사고

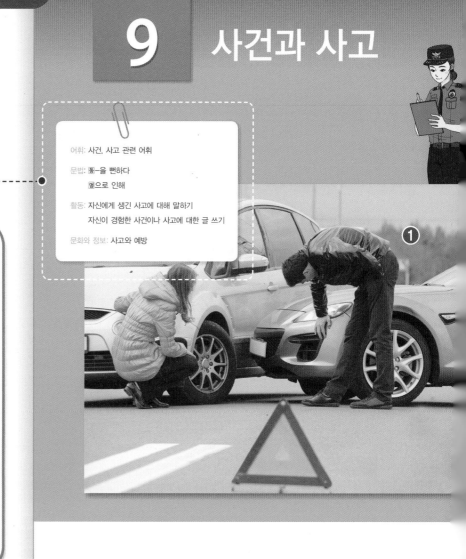

어휘: 사건, 사고 관련 어휘

문법: 동-을 뻔하다
　　　명으로 인해

활동: 자신에게 생긴 사고에 대해 말하기
　　　자신이 경험한 사건이나 사고에 대한 글 쓰기

문화와 정보: 사고와 예방

수업 목표 및 내용

• **주제:** 사건과 사고

• **어휘와 문법**
　– 어휘: 사건과 사고 관련 어휘를 익힌다.
　– 문법: '동-을 뻔하다', '명으로 인해'의 의미와
　　　형태를 익혀 사용할 수 있다.

• **활동**
　– 말하기: 자신에게 생긴 사고에 대해 말할 수
　　　있다.
　– 듣기: 친구의 교통사고 소식에 대한 대화를
　　　듣고 이해할 수 있다.
　– 읽기: 사건에 대한 기사를 읽고 이해할 수 있다.
　– 쓰기: 사건이나 사고 경험에 대해 글을 쓸 수
　　　있다.

• **문화와 정보:** 사고와 예방

수업 전개

도입, 어휘 **1차시**

·사고 관련 어휘
·사고의 결과

익힘책 pp.74-75

문법 **2차시**

·동-을 뻔하다
·명으로 인해

익힘책 pp.76-78

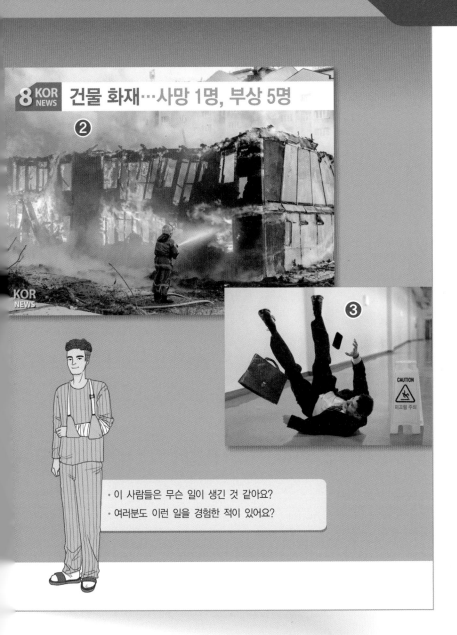

8 KOR NEWS 건물 화재⋯사망 1명, 부상 5명

❷

KOR NEWS

❸

CAUTION
미끄럼 주의

· 이 사람들은 무슨 일이 생긴 것 같아요?
· 여러분도 이런 일을 경험한 적이 있어요?

도입

1. 교재 그림을 이용하여 학생들과 이야기하며 이 과의 주제를 노출한다.

그림❶ 🎤 이 사람들에게 무슨 일이 생긴 것 같아요?
그래서 어떻게 하고 있어요?
여러분은 이런 일을 경험하거나 본 적이 있어요?

그림❷ 🎤 건물에 무슨 일이 생겼어요?
그 결과 어떻게 됐어요?
여러분은 이런 일을 경험하거나 본 적이 있어요?

그림❸ 🎤 이 사람에게 무슨 일이 생겼어요?
이 사람은 왜 이렇게 됐을까요?
여러분은 이런 일을 경험하거나 본 적이 있어요?

2. 대화 내용을 정리하며 이 단원에서는 '사고의 원인과 결과, 사건의 발생' 등에 대해 공부한다는 것을 알려 준다.

━ 이 단원을 지도할 때는⋯ ━

이 단원과 관계있는 단원들은 아래와 같습니다. 관련 단원의 학습 내용을 확인하셔서 지도에 참고하시면 좋을 것 같습니다.

· 주제: 고장과 수리
  – 3권 9과
· 문법: 동형 -기 때문에
  – 2권 10과

말하기 듣기, 발음 3차시	읽기 4차시	쓰기, 문화와 정보, 마무리 5차시
·자신에게 생긴 사고에 대해 말하기 ·친구의 사고 소식에 대해 듣기	·사회에서 발생한 사건에 대해 읽기	·자신이 경험한 사건이나 사고에 대해 쓰기 ·사고와 예방
익힘책 p.79	익힘책 p.80	익힘책 p.81

- **넘어지다:** 길을 걷다가 돌에 걸려 넘어졌어요.
- **미끄러지다:** 욕실 바닥에 있는 물을 밟고 미끄러졌어요.
- **물에 빠지다:** 수심이 깊은 바다에서 놀다가 물에 빠졌어요.
- **물건에 맞다:** 선반에서 떨어진 물건에 맞아 부상을 당했어요.
- **차에 치이다:** 핸드폰을 보면서 걸어가다가 차에 치였어요.
- **베이다:** 요리하다가 손가락을 칼에 베였어요.
- **데다:** 뜨거운 물에 팔을 데었어요.

- **이마가 찢어지다:** 길을 가다가 높은 건물에서 떨어진 물건에 맞아 이마가 찢어졌어요.
- **발목이 삐다:** 달리기를 하다가 발목이 삐었어요.
- **깁스를 하다:** 팔이 부러져서 깁스를 했어요.
- **목발을 짚다:** 다리를 심하게 다쳐서 목발을 짚어야 해요.
- **꿰매다:** 공장에서 일하다가 부상을 당해서 손가락을 꿰맸어요.

---

1. 이 사람들에게 무슨 일이 생겼어요? 왜 그렇게 됐어요?

넘어지다 / 미끄러지다 / 물에 빠지다 / 떨어지다

물건에 맞다 / 차에 치이다 / 베이다 / 데다

2. 사고가 났을 때 어떻게 했어요? 관계있는 것끼리 연결하고 이야기해 보세요.

1) 뼈가 부러지다　2) 이마가 찢어지다　3) 발목이 삐다　4) 손을 데다

치료를 받다 / 깁스를 하다 / 목발을 짚다 / 꿰매다

122　사회통합프로그램(KIIP) 한국어와 한국문화 중급 2

어휘 (사고 관련 표현)

1 도입, 제시

1. 사고를 당한 적이 있는지를 물으며 오늘의 어휘는 사고와 관련된 증상에 대해 말할 때 사용하는 표현임을 알려 준다.

　🎤 이 사람들에게 무슨 일이 생겼어요? 왜 그렇게 됐어요?
　　사고가 났을 때 어떻게 해요?

2. 교사를 따라 어휘를 소리 내어 한 번 읽는다. 이때 발음에 주의하게 한다.

3. 어휘의 의미를 설명한다. 어휘가 사용된 문장을 예로 제시하거나 의미를 풀어서 설명해 준다. 상황에 따라 유의어나 반의어 등을 추가로 설명할 수 있다.

4. 배운 어휘를 소리 내어 읽도록 한다. 이때 '-어요' 형태로 단어를 읽는 등 변화를 줄 수 있다.

2 연습

1. 배운 어휘를 사용하여 한 사람씩 문장을 만들어 보게 한다.

2. 연습한 문장을 이용하여 사고가 났을 때의 처방에 대해 짝과 대화하도록 한다.

3. 학생들끼리 이야기한 것을 교사가 정리해 주며 같이 이야기한다.

　🎤 어디를 다쳤어요?
　　그래서 어떻게 했어요?

4. 자신의 실제 경험을 이야기하는 활동으로 확장할 수 있다.

1 동-을 뻔하다

그 일이 일어나지 않았지만 거의 일어날 것 같은 상황까지 갔음을 나타낸다.

예문
- 가: 5분만 늦었어도 비행기를 못 탈 뻔했어요.
- 나: 정말 다행이에요.
- 회사 기계를 만지다가 크게 다칠 뻔했어요.
- 큰불이 날 뻔했는데 소화기가 있어서 다행이었다.

가: 밖에 눈이 와서 길이 많이 미끄럽지요?
나: 네, 너무 미끄러워서 저도 넘어질 뻔했어요.

-을 뻔하다	죽다 → 죽을 뻔하다
	속다 → 속을 뻔하다
-ㄹ 뻔하다	사고가 나다 → 사고가 날 뻔하다
	다치다 → 다칠 뻔하다
	*울다 → 울 뻔하다

1. 그림을 보고 **보기**와 같이 친구와 이야기해 보세요.

보기
휴, 안 넘어지고 잘 내려왔네.
무슨 일이 있었어요?
길이 너무 미끄러워서 넘어질 뻔했어요.

1) 휴, 여기 박스가 있어서 다행이네.
2) 휴! 지는 줄 알았네. 끼익!
3) 휴, 안 맞았어.

2. 여러분은 지금까지 살면서 '큰일 날 뻔한 적'이 있습니까? 친구들과 이야기해 보세요.

- 다칠 뻔한 적
- 차에 치일 뻔한 적

저는 지난겨울에 집 앞 길에서 미끄러져서 머리를 다칠 뻔했어요.

단어장
만지다

9과 사건과 사고 **123**

동-을 뻔하다

그 일이 일어나지 않았지만 거의 일어날 것 같은 상황까지 갔음을 표현할 때 사용한다. 받침이 있는 동사 뒤에 올 때는 '-을 뻔하다', 받침이 없는 동사 뒤에 올 때는 '-ㄹ 뻔하다'의 형태가 붙는다. '-을 뻔하다'는 항상 '-을 뻔했다'와 같이 과거형으로 사용한다.

- 가: 저 차 속도가 너무 빠른 것 같지 않아요?
  나: 맞아요. 조금 전에도 사고가 <u>날 뻔했어요</u>.
- 가: 약속 시간에 늦지 않았어요?
  나: 네, 택시를 타지 않았으면 <u>늦을 뻔했어요</u>.
- 채소를 썰다가 손을 <u>다칠 뻔했다</u>.
- 커피를 들고 뛰어오다가 다 <u>쏟을 뻔했다</u>.

-을 뻔하다 (받침 O)	죽다 → 죽을 뻔하다
	속다 → 속을 뻔하다
	찾다 → 찾을 뻔하다
	먹다 → 먹을 뻔하다
	*듣다 → 들을 뻔하다
-ㄹ 뻔하다 (받침 X, ㄹ 받침)	가다 → 갈 뻔하다
	쓰다 → 쓸 뻔하다
	다치다 → 다칠 뻔하다
	운동하다 → 운동할 뻔하다
	*울다 → 울 뻔하다

문법 1 (동-을 뻔하다)

1 도입, 제시

1. 도입 그림과 대화를 통해 문법이 사용되는 상황을 인지시킨다.

🎤 눈이 많이 왔어요.
길이 어떨까요?
여자는 넘어졌어요?

2. 교재의 대표 예문을 보면서 문법의 의미를 설명한다.

🎤 두 사람은 지금 길을 걷고 있어요. 그런데 눈 때문에 길이 미끄러워서 걷기가 힘들어요. 걷다가 거의 넘어질 것 같았지만 다행히 넘어지지 않았어요. 이렇게 어떤 일이 거의 일어날 것 같은 상황까지 갔지만 실제로는 일어나지 않았다는 것을 말하고 싶을 때 '-을 뻔하다'를 사용해요.

3. 학생들과 교재의 예문들을 읽으면서 문법의 의미를 설명하고 이해시킨다.

4. 문법의 형태 정보를 제시하고 설명한다.

5. 추가 예문을 제시하고 문법의 의미와 사용법을 정확하게 이해시킨다.

2 연습 1

1. 〈보기〉의 대화를 교사와 함께 완성해 본다.

2. 나머지 문제를 〈보기〉의 대화처럼 짝과 완성하도록 한다.

3. 연습한 것을 발표하게 하거나 교사가 전체 학생 대상으로 답하게 하여 확인한다. 그리고 오류가 있으면 수정해 준다.

3 연습 2

1. '-을 뻔하다'를 사용하여 다칠 뻔한 일, 차에 치일 뻔한 일 등에 대해 친구와 이야기하도록 한다.

2. 연습한 것을 발표하게 하고 오류가 있으면 수정해 준다.

익힘책 76-77쪽을 풀게 하거나 과제로 제시한다. 익힘책은 연습 활동 난이도에 따라 교재 연습 문제 전후로 활용한다.

▸ **명으로 인해**

격식적인 상황에서 뒤에 나오는 일의 원인을 나타낼 때 사용한다.
받침이 있는 명사 뒤에 올 때는 '으로 인해', 받침이 없는 명사 뒤에
올 때는 '로 인해'의 형태로 사용한다.

▸
- 가: 엘리베이터가 아직도 수리 중이에요?
  나: 네. 수리로 인해 10시까지 이용할 수 없대요.

- 가: 요즘 운동 부족으로 인해 성인병에 걸리는 사람이
  많대요.

  나: 맞아요. 규칙적으로 운동하는 습관을 기르는 것이
  좋아요.

- 짙은 안개로 인해 비행기 출발이 지연되었다.

- 지하철 고장으로 인해 많은 시민들이 불편을 겪고 있다.

으로 인해 (받침 O)	고장 → 고장으로 인해 사용 → 사용으로 인해 지연 → 지연으로 인해 사건 → 사건으로 인해 부족 → 부족으로 인해
로 인해 (받침 X, ㄹ 받침)	공사 → 공사로 인해 안개 → 안개로 인해 증가 → 증가로 인해 사고 → 사고로 인해 출발 → 출발로 인해

문법 2 (명으로 인해)

1 도입, 제시

1. 도입 그림과 대화를 통해 문법이 사용되는 상황을 인지시킨다.

   🎤 엘리베이터를 타려고 해요.
   지금 엘리베이터를 탈 수 있어요?
   왜 탈 수 없어요?

2. 교재의 대표 예문을 보면서 문법의 의미를 설명한다.

   🎤 엘리베이터를 타려고 했는데 수리 중이에요. 그래서 10시까지 운행되지
   않아요. 이렇게 뒤에 나오는 일의 원인을 표현하고 싶을 때 '으로 인해'를
   사용해요.

3. 학생들과 교재의 예문들을 읽으면서 문법의 의미를 설명하고
   이해시킨다.

4. 문법의 형태 정보를 제시하고 설명한다.

5. 추가 예문을 제시하고 문법의 의미와 사용법을 정확하게 이해시킨다.

2 연습 1

1. 〈보기〉의 대화를 교사와 함께 완성해 본다.

2. 나머지 문제를 〈보기〉의 대화처럼 짝과 완성하도록 한다.

3. 연습한 것을 발표하게 하거나 교사가 전체 학생 대상으로 답하게 하여
   확인한다. 그리고 오류가 있으면 수정해 준다.

3 연습 2

1. '으로 인해'를 사용하여 비만, 지구 온난화, 쓰레기 증가의 원인에 대해
   이야기하도록 한다.

2. 연습한 것을 발표하게 하고 오류가 있으면 수정해 준다.

   익힘책 77-78쪽을 풀게 하거나 과제로 제시한다. 익힘책은 연습 활동
   난이도에 따라 교재 연습 문제 전후로 활용한다.

1. 안젤라 씨와 라흐만 씨가 사고에 대해 이야기합니다. 다음과 같이 이야기해 보세요.

안젤라: 라흐만 씨, 괜찮아요? 많이 다쳤어요?

라흐만: 팔이 조금 부러졌어요. 한 달 동안 깁스를 하고 있어야 돼요.

안젤라: 그런데 어떻게 하다가 이렇게 됐어요?

라흐만: 일하는데 옆에 세워 놓은 섀시가 갑자기 쓰러졌어요.

안젤라: 그랬군요. 정말 큰일 날 뻔했네요. 그래도 다른 곳은 다치지 않아서 다행이에요.

라흐만: 저도 그렇게 생각해요.

안젤라: 잘 쉬시고 빨리 나으세요.

라흐만: 네, 고마워요.

1) 팔이 부러지다, 한 달 동안 깁스를 하고 있어야 되다 | 일하는데 옆에 세워 놓은 섀시가 갑자기 쓰러지다

2) 발목이 삐다, 2주 동안 목발을 짚어야 하다 | 빙판인 줄 모르고 뛰어가다가 미끄러지다

2. 다음과 같이 사고를 경험한 사람과 위로하는 사람이 되어 대화해 보세요. 그리고 여러분의 경험도 이야기해 보세요.

사고를 경험한 사람
• 다리에 화상을 입었다 / 한 달 동안 붕대를 감고 있어야 한다.
• 자전거를 타다가 넘어져서 다리가 부러졌다 / 한 달 동안 목발을 짚어야 한다.

위로하는 사람
• 그만해서 정말 다행이에요.
• 천만다행이에요.
• 이 정도로 끝난 게 어디예요?
• 하마터면 큰일 날 뻔했네요.

단어장
빙판
화상을 입다
붕대
천만다행이다
하마터면

9과 사건과 사고 125

• **빙판:** 물이나 눈이 얼어서 길바닥이 빙판이 됐어요.

• **화상을 입다:** 불을 사용할 때는 화상을 입지 않도록 주의해야 해요.

• **붕대:** 다친 데를 소독하고 깨끗한 붕대로 감았어요.

• **천만다행이다:** 교통사고를 당했는데 크게 다치지 않아서 천만다행이에요.

• **하마터면:** 버스를 놓쳐서 하마터면 회사에 지각할 뻔했어요.

발음

• **깁스**[깁쓰]

• **그랬군요**[그랟꾼뇨]

• **큰일 날 뻔했네요**[크닐 날 뻔핸네요]

• **목발**[목빨]

자신에게 생긴 사고에 대해 말하기

1 대화문 연습

1. 사고를 당한 경험을 이야기하며 교재의 그림을 이용해 어떤 상황인지 추측해 보도록 한다.

   🎤 남자는 어디를 다쳤어요?
   남자는 어떻게 하다가 다친 것 같아요?
   여러분은 이런 경험이 있어요?

2. 지시문을 이용하여 대화 상황을 학생들에게 명확하게 알려 준다.

3. 대화를 들려주고 간단한 질문을 하여 대화 내용을 이해했는지 확인한다.

   🎤 라흐만 씨는 지금 어디가 아파요?
   라흐만 씨는 어떻게 해야 돼요?
   라흐만 씨는 어떻게 하다가 다쳤어요?
   라흐만 씨는 다른 곳도 다쳤어요?

4. 교사와 함께 대화문을 읽으면서 자연스럽게 말하는 연습을 한다. 두 번 정도 반복해서 연습한다.

5. 교체 어휘를 활용하여 짝과 함께 연습하게 한다.

6. 연습이 끝나면 한두 팀을 발표시키거나 교사가 전체 학생을 대상으로 확인한다.

2 확장 연습

1. 사고를 경험한 사람과 위로하는 사람이 되어 이야기하는 활동을 한다고 알려 준다.

2. 짝과 자신의 경험에 대해 이야기할 때는 다음과 같은 내용을 포함하여 말하도록 지시한다.

   🎤 어디를 다쳤어요?
   어떻게 하다가 다쳤어요?
   그래서 어떻게 했어요?

3. 이야기가 끝나면 한두 팀을 발표시키거나 교사가 전체 학생을 대상으로 확인하고 오류를 수정해 준다.

9-L.mp3

제이슨(남): 애나 씨, 그 이야기 들었어요? 라민 씨가 교통사고가
　　　　　　 났대요.

애　나(여): 정말요? 많이 다쳤어요?

제이슨(남): 다리가 부러져서 수술하고 하루 정도 입원을 해야
　　　　　　 된대요.

애　나(여): 아이고. 그런데 어떻게 하다가 사고가 났어요?

제이슨(남): 라민 씨가 휴대 전화를 보면서 걸어가다가 오토바이가
　　　　　　 달려오는 것을 못 보고 부딪혔대요.

애　나(여): 요즘 휴대 전화로 인해 교통사고가 늘고 있다고 하는데
　　　　　　 정말 큰일 날 뻔했어요. 저도 문병 가야겠는데 같이
　　　　　　 갈래요?

제이슨(남): 좋아요. 내일 오전에 같이 가요.

---

1. 여러분은 지금까지 살면서 교통사고가 난 적이 있습니까? 그때 경찰에게 상황을 어떻게 설명합니까?

어떤 사고가 났습니까?
이런 일이 생기면 어떻게 해야 돼요?

2. 제이슨 씨와 애나 씨가 이야기합니다. 잘 듣고 질문에 답해 보세요.

9-L.mp3

1) 무슨 사고가 났습니까?　교통사고가 났습니다.

2) 왜 사고가 났습니까?　휴대 전화를 보면서 걸어가다가 오토바이가 달려오는 것을
　　　　　　　　　　　　　못 보고 부딪혔습니다.

3) 들은 내용과 같으면 ○, 다르면 X 하세요.

❶ 휴대 전화로 경찰에 사고를 알리고 있다.　(X)
❷ 자동차와 오토바이가 부딪혔다.　(X)
❸ 다친 사람은 병원에서 치료를 받았다.　(○)

단어장
부딪히다
문병

9-P.mp3

발음

났대요[낟때요]
났습니까[낟씀니까]
발생했다[발쌩핻따]

다음을 듣고 따라 읽으세요.

1) 교통사고가 났대요.
2) 어떤 사고가 났습니까?
3) 방화로 보이는 화재가 발생했다.

친구의 사고 소식에 대해 듣기

1. 지시문에 대해 답하며 앞으로 들을 내용을 추측하게 한다.

🎙 어떤 사고가 났어요?
　 이런 일이 생기면 어떻게 해야 돼요?

2. 지시문을 이용하여 등장인물과 대화 상황을 설명한다.

🎙 누구와 누가 이야기해요?
　 무엇에 대해 이야기해요?

3. 문제를 읽고 들어야 하는 정보를 파악하게 한다.

🎙 두 사람은 누구에 대해 이야기하고 있어요?
　 그 사람에게 무슨 일이 생겼어요?
　 그 사람은 어떻게 하다가 그렇게 됐어요?

4. 듣기 파일을 두 번 듣고 문제를 풀게 한다.

5. 교재 질문의 답을 확인한 후 해당 대화를 같이 읽으며 내용을 확인한다.
　 필요한 경우 새로운 어휘, 표현을 설명한다.

9-P.mp3

발음

1. '났대요, 났습니까, 발생했다'의 발음을 들려주고 'ㄷ, ㅅ'의 발음이 어떻게
　 들리는지 학습자 스스로 확인해 보도록 한다.

2. 받침 'ㄷ' 뒤에 연결되는 'ㄷ, ㅅ'은 된소리 [ㄸ, ㅆ]으로 발음한다는 것을
　 알려 준다.

주의 경음화는 여러 번 반복해서 학습하게 되므로 이 단원에서는 'ㄷ'과
　　 연결되는 'ㄷ, ㅅ'이 [ㄸ, ㅆ]으로 발음된다는 것에 집중하는 것이 좋다.

3. '났대요, 났습니까, 발생했다'의 발음을 다시 듣고 교사를 따라 말하게
　 한다.

4. 1)~3)의 문장을 듣고 교사를 따라 말하게 한다.

5. 짝과 함께 문장을 읽으며 연습하게 한 후에 확인한다.

- **경음화**

　 받침 'ㄱ(ㄲ, ㅋ, ㄳ, ㄺ), ㄷ(ㅅ, ㅆ, ㅈ, ㅊ, ㅌ), ㅂ(ㅍ, ㄼ, ㄿ, ㅄ)' 뒤에
　 연결되는 'ㄱ, ㄷ, ㅂ, ㅅ, ㅈ'은 된소리로 발음한다.

1. 다음 표현을 보고 관계 있는 것을 연결해 보세요.

발생한 일	사람
죽은 사람	가해자
다친 사람	피해자
사고를 낸 사람	부상자
사고를 당한 사람	사망자
범인일 가능성이 높은 사람	용의자

2. 다음 뉴스가 어떤 사건인지 관계있는 것을 연결해 보세요.

1) 청소년, 재미로 자전거 훔쳐
2) 층간 소음 항의한 아래층 사람에게 폭력 휘둘러
3) 장난감 총 들고 은행 침입

사기 사건　절도 사건　방화 사건　폭행 사건　강도 사건　뺑소니 사건

4) 큰돈 벌게 해 준다, 돈 빌린 후 갚지 않아
5) 60대 취객 건물에 불 질러
6) 40대 남성, 노인 차로 친 후 그냥 도망쳐

- **가해자:** 다른 사람에게 해를 준 사람이라는 뜻이에요.
- **피해자:** 피해를 입은 사람이라는 뜻이에요.
- **부상자:** 몸에 상처를 입은 사람이라는 뜻이에요.
- **사망자:** 죽은 사람이라는 뜻이에요.
- **용의자:** 경찰은 이 사건의 용의자를 찾고 있어요.

- **사기 사건:** 자신의 이익을 위해 남을 속이는 범죄를 말해요.
- **절도 사건:** 남의 물건을 몰래 훔치는 범죄를 말해요.
- **방화 사건:** 일부러 불을 지르는 범죄를 말해요.
- **폭행 사건:** 다른 사람을 때리는 등의 거친 행동과 관련된 범죄를 말해요.
- **강도 사건:** 폭행이나 협박 등으로 남의 돈이나 물건을 빼앗는 범죄를 말해요.
- **뺑소니 사건:** 잘못을 저질러 놓고 급하게 몰래 도망가는 범죄를 말해요.

사건 관련 표현

1. 최근 뉴스나 신문을 통해 알게 된 사건을 생각하게 한다.

　🎤 여러분은 뉴스나 신문을 자주 보세요?
　　어떤 사건이 발생하면 뉴스나 신문에 나오지요?
　　여러분이 최근 본 것 중에서 기억나는 사건은 뭐예요?

2. '발생한 일'과 '사람'에 대한 표현을 읽고 관계있는 것을 연결하게 한다.

3. 질문을 하여 내용을 잘 이해했는지 확인한다.

　🎤 '죽은 사람'을 뭐라고 해요?
　　'가해자'는 어떤 사람이에요?

4. 뉴스의 헤드라인을 읽고 관계있는 사건 어휘와 연결하게 한다.

5. 뉴스나 신문에서 본 사건이나 자신이 경험한 사건에 대해 이야기하게 한다.

　🎤 최근 뉴스나 신문에서 본 것 중에서 기억나는 사건이나 여러분이 경험한 사건에 대해 이야기해 봅시다.
　　어떤 사건이에요?
　　그 사건의 가해자와 피해자는 누구예요?

부상자나 사망자도 있어요?

- **사건 기사:** 신문이나 잡지 등에서 어떠한 사건을 알리는 글을 말해요.

- **체포하다:** 경찰은 사기 사건의 용의자를 체포했어요.

- **거주자:** 위층 거주자의 소음으로 인해 고통받는 사람들이 많아요.

- **혐의를 받다:** 그 사람은 시시 티브이(CCTV)에 찍힌 사람과 얼굴이 비슷해서 물건을 훔쳤다는 혐의를 받고 있어.

- **잇따르다:** 최근 보이스 피싱 사건이 잇따르고 있어요.

- **끈질기다:** 어떤 일을 쉽게 포기하지 않고 그 일을 이루기 위한 노력을 계속한다는 뜻이에요.

- **수사:** 경찰의 끈질긴 수사 끝에 10년 만에 범인을 잡았어요.

- **대피하다:** 위험을 피해 잠깐 안전한 곳으로 간다는 뜻이에요.

- **번지다:** 향초로 인해 발생한 불이 옆집까지 번졌어요.

- **신속하다:** 일 처리나 행동 등이 매우 빠르다는 뜻이에요.

---

3. 다음은 사건 기사에 대한 글입니다. 잘 읽고 질문에 답해 보세요.

 ⑦
원룸 돌며 휴대 전화만 훔치던 절도범 잡혀

경찰은 지난 16일 충북 청주의 한 빌라에서 절도 용의자 이 모 씨를 체포해 조사 중이다.

이 모 씨는 지난 두 달 동안 청주 인근의 원룸을 돌며 원룸 거주자들의 휴대 전화만 골라 훔쳐 온 혐의를 받고 있다.

이 씨의 행각은 비슷한 신고가 경찰에 잇따라 접수되자 경찰들의 끈질긴 수사 끝에 밝혀지게 되었다.

휴대 전화만을 훔친 이유에 대해 이 씨는 휴대 전화의 경우 중고로 손쉽게 팔 수 있기 때문이라고 말한 것으로 알려진다.

④
인천 오피스텔에 방화로 화재 발생, 주민 20여 명 대피

어제 밤 10시쯤 인천시에 있는 한 오피스텔에서 방화로 보이는 화재가 발생했다. 이 화재로 오피스텔에 거주하는 주민 20여 명이 대피하는 일이 벌어졌다.

5층에서 시작된 불은 6층까지 번져 여러 개의 사무실 등을 태우고 40분 만에 꺼졌다. 불은 많은 입주 사무실 직원들이 퇴근한 시간에 발생하였고 주민들의 신속한 대피로 가벼운 부상만 있는 것으로 알려졌다.

경찰은 방화 용의자 김 모 씨를 오피스텔 근처에서 체포하여 정확한 방화 원인을 조사하고 있다.

1) ⑦와 ④는 무슨 사건에 대한 내용입니까?

  ❶ (⑦: 절도 사건)   **❷** (④: 방화 사건)

2) ⑦의 이 씨와 ④의 김 씨는 다음 중 무엇에 해당합니까?

  ❶ 부상자   **❷** 가해자   **❸** 용의자   **❹** 피해자

3) ⑦에서 절도 물품으로 휴대 전화를 선택한 이유는 무엇입니까?   *중고로 손쉽게 팔 수 있기 때문입니다.*

4) ④에서 가벼운 부상만이 발생한 이유는 무엇입니까?   *불은 많은 입주 사무실 직원들이 퇴근한 시간에 발생하였고 주민들이 신속하게 대피했기 때문입니다.*

5) 윗글의 내용과 같으면 ○, 다르면 ✕ 하세요.

  ❶ 글 ⑦에서 이 씨는 빌라에 살고 있는 사람들의 휴대 전화를 훔쳤다.   (✕)

  ❷ 글 ⑦에서 경찰들은 시민들의 비슷한 신고가 계속되자 수사를 시작했다.   (○)

  ❸ 글 ④에서 오피스텔에서 발생한 불은 건물의 전 층으로 퍼졌다.   (✕)

  ❹ 글 ④에서 김 씨가 불을 지른 이유가 정확하게 밝혀졌다.   (✕)

> **단어장**
>
> | | | |
> |---|---|---|
> | 체포하다 | 끈질기다 | 번지다 |
> | 거주자 | 수사 | 신속하다 |
> | 혐의를 받다 | 방화 | |
> | 잇따르다 | 대피하다 | |

사회에서 발생한 사건에 대해 읽기

1. 사건 기사의 특징에 대해 간략하게 설명하고 기사를 읽게 한다.

🎤 여러분은 사건 기사를 읽은 적이 있어요?
  사건 기사에는 어떤 내용이 있을까요?

2. 글을 훑어 읽게 한 후 주제, 중심 내용 등을 간단히 말해 보도록 한다.

🎤 어떤 사건이에요?
  이 사건의 용의자는 누구예요?
  용의자는 왜 이 범죄를 저질렀어요?
  그 결과 어떤 피해를 입었어요?

3. 글을 다시 읽으면서 문제를 풀게 한다.

4. 답을 같이 확인한 후, 본문을 다시 읽으며 모르는 어휘가 없는지 확인한다. 필요한 경우 새로운 어휘, 표현을 설명한다.

1. 여러분은 지금까지 살면서 직접 경험한 사건이나 사고가 있습니까? 메모해 보세요.

① 언제	
② 어디에서	
③ 무엇을	
④ 어떻게	
⑤ 왜	
⑥ 그때 기분	

2. 위의 내용을 바탕으로 자신이 경험한 사건이나 사고에 대한 글을 써 보세요.

저는 지금까지 살면서

자신이 경험한 사건이나 사고에 대해 쓰기

1. 어떤 글을 쓸지 알려 주고 글에 들어갈 내용을 생각해 보게 한다.

🎤 사건이나 사고를 언제, 어디에서 경험했어요?
어떻게 하다가 그런 일을 당했어요?
그 결과 어떻게 됐어요?

2. 교재 지문에 대해 자신이 쓸 내용을 간단하게 메모하도록 한다. 교사는 학생들이 쓴 메모에 오류가 없는지 확인해 준다.

3. 메모한 내용을 바탕으로 글로 완성하게 한다.

사고와 예방

국가통계포털(http://kosis.kr)에 따르면 한국에서는 대체로 매년 30만 건의 사고가 발생한다. 이 중에 교통사고가 압도적으로 많아 전체 사고의 70% 이상을 차지한다. 교통사고 다음으로는 화재 사고가 많은데 대략 전체 사고의 15% 정도이다. 그리고 등산 사고, 추락 사고, 자전거 사고가 뒤를 잇는데 발생 건수는 앞의 두 사고보다 훨씬 적어서 각각 전체 사고의 2% 안팎이다.

이 결과를 볼 때 많은 사고는 우리가 조금만 주의하면 대부분 예방할 수 있는 것들이다. 대표적인 예로 교통사고는 교통 법규를 잘 지키고 갑자기 생길지도 모르는 돌발 상황에 미리 대비하여 운전하는 습관을 가진다면 예방할 수 있다. 과속을 하면 안 되고 무리하게 추월하거나 끼어들기를 하는 것은 위험하다. 특히 사고 예방을 위해서는 안전거리를 유지하는 습관을 갖는 게 좋다.

그리고 최근에는 휴대 전화로 인한 교통사고가 늘고 있는데 운전 중 휴대 전화를 보거나 휴대 전화를 사용하는 것은 매우 위험하다. 뿐만 아니라 보행자도 휴대 전화를 보면서 걸어가는 것은 사고의 위험이 높으므로 주의해야 한다.

1) 한국에서는 어떤 사고가 많이 발생합니까?
2) 최근에는 어떤 이유 때문에 교통사고가 많이 발생하고 있다고 합니까?
3) 여러분 고향에서는 어떤 사고가 많이 발생합니까?

자주 발생하는 사고

사고와 예방

1. 이 단원의 문화와 정보가 무엇에 대한 것인지 알려 준다.

🎙 한국에서 자주 발생하는 사고는 무엇일까요? 그리고 그것을 예방하려면 어떻게 해야 할까요? 오늘은 사고와 예방에 대해 알아봅시다.

2. 교재의 그림(사진)을 보면서 주제에 대해 알고 있는 것을 상기시키고 말해 보게 한다. 이때 관련 시각 자료를 추가로 활용할 수 있다.

🎙 여러분은 한국에서 자주 발생하는 사고가 무엇인지 알고 있어요? 왜 그 사고가 많이 발생할까요?

3. 교재를 같이 읽으면서 내용을 설명한다. 이때 중요한 정보가 있는 부분에 밑줄을 긋거나 표시하게 하는 것도 좋다.

4. 질문 1), 2)의 답을 찾아보고 답하게 한다.

🎙 한국에서는 어떤 사고가 많이 발생합니까?
최근에는 어떤 이유 때문에 교통사고가 많이 발생하고 있다고 합니까?

5. 질문 3)을 이용하여 학습자 자신에 대한 것을 말해 보도록 한다.

🎙 여러분 고향에서는 어떤 사고가 많이 발생하는지 소개해 보세요.

단원 마무리

배운 어휘 확인

넘어지다	성인병	절도
미끄러지다	빙판	방화
물에 빠지다	화상을 입다	폭행
떨어지다	붕대	강도
치이다	천만다행이다	뺑소니
베이다	하마터면	체포하다
데다	부딪히다	거주자
부러지다	문병	혐의를 받다
찢어지다	가해자	잇따르다
깁스	피해자	끈질기다
목발을 짚다	부상자	수사
꿰매다	사망자	방화
만지다	용의자	대피하다
운행되다	합의하다	번지다
지연되다	침입	신속하다
자극적	취객	
과다 섭취	사기	

9과 사건과 사고 **131**

- 이 단원에서 배운 어휘 중 기억나는 것을 말해 보세요.
- 이 단원에서 배운 문법은 뭐예요? 어떻게 사용해요?
- 사건이나 사고를 경험한 적이 있어요? 그때 어떻게 했어요?
- 여러분이 경험한 사건이나 사고는 어떻게 해서 발생하게 됐어요?
- 한국에서 어떤 사고가 많이 발생해요? 사고를 예방하려면 어떻게 해야 할까요?

마무리

1. 단원에서 학습한 어휘 중 기억하는 것을 먼저 말해 보게 한다.
2. 배운 어휘 목록의 어휘들을 읽으면서 의미를 상기시킨다.
3. 단원에서 학습한 문법(통-을 뻔하다, 명으로 인해)을 상기시키며 의미와 사용법을 기억하는지 확인한다.
4. 단원의 목표와 성취도를 확인한다.
5. 익힘책을 과제로 제시하고 마무리한다.

10 언어생활

어휘: 올바른 언어생활, 한국어 사용의 어려움

문법: 동-고 말다

　　동형-는 척하다

활동: 한국어 사용의 어려움에 대해 말하기

　　한국어 사용의 어려움에 대해 쓰기

문화와 정보: 말과 관련된 한국 속담

①

수업 목표 및 내용

• **주제:** 언어생활

• **어휘와 문법**

– 어휘: 올바른 언어생활과 한국어 사용의
　　어려움 관련 어휘를 익힌다.

– 문법: '동-고 말다', '동형-는 척하다'의 의미와
　　형태를 익혀 사용할 수 있다.

• **활동**

– 말하기: 한국어 사용의 어려움에 대해 말할 수
　　있다.

– 듣기: 한국어 사용의 어려움에 대한 대화를
　　듣고 이해할 수 있다.

– 읽기: 신조어 사용에 대한 칼럼을 읽고 이해할
　　수 있다.

– 쓰기: 한국어 사용의 어려움에 대해 글을 쓸 수
　　있다.

• **문화와 정보:** 한국어의 말과 관련된 속담

**수업
전개**

도입, 어휘　**1차시**

·올바른 언어생활
·한국어 사용의 어려움

익힘책 pp.82-83

문법　**2차시**

·동-고 말다
·동형-는 척하다

익힘책 pp.84-86

단원 도입

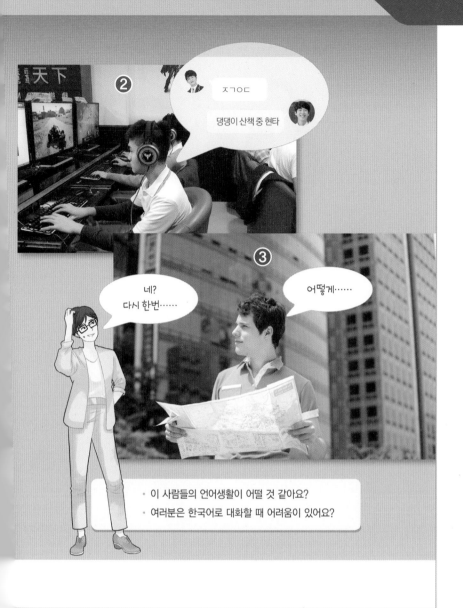

ㅈㄱㅇㄷ

댕댕이 산책 중 현타

네?
다시 한번……

어떻게……

- 이 사람들의 언어생활이 어떨 것 같아요?
- 여러분은 한국어로 대화할 때 어려움이 있어요?

도입

1. 교재 그림을 이용하여 학생들과 이야기하며 이 과의 주제를 노출한다.

그림❶ 🎤 이 사람들은 지금 무엇을 하고 있어요?
여러분은 이런 상황에서 한국어로 잘 말할 수 있어요?
이럴 때는 말을 어떻게 하는 게 중요해요?

그림❷ 🎤 이 사람은 지금 무엇을 하고 있어요?
이런 상황에서 어떤 말을 해요?
여러분은 이런 말을 이해할 수 있어요?

그림❸ 🎤 두 사람은 어떤 말을 해요?
여자는 왜 당황한 것 같아요?
여러분은 한국어로 대화할 때 어떤 어려움이 있어요?

2. 대화 내용을 정리하며 이 단원에서는 '올바른 언어생활, 한국어를 사용할 때의 어려움' 등에 대해 공부한다는 것을 알려 준다.

---**이 단원을 지도할 때는…**---

이 단원과 관계있는 단원들은 아래와 같습니다. 관련 단원의 학습 내용을 확인하셔서 지도에 참고하시면 좋을 것 같습니다.

- 주제: 실수
  - 2권 13과
- 어휘: 감정, 실수
  - 2권 13과

말하기 듣기, 발음 **3차시**	읽기 **4차시**	쓰기, 문화와 정보, 마무리 **5차시**
·한국어 사용의 어려움에 대해 말하기 ·한국어 사용의 어려움에 대해 듣기	·신조어 사용에 대해 읽기	·한국어 사용의 어려움에 대해 쓰기 ·말과 관련된 한국 속담
익힘책 p.87	익힘책 p.88	익힘책 p.89

어휘

- **언어 예절을 지키다:** 언어를 사용할 때도 예절이 있어야 해요. 무례하게 말하는 사람을 보면 기분 나빠요.
- **비속어를 사용하지 않다:** 아무리 화가 나도 욕 같은 안 좋은 말을 쓰면 안 되고 (올)바른 말을 사용해야 돼요.
- **표준어를 구사하다:** 사투리를 쓰지 않고 표준어로 말해요.
- **적절한 호칭을 쓰다:** 처음 만난 사람을 어떻게 불러야 할지 모르겠어요.

- **맞춤법이 틀리다:** 말하는 것은 문제가 없는데 문자를 보낼 때 자주 맞춤법이 틀려요.
- **띄어쓰기를 잘못하다:** 회사에서 문서를 작성할 때 맞춤법은 맞는 것 같은데 띄어쓰기가 진짜 헷갈려요.
- **억양이 부자연스럽다:** 억양이 부자연스러워서 상대방이 질문인지 대답인지 잘 몰라요.
- **속담 활용이 어렵다:** 쉬운 말만 하지 않고 한국 사람이 상황을 딱 이해할 수 있게 속담을 잘 활용하고 싶어요.
- **신조어, 유행어를 따라 하다:** 신조어하고 유행어를 한국 친구에게 배워서 제가 사용하면 한국 사람들이 웃어요.
- **동문서답을 하다:** 말이 빠른 한국 사람을 만나면 말을 못 알아들어서 동문서답을 해요.
- **높임말이 헷갈리다:** 높임말이 더 익숙해서 아랫사람에게도 자꾸 높임말을 써요.

---

1. 올바른 언어생활을 위해 지켜야 할 것은 무엇일까요?

> 언어 예절을 지키다
> 올바른 언어를 사용하다
> 때와 장소에 맞게 말하다
> 표준어를 구사하다
> 정확하게 발음하다
> 적절한 호칭을 쓰다
> 비속어를 사용하지 않다

2. 여러분은 한국어로 말할 때 어떤 어려움이 있어요?

> 맞춤법이 틀리다
> 띄어쓰기를 잘못하다
> 발음이 부정확하다
> 억양이 부자연스럽다
> 속담 활용이 어렵다
> 신조어/유행어를 따라 하다

> 단어가 잘 안 떠오르다
> 모국어를 섞어 쓰다
> 높임말이 헷갈리다
> 사투리를 쓰다
> 동문서답하다
> 의도한 대로 말이 잘 안 나오다

 아직 맞춤법이 많이 틀리는데 맞춤법에 맞게 잘 쓰고 싶어요.

 제가 의도한 대로 말이 잘 안 나올 때가 많아요.

134 사회통합프로그램(KIIP) 한국어와 한국문화 중급 2

어휘 (올바른 언어생활)

1 도입, 제시

1. 우리가 날마다 언어를 사용할 때 어떤 것을 조심해야 하는지 물으며 오늘의 어휘는 언어생활에서 지켜야 될 것, 한국어 사용의 어려움을 말할 때 사용하는 표현임을 알려 준다.

> 🎤 일상생활에서 언어를 쓸 때 어떤 실수를 하게 돼요?
> 외국어로 말하는 사람을 보고 언제 외국어를 참 잘하는구나 하고 느꼈어요?

2. 교사를 따라 어휘를 소리 내어 한 번 읽는다. 이때 발음에 주의하게 한다.

3. 어휘의 의미를 설명한다. 어휘가 사용된 문장을 예로 제시하거나 의미를 풀어서 설명해 준다. 상황에 따라 유의어나 반의어 등을 추가로 설명할 수 있다.

4. 배운 어휘를 소리 내어 읽도록 한다. 이때 '-어요' 형태로 단어를 읽는 등 변화를 줄 수 있다.

2 연습

1. 배운 어휘를 사용하여 한 사람씩 문장을 만들어 보는 연습을 먼저 한다.

2. 연습한 문장을 이용하여 한국어를 사용하면서 어떤 어려움을 경험했는지 짝과 대화하도록 한다.

3. 학생들끼리 이야기한 것을 교사가 정리해 주며 같이 이야기한다.

> 🎤 갑자기 말하고 싶은 단어가 떠오르지 않을 때 어떻게 했어요?
> 어떤 상황에서 동문서답을 한 적이 있어요?
> 어떤 발음을 부정확하게 한 적이 있어요?

4. 자신의 실제 경험을 이야기하는 활동으로 확장할 수 있다.

50분

① 동 -고 말다

의도하지 않은 어떤 일이 결국 일어났음을 나타낸다.

아나이스: 어제 면접 본다고 했는데 잘 봤어요?
제 이 슨: 아니요, 면접관 질문을 잘못 이해해서
　　　　　동문서답하고 말았어요.

대화
• 가: 어젯밤에 축구 경기 보느라고 잠을 잘 못 잤어요.
　나: 저도 보려고 했는데 너무 피곤해서 잠이 들고 말았어요.
• 담배를 끊으려고 결심했지만 결국 다시 피우고 말았다.
• 고향에 있는 동안 한국말을 안 해서 다 잊어버리고 말았다.

-고 말다 ・ 잊다 → 잊고 말다
　　　　 ・ 헷갈리다 → 헷갈리고 말다

1. 보기 와 같이 친구와 이야기해 보세요.

보기

회의할 때 실수한 것이 있어요?

네, 제 발음이 부정확해서 사람들이 잘못 알아듣고 말았어요.

발음이 부정확해서 사람들이 잘못 알아듣다

1) 높임말이 헷갈려서 과장님께 반말을 하다
2) 단어가 잘 안 떠올라서 모국어를 섞어 쓰다
3) 적절한 호칭을 몰라서 거래처 사람들을 잘못 부르다
4) 뜻을 잘못 알고 비속어를 사용하다

2. 여러분이 의도하지 않았는데 일어난 일이 있어요? 친구들과 이야기해 보세요.

• 청소할 때
• 다이어트를 할 때
• 중요한 시험이 있을 때

어제 청소를 하다가 부딪혀서 꽃병을 깨고 말았어요.

단어장
결심하다
거래처

10과 언어생활 **135**

동 -고 말다

의도하지 않은 일이 결국 일어나 그것에 대해 안타까운 느낌을 표현하고자 할 때 사용한다. 동사 뒤에 붙어 '-고 말았다'의 형태로 많이 사용한다.

• 가: 지난번에 토픽(TOPIK) 시험 본다고 했지요?
　나: 5점이 부족해서 4급에 떨어지고 말았어요.
• 가: 얼굴이 왜 그래요? 무슨 일 있어요?
　나: 친구가 선물해 준 시계를 잃어버리고 말았어요.
• 친구의 할머니가 교통사고로 돌아가시고 말았어요.
• 영화를 아직 안 봤는데 결말을 듣고 말았어요.

-고 말다 (받침 O, X)	잊다	→ 잊고 말다
	먹다	→ 먹고 말다
	듣다	→ 듣고 말다
	틀리다	→ 틀리고 말다
	말하다	→ 말하고 말다
	놓치다	→ 놓치고 말다
	떨어지다	→ 떨어지고 말다
	헷갈리다	→ 헷갈리고 말다
	돌아가다	→ 돌아가고 말다
	잃어버리다	→ 잃어버리고 말다

문법 1 (동 -고 말다)

1 도입, 제시

1. 도입 그림과 대화를 통해 문법이 사용되는 상황을 인지시킨다.

🎤 면접관이 제임스 씨에게 어떤 질문을 했어요?
제임스 씨는 질문에 맞게 잘 대답한 것 같아요?
나중에 이 면접의 결과가 어떨까요?

2. 교재의 대표 예문을 보면서 문법의 의미를 설명한다.

🎤 이 남자가 면접을 보았는데 질문을 잘못 이해해서 완전히 이상하게 답했어요. 이렇게 의도하지 않게 어떤 일을 하게 되었음을 강조해서 말하고 싶을 때 '-고 말다'를 사용해요. 과거형인 '-고 말았어요'는 주로 부정적인 결과에 대해 써요.

3. 학생들과 교재의 예문들을 읽으면서 문법의 의미를 설명하고 이해시킨다.

4. 문법의 형태 정보를 제시하고 설명한다.

5. 추가 예문을 제시하고 문법의 의미와 사용법을 정확하게 이해시킨다.

2 연습 1

1. 〈보기〉의 대화를 교사와 함께 완성해 본다.

2. 나머지 문제를 〈보기〉의 대화처럼 짝과 완성하도록 한다.

3. 연습한 것을 발표하게 하거나 교사가 전체 학생 대상으로 답하게 하여 확인한다. 그리고 오류가 있으면 수정해 준다.

3 연습 2

1. '청소할 때', '다이어트를 할 때', '중요한 시험이 있었을 때' 등의 자신의 경험에 대해 이야기해 보도록 한다.

2. 연습한 것을 발표하게 하고 오류가 있으면 수정해 준다.

익힘책 84-85쪽을 풀게 하거나 과제로 제시한다. 익힘책은 연습 활동 난이도에 따라 교재 연습 문제 전후로 활용한다.

동형 -는 척하다

행동이나 상황을 거짓으로 꾸며서 말할 때 사용한다. 동사 뒤에
올 때는 '-는 척하다', 형용사 뒤에 올 때는 '(으)ㄴ 척하다'의 형태로
사용한다.

- 가: 지금은 한국 사람과 대화할 때 아무 문제없죠?
  나: 아니에요. 지금도 가끔 못 알아듣는 단어나 표현이
      있지만 다 <u>알아듣는 척해요</u>.

- 가: 상사가 회식하자고 하면 어떻게 해요?
  나: 중요한 약속이 <u>있는 척</u>하고 집에 가요.

- 부모님께 전화할 때는 항상 건강하게 잘 <u>지내는 척해요</u>.

- 처음 데이트할 때는 많이 못 <u>먹는 척했어요</u>.

-은 척하다 (형용사 받침 O)	좋다 → 좋은 척하다 싫다 → 싫은 척하다 많다 → 많은 척하다
-ㄴ 척하다 (형용사 받침 X)	바쁘다 → 바쁜 척하다 예쁘다 → 예쁜 척하다 *덥다 → 더운 척하다
-는 척하다 (동사 받침 O, X)	자다 → 자는 척하다 읽다 → 읽는 척하다 *알다 → 아는 척하다

---

2 동형 -는 척하다

 말살이 듯하는 행동이나 상태를 거짓으로 그럴듯하게 꾸밀 때 사용한다.

고친: 요즘은 유행어가 빨리 바뀌어서 무슨 말인지
      이해를 잘 못하겠어요.
라민: 저도 모르는 유행어가 많은데 그냥 따라 하면서
      아는 척해요.

예
- 가: 친구들 모임에 잘 다녀왔어요?
  나: 안 갔어요. 나가기 싫어서 바쁜 척했어요.
- 친구가 하는 말이 이해가 안 됐지만 공감하는 척했어요.
- 길에서 넘어졌는데 너무 창피해서 아프지 않은 척했어.

-는 척하다	· 지키다 → 지키는 척하다 · 따라 하다 → 따라 하는 척하다 *알다 → 아는 척하다
-은 척하다	· 많다 → 많은 척하다 · 좋다 → 좋은 척하다
-ㄴ 척하다	· 예쁘다 → 예쁜 척하다 · 어색하다 → 어색한 척하다

1. 보기 와 같이 친구와 이야기해 보세요.

친구가 지루한 이야기를
할 때 어떻게 해요?

지루해도
재미있는 척해요.

보기	친구가 지루한 이야기를 할 때	지루해도 재미있다
1)	광고 전화를 받았을 때	한국어를 전혀 못하다
2)	말다툼한 사람을 길에서 만났을 때	그 사람을 모르다
3)	친구가 준 선물이 마음에 안 들 때	마음에 안 들어도 기분이 좋다
4)	고향의 가족들이 걱정할 때	별일 없이 잘 살다

2. 다음 질문에 '-는 척하다'를 사용해서 이야기해 보세요.

- 언제 바쁜 척해요?
- 언제 자는 척해요?
- 언제 멋있는 척해요?

받기 싫은 전화를 받았을 때 바쁜 척해요.

단어장
지루하다
전혀
말다툼
별일

문법 2 (동형 -는 척하다)

1 도입, 제시

1. 도입 그림과 대화를 통해 문법이 사용되는 상황을 인지시킨다.

   🎙 한국 친구들이 말할 때 그 말을 다 이해할 수 있어요? 두 사람은 한국
   친구들이 쓰는 유행어를 다 알아들어요? 친구들이 유행어를 쓸 때 라민
   씨는 어떻게 해요?

2. 교재의 대표 예문을 보면서 문법의 의미를 설명한다.

   🎙 두 사람이 유행어에 대해 이야기해요. 유행어는 너무 빨리 바뀌어서 무슨
   말인지 모를 때가 많아요. 그런데 라민 씨는 잘 모르지만 모른다고 하면
   사람들에게 창피하니까 유행어를 아는 것처럼 행동해요. 이렇게 어떤
   행동이나 상태를 진짜인 것처럼 꾸며서 말하고 싶을 때 '-는 척하다'를
   사용해요.

3. 학생들과 교재의 예문들을 읽으면서 문법의 의미를 설명하고
   이해시킨다.

4. 문법의 형태 정보를 제시하고 설명한다.

5. 추가 예문을 제시하고 문법의 의미와 사용법을 정확하게 이해시킨다.

2 연습 1

1. 〈보기〉의 대화를 교사와 함께 완성해 본다.

2. 나머지 문제를 〈보기〉의 대화처럼 짝과 완성하도록 한다.

3. 연습한 것을 발표하게 하거나 교사가 전체 학생 대상으로 답하게 하여
   확인한다. 그리고 오류가 있으면 수정해 준다.

3 연습 2

1. 생활하면서 언제 바쁜 척하는지, 언제 자는 척하는지, 언제 멋있는
   척하는지 자신의 경험을 이야기하도록 한다.

2. 연습한 것을 발표하게 하고 오류가 있으면 수정해 준다.

   익힘책 85-86쪽을 풀게 하거나 과제로 제시한다. 익힘책은 연습 활동
   난이도에 따라 교재 연습 문제 전후로 활용한다.

1. 라민 씨와 이링 씨가 한국어 사용의 어려움에 대해 이야기합니다. 다음 대화처럼 이야기해 보세요.

모국어, 동문서답

라민: 이링 씨는 한국에 온 지 오래돼서 이제 적응이 다 됐죠?

이링: 생활하는 건 괜찮은데 오래 살수록 한국어가 점점 더 어려워지는 것 같아요.

라민: 그래요? 저는 이링 씨 한국어가 유창해서 항상 부러웠는데요.

이링: 어휘나 문법은 많이 알아도 의도한 대로 말이 잘 안 나올 때가 많아요.

라민: 저도 그래요. 단어가 잘 안 떠오를 때가 많고 마음이 급하면 모국어를 섞어 쓰기도 해요. 그럴 때마다 좀 부끄러워요.

이링: 계속 노력하면 점점 더 나아지겠죠? 같이 노력해 봐요.

4-10 EBOOK

1) 의도한 대로 말이 잘 안 나오다 | 마음이 급하면 모국어를 섞어 쓰다

2) 때와 장소에 맞게 말을 못하다 | 가끔 동문서답하다

• **유창하다:** 한국어로 말할 때 더듬거리지 않고 유창하게 하고 싶어요.

발음

• **됐죠**[됃쬬]

• **부러웠는데요**[부러원는데요]

• **마음이 급하면**[마으미 그파면]

4-10 EBOOK

2. 여러분은 한국어를 사용할 때 어떤 어려움이 있어요? 친구와 함께 이야기해 보세요.

한국어 사용의 어려움

• 발음이 부정확해서 사람들이 자꾸 다시 질문한다.

• 한국어를 배울 때 표준어만 배워서 사투리 쓰기가 쉽지 않다.

• 신조어나 유행어를 따라 하고 싶은데 너무 빨리 바뀐다.

단어장
유창하다

10과 언어생활 **137**

한국어 사용의 어려움에 대해 말하기

1 대화문 연습

1. 처음과 지금의 한국어 실력을 비교하며 교재의 그림을 이용해 어떤 상황인지 추측해 보도록 한다.

🎤 이 남자는 한국어를 사용하면서 어떤 어려움이 있었을까요?
여러분이 이 사람이라면 기분이 어땠을 것 같아요?
여러분은 이런 경험이 있어요?

2. 지시문을 이용하여 대화 상황을 학생들에게 명확하게 알려 준다.

3. 대화를 들려주고 간단한 질문을 하여 대화 내용을 이해했는지 확인한다.

🎤 라민 씨는 평소에 이링 씨의 한국어 실력에 대해 어떻게 생각했어요?
이링 씨는 한국어로 말할 때 어떤 어려움이 있었어요?
라민 씨도 비슷한 경험을 한 적이 있어요?
어떤 어려움이었어요?

4. 교사와 함께 대화문을 읽으면서 자연스럽게 말하는 연습을 한다. 두 번 정도 반복해서 연습한다.

5. 교체 어휘를 활용하여 짝과 함께 연습하게 한다.

6. 연습이 끝나면 한두 팀을 발표시키거나 교사가 전체 학생을 대상으로 확인한다.

2 확장 연습

1. 일상생활에서 한국어를 사용하면서 어려움을 겪었던 자신의 경험에 대해 말하기를 한다고 알려 준다.

2. 짝과 자신의 경험에 대해 이야기할 때는 다음과 같은 내용을 포함하여 말하도록 지시한다.

🎤 언제, 어디에서 그런 일이 생겼어요?
그때 기분이 어땠어요?
그 경험을 통해 어떤 것을 배웠어요?

3. 이야기가 끝나면 한두 팀을 발표시키거나 교사가 전체 학생을 대상으로 확인하고 오류를 수정해 준다.

10-L.mp3

잠시드(남): 거래처하고 중요한 회의가 있다고 들었는데 잘 끝났어요?

안젤라(여): 아니요. 열심히 준비했는데 결과는 별로 안 좋았어요.

잠시드(남): 왜요? 무슨 일 있었어요?

안젤라(여): 제가 제안을 하면서 의견을 좀 직설적으로 말했더니 거래처 사람들이 좀 불쾌해하는 것 같았어요. 그래서 저도 좀 당황스러웠고요.

잠시드(남): 그랬군요. 어떤 경우에는 부드럽게 말하는 게 더 효과적일 때가 있어요.

안젤라(여): 네. 때와 장소에 맞게 말하는 게 중요하다는 건 아는데 제 한국어 실력이 부족하니까 쉽지 않네요.

잠시드(남): 회의 때문에 걱정 많이 했는데 그렇게 끝나서 많이 아쉽겠어요.

1. 여러분은 다른 사람과 말할 때 어떤 문제가 있습니까?

저는 평소에 직설적으로 말하는 편인데 상대방이 가끔 상처를 받아요.

억양이 부자연스러워서 제가 말할 때마다 사람들이 고향이 어디냐고 물어봐요.

격식을 차려서 말해야 하는 상황에서 어떻게 말해야 할지 잘 모를 때가 많아요.

2. 잠시드 씨와 안젤라 씨가 이야기합니다. 잘 듣고 질문에 답해 보세요.

10-L.mp3

1) 거래처와의 회의 결과가 어떻습니까?
   결과가 별로 안 좋습니다.

2) 들은 내용과 같으면 ◯, 다르면 ✕ 하세요.
   ❶ 안젤라 씨는 회의 준비를 열심히 하지 않았다.   (✕)
   ❷ 거래처 사람들이 좀 불쾌해 하는 것 같았다.   (◯)
   ❸ 안젤라 씨는 때와 장소에 맞게 말할 수 없었다.   (◯)

3) 안젤라 씨는 회의에서 자신의 의견을 어떻게 말했습니까?
   직설적으로 말했습니다.

단어장
직설적이다
격식을 차리다
제안

발음

10-P.mp3

자음 + ㅢ ➡ [이]

띄어쓰기[띠어쓰기]
무늬[무니]
희망[히망]

다음을 듣고 따라 읽으세요.

1) 아직도 띄어쓰기가 어려워요.
2) 무늬가 많은 옷을 자주 입어요.
3) 희망을 갖고 노력하면 언젠가는 잘될 거예요.

한국어 사용의 어려움에 대해 듣기

1. 지시문에 대해 답하며 앞으로 들을 내용을 추측하게 한다.

   🎤 여러분은 한국말로 말할 때 어떤 점이 어려워요?
      이 사람들은 한국말로 말할 때 어떤 문제가 있어요?

2. 지시문을 이용하여 등장인물과 대화 상황을 설명한다.

   🎤 이 두 사람은 무슨 이야기를 하고 있어요?
      어떤 문제가 있어요?

3. 문제를 읽고 들어야 하는 정보를 파악하게 한다.

   🎤 사람들의 반응이 왜 안 좋았어요?
      안젤라 씨가 당황한 이유는 뭐예요?
      때와 장소에 맞게 말하는 것이 왜 어려워요?

4. 듣기 파일을 두 번 듣고 문제를 풀게 한다.

5. 교재 질문의 답을 확인한 후 해당 대화를 같이 읽으며 내용을 확인한다. 필요한 경우 새로운 어휘, 표현을 설명한다.

발음

10-P.mp3

1. '띄어쓰기, 무늬, 희망'의 발음을 들려주고 'ㅢ'의 발음이 어떻게 들리는지 학습자 스스로 확인해 보도록 한다.

2. 자음 다음에 오는 'ㅢ'가 [ㅣ]로 발음된다는 것을 알려 준다.

   주의 자음 다음에 오는 '의'는 [ㅢ] 또는 [ㅔ]로 발음되는 규칙에 대해 간단히 설명할 수 있다. 그러나 이 발음 규칙은 여러 번 반복해서 학습하게 되므로 이 단원에서는 'ㅢ'가 [ㅣ]로 발음된다는 것에 집중하는 것이 좋다.

3. '띄어쓰기, 무늬, 희망'의 발음을 다시 듣고 교사를 따라 말해 본다.

4. 1)~3)의 문장을 듣고 교사를 따라 말하게 한다.

5. 짝과 함께 대화를 읽으며 연습하게 한 후에 확인한다.

• 이중 모음 'ㅢ' 발음
   자음을 첫소리로 가지고 있는 음절의 'ㅢ'는 [ㅣ]로 발음한다.

읽기 (50분)

1. 다음은 신조어 사용에 대한 다양한 의견입니다. 긍정적인 면과 부정적인 면을 이야기해 보세요.

신조어 사용을
긍정적으로 보는 이유

- 재치가 있다.
- 새로운 현상을 표현할 수 있다.
- 쉽게 공감할 수 있다.
- 젊은 세대와 소통이 잘된다.

신조어 사용을
부정적으로 보는 이유

- 언어가 파괴된다.
- 의미가 확실하지 않다.
- 혼란을 일으킨다.
- 세대 간의 소통 단절을 유발한다.

2. 다음은 신조어 사용에 대한 토론 내용입니다. 여러분의 의견도 함께 이야기해 보세요.

 요즘은 뉴스나 신문에서도 신조어를 많이 사용하는데 새로운 현상들을 표현하기 위해 어느 정도의 신조어는 필요하다고 생각해요.

맞아요. 사회가 급변하니까 그런 특징들을 표현하려면 신조어만큼 딱 맞는 것도 없지요. 몇몇 신조어들은 저도 쉽게 공감할 수 있어서 자주 쓰고 있어요.

 정말 필요할 때 사용하는 건 저도 동의하지만 대부분이 습관적으로 사용해서 문제인 것 같아요. 우리 아들이 말하는 걸 들어 보면 도대체 무슨 말인지 반도 못 알아들을 때가 많거든요.

저도 무분별하게 사용하는 건 문제라고 생각해요. 하지만 기성세대도 신조어를 많이 알고 있으면 오히려 젊은 세대와 소통이 잘될 수 있지 않을까요?

 긍정적인 면이 있어도 의미가 확실하지 않으니까 격식을 차려야 하는 자리에서는 안 쓰는 게 좋을 것 같아요.

10과 언어생활 **139**

- **재치가 있다:** 우리 선생님은 재치가 있는 사람이에요.

- **새로운 현상을 표현할 수 있다:** 이 컴퓨터는 새로운 현상을 그림으로 표현할 수 있어요.

- **쉽게 공감할 수 있다:** 비슷한 경험이 있어서 다른 사람의 마음을 잘 알 수 있어요.

- **젊은 세대와 소통이 잘되다:** 나이 차이가 많이 나는 사람들과도 이야기를 잘해요.

- **언어가 파괴되다:** 요즘 인터넷 댓글을 보면 모르는 글자가 너무 많아요.

- **의미가 확실하지 않다:** 무슨 말인지 그 말의 뜻을 정확하게 모르겠어요.

- **혼란을 일으키다:** 정확하지 않은 정보는 사람들을 헷갈리게 해요.

- **세대 간의 소통 단절을 유발하다:** 요즘 젊은 세대들이 사용하는 말이 무슨 뜻인지 몰라서 같이 이야기하기가 어려워요.

신조어 사용에 대한 의견

1. 평소에 사용하는 혹은 자주 접하는 신조어에 대해 긍정적인 면과 부정적인 면을 생각하게 한다.

🎤 여러분은 어떤 신조어를 사용해요? 어떤 신조어를 들어 봤어요?
신조어를 사용할 때 긍정적인 면과 부정적인 면은 뭐라고 생각해요?

2. 신조어의 긍정적인 면과 부정적인 면을 읽고 각각의 의미를 파악할 수 있게 한다.

3. 질문을 하여 내용을 잘 이해했는지 확인한다.

🎤 신조어의 사용을 긍정적으로 보는 이유가 뭐예요?
신조어의 사용을 부정적으로 보는 이유가 뭐예요?

4. 신조어에 대한 토론 내용을 읽고 각 의견의 의미를 파악할 수 있게 한다.

5. 신조어에 대한 각자의 의견을 이야기하게 한다.

🎤 신조어에 대한 여러분의 의견을 이야기해 보세요.
신조어 사용에 대한 ○○ 씨 의견은 뭐예요?

- **칼럼**: 신문이나 잡지에 사회 문제를 쓴 짧은 기사를 뜻해요.
- **반영하다**: 다른 사물이나 현상에 영향을 주어 드러낸다는 뜻이에요. 예 설문 조사를 만들 때 알고 싶은 내용을 질문에 반영해야 해요.
- **출현**: 컴퓨터 통신의 출현으로 우리의 생활이 많이 바뀌었다.
- **파괴하다**: 지나친 개발은 환경을 파괴할 수 있어요.
- **지적하다**: 선생님께서 제 글에 맞춤법이 많이 틀렸다고 지적하셨어요.
- **지양하다**: 아이들에게 나쁜 영향을 주는 행동은 지양해야 해요.
- **차지하다**: 이번 조사 결과 찬성한다는 응답이 90%를 차지했어요.

---

3. 다음은 신조어 사용에 대한 칼럼입니다. 잘 읽고 질문에 답해 보세요.

사회가 변화함에 따라 우리가 사용하는 언어가 새롭게 만들어지기도 한다. 과거에는 없었던 것들을 표현하고, 급변하는 사회의 특징을 반영하기 위해 신조어가 자연스럽게 등장했다. 그러나 신조어의 사용은 언어를 파괴하고 기성세대와의 소통 단절을 유발하는 요인이 되기도 한다.

한 설문 조사 결과에 따르면 89.2%의 직장인이 신조어 때문에 세대 차이를 느낀 적이 있고, 신조어 사용이 비교적 활발한 20대의 96%가 뜻을 이해하지 못해 검색해 봤다고 답했다. 전문가들은 신조어의 출현이 자연스러운 현상이라고 인정하면서도 의사소통의 어려움을 가져올 정도로 무분별하게 사용하는 것은 문제가 있다고 지적한다. 한편 신조어를 사용하면 젊어지는 기분이 들고, 자녀들과의 대화도 늘어서 좋다는 기성세대도 있다. 그 밖에 신조어의 사용을 긍정적으로 평가하는 이유로 '재치 있는 말들이 많아서', '새로운 현상을 적절하게 표현할 수 있어서', '쉽게 공감할 수 있어서'라는 응답도 있었다.

그러나 신조어를 사용할 경우, 의미 전달이 명확하지 않아 혼란을 가져올 수 있다. 따라서 미디어나 보고서 등 공식적인 상황에서 사용하는 것은 지양하는 것이 바람직하다.

1) 신조어가 등장하게 된 배경은 무엇입니까? *과거에는 없었던 것들을 표현하고, 급변하는 사회의 특징을 반영하기 위해서 등장하게 되었습니다.*

2) 윗글의 내용과 같은 것을 고르세요.
   ❶ 신조어는 사회의 특징을 반영하기 위해 꼭 필요하다.
   ❷ 신조어의 뜻을 이해하지 못하는 직장인이 약 90%를 차지한다.
   ❸ 전문가들은 신조어 때문에 의사소통의 어려움을 느낀다.
   ❹ 신조어는 급변하는 사회 모습을 나타내지 못한다.

3) 신조어를 공식적인 상황에서 사용하는 것을 지양해야 하는 이유를 고르세요.
   ❶ 세대 간의 소통 단절을 유발한다.
   ❷ 새로운 현상을 적절하게 표현할 수 있다.
   ❸ 정확성이 떨어지고 혼란을 일으킬 수 있다.
   ❹ 재치 있는 표현이 많아 쉽게 공감을 할 수 있다.

단어장
칼럼
배경
급변하다
반영하다
세대 차이
출현
인정하다
의사소통
지적하다
적절하다
미디어
지양하다

신조어 사용에 대해 읽기

1. 칼럼이라는 글의 종류가 가지는 특징에 대해 간략하게 설명하고 신조어 사용에 대한 칼럼 글을 읽게 한다.

   🎤 신문이나 잡지에 정치, 사회에 대한 이야기를 쓴 글을 칼럼이라고 해요. 여러분은 칼럼을 읽은 적이 있어요?

2. 글을 훑어 읽게 한 후 주제, 중심 내용 등을 간단히 말해 보도록 한다.

   🎤 신조어는 어떤 말이에요?
   신조어가 가진 문제점은 무엇이에요?
   신조어를 긍정적으로 평가하는 이유는 뭐예요?
   왜 공식적인 상황에서는 사용하지 않는 것이 좋아요?

3. 글을 다시 읽으면서 문제를 풀게 한다.

4. 답을 같이 확인한 후, 본문을 다시 읽으며 모르는 어휘가 없는지 확인한다. 필요한 경우 새로운 어휘, 표현을 설명한다.

1. 한국어를 하면서 어떤 어려움을 느낍니까? 그리고 어떤 노력이 필요하다고 생각합니까?

한국어를 하면서 느끼는 어려운 점
·
·
·

필요한 노력
·
·
·

2. 한국어를 하면서 여러분이 느끼는 어려움을 써 보세요. 그리고 그것을 극복하기 위해 어떤 노력이 필요한지도 써 보세요.

10과 언어생활　141

한국어 사용의 어려움에 대해 쓰기

1. 어떤 글을 쓸지 알려 주고 글에 들어갈 내용을 생각해 보게 한다.

🎤 한국어를 하면서 느끼는 어려움은 뭐가 있어요?
한국어의 어려움을 극복하기 위해 필요한 노력은 뭐가 있어요?

2. 교재 지문에 대해 자신이 쓸 내용을 간단하게 메모하도록 한다. 교사는 학생들이 쓴 메모에 오류가 없는지 확인해 준다.

3. 메모한 내용을 바탕으로 글로 완성하게 한다.

말과 관련된 한국 속담

속담은 예로부터 전해 오는 인생에 대한 가르침을 간결하게 표현하는 말이다. 속담은 오랜 인생 경험을 통해 얻은 교훈으로서, 그 안에는 한국인의 사고방식과 행동 양식이 담겨 있다.

한국인들은 전통적으로 말의 가치를 중요하게 여겼다. 그래서 말과 관련된 속담이 특히 많고 현대인들에게도 아주 친숙하게 사용되고 있다. 예를 들어 '가는 말이 고와야 오는 말이 곱다', '말 한마디에 천 냥 빚도 갚는다', '말이 씨가 된다'와 같은 속담에는 말을 중시하는 한국인의 사고방식이 반영되어 있다.

한편 '발 없는 말이 천 리 간다'는 속담이나 '호랑이도 제 말 하면 온다', '낮말은 새가 듣고 밤말은 쥐가 듣는다'는 속담처럼 말을 할 때는 조심해서 하라는 교훈이 담긴 속담도 많다. 이 밖에 어떤 상황에서든지 말은 언제나 바르게 하고 가려서 해야 한다는 의미가 담긴 '입은 삐뚤어져도 말은 바로 해라', '같은 말이라도 아 다르고 어 다르다'라는 속담이 있다.

1) 한국에 말과 관련된 속담이 많은 이유가 무엇입니까?
2) '말을 조심해서 하라'는 의미가 담긴 속담에는 어떤 것들이 있습니까?
3) 여러분 고향에는 말과 관련된 속담으로 무슨 속담이 있습니까?

말과 관련된 한국 속담

1. 이 단원의 문화와 정보가 무엇에 대한 것인지 알려 준다.

🎤 한국어에는 말과 관련된 속담이 많이 있어요.
오늘은 말과 관련된 한국어 속담에 대해 알아봅시다.

2. 교재의 그림(사진)을 보면서 주제에 대해 알고 있는 것을 상기시키고 말해 보게 한다. 이때 관련 시각 자료를 추가로 활용할 수 있다.

🎤 여러분이 알고 있는 말과 관련된 속담이 있어요?
언제 이 속담을 들었어요?

3. 교재를 같이 읽으면서 내용을 설명한다. 이때 중요한 정보가 있는 부분에 밑줄을 긋거나 표시하게 하는 것도 좋다.

4. 질문 1), 2)의 답을 찾아보고 답하게 한다.

🎤 한국에 말과 관련된 속담이 많은 이유가 무엇입니까?
'말을 조심해서 하라'는 의미가 담긴 속담에는 어떤 것들이 있습니까?

5. 질문 3)을 이용하여 학습자 자신의 경험을 말해 보도록 한다.

🎤 여러분 고향에도 말과 관련된 속담이 있으면 소개해 보세요.

랑이도 제 말 하면 온다.

배운 어휘 확인

- ☐ 언어 예절을 지키다
- ☐ 올바른 언어를 사용하다
- ☐ 때와 장소에 맞게 말하다
- ☐ 표준어를 구사하다
- ☐ 정확하게 발음하다
- ☐ 적절한 호칭을 쓰다
- ☐ 비속어
- ☐ 맞춤법이 틀리다
- ☐ 띄어쓰기를 잘못하다
- ☐ 발음이 부정확하다
- ☐ 억양이 부자연스럽다
- ☐ 속담
- ☐ 활용
- ☐ 신조어
- ☐ 유행어
- ☐ 단어가 잘 안 떠오르다
- ☐ 모국어
- ☐ 섞다
- ☐ 헷갈리다
- ☐ 사투리를 쓰다
- ☐ 동문서답하다
- ☐ 의도하다
- ☐ 결심하다
- ☐ 거래처
- ☐ 지루하다
- ☐ 전혀

- ☐ 말다툼
- ☐ 별일
- ☐ 유창하다
- ☐ 직설적이다
- ☐ 격식을 차리다
- ☐ 제안
- ☐ 재치
- ☐ 현상
- ☐ 파괴
- ☐ 혼란을 일으키다
- ☐ 단절
- ☐ 유발하다
- ☐ 무분별하다
- ☐ 칼럼
- ☐ 배경
- ☐ 급변하다
- ☐ 반영하다
- ☐ 세대 차이
- ☐ 출현
- ☐ 인정하다
- ☐ 의사소통
- ☐ 지적하다
- ☐ 적절하다
- ☐ 미디어
- ☐ 지양하다

10과 언어생활 **143**

- 이 단원에서 배운 어휘 중 기억나는 것을 말해 보세요.
- 이 단원에서 배운 문법은 뭐예요? 어떻게 사용해요?
- 여러분은 언어생활에 어떤 어려움이 있어요?
- 한국어를 하면서 어떤 어려움을 느껴요? 어려움을 극복하기 위하여 어떤 노력을 해야 할까요?
- 말과 관련된 속담에는 어떤 것들이 있어요?

마무리

1. 단원에서 학습한 어휘 중 기억하는 것을 먼저 말해 보게 한다.

2. 배운 어휘 목록의 어휘들을 읽으면서 의미를 상기시킨다.

3. 단원에서 학습한 문법(통-고 말다, 통형-는 척하다)을 상기시키며 의미와 사용법을 기억하는지 확인한다.

4. 단원의 목표와 성취도를 확인한다.

5. 익힘책을 과제로 제시하고 마무리한다.

11 교육 제도

어휘: 한국의 교육 제도

문법: 명 조차

동 형 -기 마련이다

활동: 사교육에 대한 찬성과 반대
의견 말하기
교육 제도 설명하는 글 쓰기

문화와 정보: 평생 교육

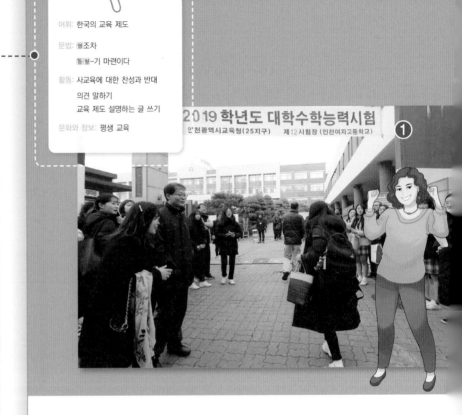

수업 목표 및 내용

- **주제:** 한국의 교육 제도

- **어휘와 문법**
  - 어휘: 한국의 교육 제도 관련 어휘를 익힌다.
  - 문법: '명 조차', '동 형 -기 마련이다'의 의미와 형태를 익혀 사용할 수 있다.

- **활동**
  - 말하기: 사교육에 대한 찬성과 반대 의견을 말할 수 있다.
  - 듣기: 조기 외국어 교육에 대한 대화를 듣고 이해할 수 있다.
  - 읽기: 한국의 교육 과정에 대한 글을 읽고 이해할 수 있다.
  - 쓰기: 교육 제도에 대해 글을 쓸 수 있다.

- **문화와 정보:** 평생 교육

수업
전개

도입, 어휘 **1차시**

· 한국의 교육 제도

익힘책 pp.90-91

문법 **2차시**

· 명 조차
· 동 형 -기 마련이다

익힘책 pp.92-94

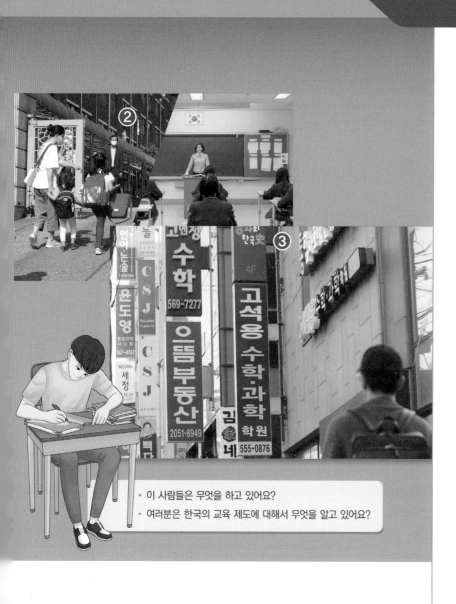

- 이 사람들은 무엇을 하고 있어요?
- 여러분은 한국의 교육 제도에 대해서 무엇을 알고 있어요?

도입

1. 교재 그림을 이용하여 학생들과 이야기하며 이 과의 주제를 노출한다.

그림❶ 🎤 이 사람들은 지금 무엇을 하고 있어요?
대학교에 입학하기 위해서는 무엇이 중요해요?
여러분 고향에서는 학교에 입학할 때 시험을 봐야 해요?

그림❷ 🎤 이 사람들은 지금 무엇을 하고 있어요?
여러분의 고향에는 어떤 학교가 있어요?
그 학교에서는 몇 년 동안 공부해요?

그림❸ 🎤 이 사람은 지금 무엇을 하고 있어요?
여러분은 학교 수업이 끝난 후에 다른 곳에서 수업을 받은 적이 있어요?
학교 수업 이외에 또 다른 수업을 받으면 어떤 좋은 점과 나쁜 점이 있어요?

2. 대화 내용을 정리하며 이 단원에서는 '한국의 교육 제도'에 대해 공부한다는 것을 알려 준다.

─ 이 단원을 지도할 때는… ─

이 단원과 관계있는 단원들은 아래와 같습니다. 관련 단원의 학습 내용을 확인하셔서 지도에 참고하시면 좋을 것 같습니다.

- 문법: 동-는 법이다
  - 4권 15과 법과 질서
- 문법: 명이나/밖에
  - 3권 5과 소비와 절약

말하기 듣기, 발음 ③차시	읽기 ④차시	쓰기, 문화와 정보, 마무리 ⑤차시
·사교육에 대해 말하기 ·조기 외국어 교육에 대해 듣기	·한국의 교육 과정에 대해 읽기	·고향의 교육 제도에 대해 쓰기 ·평생 교육
익힘책 p.95	익힘책 p.96	익힘책 p.97

- **국립 학교:** 나라에서 만들어서 운영하는 학교를 말해요.
- **공립 학교:** 시나 도에서 만들어서 운영하는 학교를 말해요.
- **사립 학교:** 개인 또는 개인 단체가 만들어서 운영하는 학교를 말해요.
- **대안 학교:** 정규 학교의 문제점을 해결하기 위해서 이들 학교 대신 운영하는 특별한 학교를 말해요.
- **공교육:** 국가의 학교 제도 안에서 이루어지는 교육을 말해요.
- **사교육:** 학교 수업이 끝난 후에도 과외나 학원과 같은 사교육을 받는 학생들이 많아요.

- **교육열:** 교육열이 높은 부모들은 자녀들이 좋은 교육을 받기를 원해요.
- **주입식 교육:** 한 번에 많은 지식을 기억하는 것을 중요하게 생각하는 교육을 말해요.
- **창의 교육:** 새롭고 독창적인 생각을 기르는 교육을 말해요.
- **인성 교육:** 사람의 마음을 올바르게 키우는 활동을 중시하는 교육을 말해요.
- **경쟁이 치열하다:** 좋은 대학을 입학하기 위한 경쟁이 치열해요.

1. 다음을 보고 어떻게 생각하는지 이야기해 보세요.

국립 / 공립 학교	사립 학교	대안 학교
국립 또는 공립 학교는 국가나 지방 공공 단체가 운영해서 학비가 싸다.	사립 학교는 경쟁이 심해서 입학하기 쉽지 않다.	대안 학교에서는 학교 교육의 문제를 해결하기 위해서 자율적인 교육 프로그램을 운영한다.

공교육	사교육	교육열
공교육은 국가의 제도 속에서 교육이 이루어진다.	공교육을 보충하기 위해서 학교 밖에서 사교육이 이루어진다.	자식에 대한 학부모들의 교육열이 점점 높아지고 있다.

주입식 교육	창의 교육	인성 교육
주입식 교육에서는 정보, 지식을 암기하는 수업이 이루어진다.	창의 교육에서는 새롭고 흥미로운 생각을 나누는 수업이 이루어진다.	인성 교육에서는 사람의 마음, 성격을 키우는 수업이 이루어진다.

2. 여러분은 다음에 대해서 어떻게 생각하세요? 교육에 대한 생각을 이야기해 보세요.

- 교육열
- 주입식 교육 / 창의 교육
- 인성 교육

> 한국은 입시 경쟁도 치열하고 교육열도 높은 것 같아요.

> 예전에는 학교에서 대부분 지식 중심의 주입식 교육이 이루어졌는데 점점 창의 교육이 중요해지는 것 같아요.

> 개인의 입시를 위한 교육도 필요하지만 우리 사회를 생각하면 인성 교육이 더 강화되어야 할 것 같아요.

어휘 (한국의 교육 제도)

1 도입, 제시

1. 고향에서의 학교, 교육에 대한 경험에 대해 물으며 오늘의 어휘는 한국의 교육 제도와 관련된 표현임을 알려 준다.

🎤 여러분 고향에서는 대학교에 꼭 들어가야 해요?
여러분 고향에서는 학교에서 어떤 교육을 받았어요?
학교 수업에서 좋은 성적을 받기 위해서는 지식을 많이 외워야 해요?
아니면 여러 가지 활동을 하면서 독창적인 아이디어를 기르는 것이 중요해요?

2. 교사를 따라 어휘를 소리 내어 한 번 읽는다. 이때 발음에 주의하게 한다.

3. 어휘의 의미를 설명한다. 어휘가 사용된 문장을 예로 제시하거나 의미를 풀어서 설명해 준다. 상황에 따라 유의어나 반의어 등을 추가로 설명할 수 있다.

4. 배운 어휘를 소리 내어 읽도록 한다. 이때 '-어요' 형태로 단어를 읽는 등 변화를 줄 수 있다.

2 연습

1. 배운 어휘를 사용하여 한 사람씩 문장을 만들어 보는 연습을 먼저 한다.

2. 연습한 문장을 이용하여 고향 또는 한국의 교육열과 주입식, 창의, 인성 교육에 대해 짝과 대화하도록 한다.

3. 학생들끼리 이야기한 것을 교사가 정리해 주며 같이 이야기한다.

🎤 고향 또는 한국의 교육열에 대해 어떻게 생각해요?
주입식 교육은 필요하다고 생각해요?
창의 교육에 대해 어떻게 생각해요?
인성 교육이 중요하다고 생각해요?

4. 자신의 실제 경험을 이야기하는 활동으로 확장할 수 있다.

문법

(50분)

1 명 조차

그 상황의 이상의 것이 더해짐을 나타낼 때 사용한다.

박민수: 어제 초등학교 때 선생님을 뵀는데 하나도 안 변하셔서 깜짝 놀랐어요.
김영욱: 저는 학교를 졸업한 지 오래돼서 선생님 얼굴조차 기억이 안 나요.

예문
• 가: 팀장님이 저한테 화가 많이 나신 것 같아요. 저하고 눈조차 안 마주치세요.
  나: 오해하시는 거 아니에요? 제가 볼 때는 아닌 것 같은데요.
• 입학시험에 떨어지는 것은 생각조차 하기 싫어요.
• 몸이 너무 아파서 일어나는 것조차 힘들어요.

조차	• 음식 → 음식조차
	• 산책 → 산책조차
	• 인사 → 인사조차
	• 전화 → 전화조차

1. 보기와 같이 연결해서 이야기해 보세요.

한국어를 처음 배울 때 이름조차 못 썼어요.

보기	한국어를 처음 배울 때	•	•	이름조차 못 쓰다
1)	한국 생활에 적응하지 못했을 때	•	•	말조차 안 나오다
2)	회사 일이 힘들어서 그만두었을 때	•	•	친구조차 못 만나다
3)	고향 친구가 죽었다는 소식을 들었을 때	•	•	혼자 외출조차 못하다
4)	대학 입학시험을 준비하느라고 바빴을 때	•	•	가족에게조차 말하지 못하다

2. 여러분은 생각조차 하기 싫은 경험을 해 봤어요? 친구들과 이야기해 보세요.

• 돈이 없었을 때
• 몸이 많이 아팠을 때
• 한국에 처음 왔을 때

돈이 없었을 때 월세조차 내기 힘들었어요.

11과 교육 제도 **147**

명 조차

명사 뒤에 붙어 그 상황의 이상의 것이 더해짐을 나타낼 때 사용한다. '조차' 뒤에는 주로 부정적인 상황이 온다.

• 가: 팀장님이 저한테 화가 많이 나신 것 같아요. 저하고 눈조차 안 마주치세요.
  나: 오해하시는 거 아니에요? 제가 볼 때는 아닌 것 같은데요.
• 가: 한국어뿐만 아니라 프랑스어도 잘하신다면서요?
  나: 아니요. 프랑스어는 배운 지 오래돼서 알파벳조차 생각나지 않아요.
• 입학시험에 떨어지는 것은 생각조차 하기 싫어요.
• 일하느라 바빠서 고향에 전화 한 통조차 못했다.

조차 (명사 받침 O, X)	이름	→ 이름조차
	시간	→ 시간조차
	상상	→ 상상조차
	인사	→ 인사조차
	친구	→ 친구조차
조차 (-기, -음, -는 것)	읽기	→ 읽기조차
	생각하기	→ 생각하기조차
	서 있기	→ 서 있기조차
	바람	→ 바람조차
	먹는 것	→ 먹는 것조차
	자는 것	→ 자는 것조차

문법 1 (명 조차)

1 도입, 제시

1. 도입 그림과 대화를 통해 문법이 사용되는 상황을 인지시킨다.

   🎙 두 사람은 무슨 이야기를 하고 있어요?
   민수 씨는 누구를 만났어요? 민수 씨는 초등학교 때 선생님 모습을 기억해요?
   그런데 영욱 씨는 선생님을 잘 기억하고 있어요?

2. 교재의 대표 예문을 보면서 문법의 의미를 설명한다.

   🎙 민수 씨는 오랜만에 초등학교 선생님을 만났는데 예전과 같은 모습이어서 놀랐어요. 하지만 영욱 씨는 초등학교 선생님 얼굴도 기억이 안 난다고 해요. 기대하거나 예상하기 어려운 부분까지를 말하고 싶을 때 '조차'를 사용해요.

3. 학생들과 교재의 예문들을 읽으면서 문법의 의미를 설명하고 이해시킨다.

4. 문법의 형태 정보를 제시하고 설명한다.

5. 추가 예문을 제시하고 문법의 의미와 사용법을 정확하게 이해시킨다.

2 연습 1

1. 〈보기〉의 대화를 교사와 함께 완성해 본다.

2. 나머지 문제를 〈보기〉의 대화처럼 짝과 완성하도록 한다.

3. 연습한 것을 발표하게 하거나 교사가 전체 학생 대상으로 답하게 하여 확인한다. 그리고 오류가 있으면 수정해 준다.

3 연습 2

1. '조차'를 사용하여 지금까지 살면서 생각조차 하기 싫은 경험에 대해 이야기해 보도록 한다.

2. 친구와 대화한 것을 발표하게 하고 오류가 있으면 수정해 준다.

익힘책 92-93쪽을 풀게 하거나 과제로 제시한다. 익힘책은 연습 활동 난이도에 따라 교재 연습 문제 전후로 활용한다.

11과 교육 제도 **133**

동 형 -기 마련이다

동사나 형용사 뒤에 붙어 그러한 일이 있는 것이 당연함을 나타낼 때 사용한다. '-게 마련이다'의 형태로 사용하기도 한다.

- 가: 예전에는 한국 음식을 못 먹었는데 요즘에는 매운 한국 음식도 잘 먹어요.
  나: 그 나라에서 오래 살면 그곳 음식에 익숙해지기 마련이에요.

- 가: 벌써 4단계인데 아직도 한국어 발음은 어려워요.
  나: 그래도 포기하지 말고 반복 연습해 보세요. 뭐든지 자꾸 하면 좋아지기 마련이에요.

- 시간이 지나면 잊히기 마련이다.

- 불규칙적인 생활을 계속하면 건강이 나빠지기 마련이다.

-기 마련이다 (동사 받침 O, X)	얻다 → 얻기 마련이다 살다 → 살기 마련이다 보다 → 보기 마련이다 끝나다 → 끝나기 마련이다 성공하다 → 성공하기 마련이다
-기 마련이다 (형용사 받침 O, X)	힘들다 → 힘들기 마련이다 늦다 → 늦기 마련이다 크다 → 크기 마련이다 실수하다 → 실수하기 마련이다 익숙해지다 → 익숙해지기 마련이다

2 동 형 -기 마련이다

그러한 일이 있는 것이 당연함을 나타낼 때 사용한다.

후엔: 우리 애가 공부를 안 해서 고민이에요.
고천: 걱정하지 마세요. 때가 되면 스스로 공부하기 마련이에요.

예문
- 가: 예전에는 한국 음식을 못 먹었는데 요즘에는 매운 한국 음식도 잘 먹어요.
  나: 그 나라에서 오래 살면 그곳 음식에 익숙해지기 마련이에요.
- 시간이 지나면 잊히기 마련이다.
- 기대가 크면 실망도 크기 마련이다.

-기 마련이다	• 살다 → 살기 마련이다 • 늙다 → 늙기 마련이다 • 보다 → 보기 마련이다 • 크다 → 크기 마련이다 • 실수하다 → 실수하기 마련이다

1. 여러분은 이런 상황에 대해 뭐라고 말해요? **보기** 와 같이 바꿔 보세요.

> 요즘 일이 많아서 잠을 못 잤더니 몸살이 났어요.

> 무리하게 일하면 병이 나기 마련이에요.

보기	요즘 일이 많아서 잠을 못 잤더니 몸살이 났어요.	무리하게 일하면 병이 나다
1)	저 배우는 예전에 참 멋있는데 이제 많이 늙었어요.	사람은 누구나 늙다
2)	아이한테 게임하지 말라고 여러 번 말했는데 말을 안 들어요.	잔소리하면 말을 더 안 듣다
3)	아이를 키우니까 부모님 생각이 자주 나요.	아이를 낳아 보면 부모님 마음을 이해하다
4)	내 친구 둘이 그렇게 싸우더니 결혼했어요.	싸우면서 정이 들다

2. 친구의 고민을 듣고 '-기 마련이다'를 사용하여 이야기해 보세요.

- 이번에는 취직할 줄 알았는데 잘 안 됐어요.
- 곧 결혼해야 하는데 돈을 많이 못 모았어요.
- 4단계를 공부하는데 한국어가 늘지 않아서 걱정이에요.

> 준비된 사람에게 기회가 오기 마련이니까 조금만 더 기다려 보세요.

단어장
실망
늙다

문법 2 (동 형 -기 마련이다)

1 도입, 제시

1. 도입 그림과 대화를 통해 문법이 사용되는 상황을 인지시킨다.

> 🎤 후엔 씨는 무슨 고민이 있어요?
> 고천 씨는 뭐라고 조언해 줬어요?
> 고천 씨는 왜 그렇게 조언했어요?

2. 교재의 대표 예문을 보면서 문법의 의미를 설명한다.

> 🎤 우리는 어떤 행동이나 상황에 대한 결과가 당연하다고 생각하는 경험을 해요. 그때 '-기 마련이다'를 사용해요.

3. 학생들과 교재의 예문들을 읽으면서 문법의 의미를 설명하고 이해시킨다.

4. 문법의 형태 정보를 제시하고 설명한다.

5. 추가 예문을 제시하고 문법의 의미와 사용법을 정확하게 이해시킨다.

2 연습 1

1. 〈보기〉의 대화를 교사와 함께 완성해 본다.

2. 나머지 문제를 〈보기〉의 대화처럼 짝과 완성하도록 한다.

3. 연습한 것을 발표하게 하거나 교사가 전체 학생 대상으로 답하게 하여 확인한다. 그리고 오류가 있으면 수정해 준다.

3 연습 2

1. '-기 마련이다'를 사용하여 고민에 대해 위로가 되는 조언을 이야기하도록 한다.

2. 연습한 것을 발표하게 하고 오류가 있으면 수정해 준다.

> **익힘책** 93-94쪽을 풀게 하거나 과제로 제시한다. 익힘책은 연습 활동 난이도에 따라 교재 연습 문제 전후로 활용한다.

1. 제이슨 씨와 애나 씨가 사교육에 대해서 이야기합니다. 다음 대화처럼 이야기해 보세요.

> 제이슨: 어제 뉴스를 보니 고3 학생들이 사교육을 받느라고 학업 스트레스가 심하대요.
> 잠을 못 자거나 머리가 빠지기도 하고 밥조차 못 먹는 경우도 있고요.
>
> 애 나: 스트레스를 많이 받으면 병이 나기 마련이지요.
> 하지만 한국은 워낙 대학 입시 경쟁이 치열하니까 어쩔 수 없는 것 같아요.
>
> 제이슨: 요즘 아이들은 학교와 학원 공부 때문에 힘들게 10대를 보내는 것 같아서 안쓰러워요. 학교 수업이 끝나고도 학원에 가서 밤늦게까지 공부하잖아요.
>
> 애 나: 자신의 아이들을 좋은 대학에 보내려면 부모들이 사교육을 많이 시킬 수밖에 없어요.
>
> 제이슨: 그렇다고 해도 학부모들의 교육열이 너무 지나친 거 아니에요?
>
> 애 나: 부모들은 자녀들이 좋은 대학에 가길 바라니까요. 그래서 저는 사교육을 시키는 부모의 마음을 이해돼요.
>
> 제이슨: 교육 문제는 쉽게 해결될 수 없겠지만 교육 제도는 꼭 개선해야 돼요. 그러면 사교육이나 부모들의 교육열 문제도 해결될 거라고 생각해요.

1) 대학 입시 경쟁이 치열하다 | 학원에 가서 밤늦게까지 공부하다

2) 학력을 중시하다 | 평일뿐만 아니라 주말에도 과외를 받다

2. '사교육은 꼭 필요한가?'에 대해 찬성 입장과 반대 입장이 되어 이야기해 보세요.

찬성	반대
• 학교 성적이 좋지 않은 학생들이 사교육을 받으면 성적을 향상시킬 수 있다. • 부족한 부분을 보충할 수 있다.	• 지나친 사교육으로 스트레스를 받아 건강을 해칠 수 있다. • 사교육에 의지해서 학교 공부를 소홀히 할 수 있다.

단어장
경쟁
치열하다
학력
중시하다

11과 교육 제도 149

• **학업**: 학업을 계속하기 위해 회사에 다니면서 대학원에 입학했어요.

• **스트레스**: 한국의 고등학생들은 대학 입시 스트레스에 시달리고 있어요.

• **워낙**: '매우'를 구어적으로 표현할 때 사용해요.

• **안쓰럽다**: 초등학생들이 밤늦게까지 학원에서 공부하는 것을 볼 때 안쓰러워요.

• **개선하다**: 잘못된 점을 개선하려는 노력이 필요해요.

• **중시하다**: 한국 사람들은 옛날부터 교육을 중시해 왔어요.

발음

• **그렇다고**[그러타고]

• **쉽게**[쉽께]

• **없겠지만**[업껟찌만]

사교육에 대해 말하기

1 대화문 연습

1. 교재의 그림을 이용해 어떤 상황인지 추측해 보도록 한다.

🎤 두 사람은 무엇에 대해 이야기하고 있어요?
이 학생들은 왜 이렇게 열심히 공부해요?
이렇게 하면 어떤 문제가 생길까요?

2. 지시문을 이용하여 대화 상황을 학생들에게 명확하게 알려 준다.

3. 대화를 들려주고 간단한 질문을 하여 대화 내용을 이해했는지 확인한다.

🎤 고3 학생들은 어떤 스트레스를 받고 있어요?
요즘 학생들은 어떤 사교육을 받고 있어요?
자녀에 대한 부모들의 교육열이 지나친 이유는 뭐예요?

4. 교사와 함께 대화문을 읽으면서 자연스럽게 말하는 연습을 한다. 두 번 정도 반복해서 연습한다.

5. 교체 어휘를 활용하여 짝과 함께 연습하게 한다.

6. 연습이 끝나면 한두 팀을 발표시키거나 교사가 전체 학생을 대상으로

확인한다.

2 확장 연습

1. 자신의 경험을 중심으로 사교육과 관련하여 의견에 대해 말하기를 한다고 알려 준다.

2. 짝과 자신의 경험에 대해 이야기할 때는 다음과 같은 내용을 포함하여 말하도록 지시한다.

🎤 사교육의 장점은 무엇이에요?
사교육의 단점은 무엇이에요?
사교육은 꼭 필요하다고 생각해요?

3. 이야기가 끝나면 한두 팀을 발표시키거나 교사가 전체 학생을 대상으로 확인하고 오류를 수정해 준다.

11-L.mp3

사회자(여): 세계화 시대에 외국어는 필수가 되었습니다. 그래서 오늘은 외국어 교육 전문가 두 분을 모시고 외국어 조기 교육에 대해 이야기를 하고자 합니다. 외국어 조기 교육을 어떻게 생각하시는지요?

전문가1(남): 세계화 시대에 인재가 되려면 외국어를 유창하게 해야 합니다. 그렇기 때문에 외국어 조기 교육은 꼭 필요하다고 봅니다.

전문가2(여): 저도 외국어를 잘해야 한다는 것에는 동의합니다. 그렇지만 외국어 조기 교육은 우리 기대만큼 효과가 크지 않습니다. 연구 조사 결과에 따르면, 3~6세에는 집중력이 부족해서 학습이 제대로 이루어지지 않는다고 합니다.

전문가1(남): 저는 그렇게 생각하지 않습니다. 유아기와 아동기에는 새로운 것에 대한 호기심이 강해서 외국어를 쉽게 익힐 수 있습니다. 하지만 이 시기가 지나면 다른 언어에 대한 거부감이 커지고, 언어 습득력도 떨어진다는 연구가 있습니다.

전문가2(여): 물론 그런 관점도 있지만 너무 어린 나이에 외국어를 배우게 되면 학습에 대한 흥미를 잃을 뿐만 아니라 스트레스를 받을 수 있습니다. 그러면 오히려 부작용이 생기기 마련입니다.

전문가1(남): 언어는 어릴 때 배울수록 정확하게 발음을 할 수 있습니다. 이때를 놓치면 발음을 효과적으로 배울 수 없습니다.

전문가2(여): 그렇지만 무분별한 외국어 조기 교육으로 아이들은 모국어조차 제대로 습득하지 못할 수도 있습니다.

---

1. 여러분은 조기 외국어 교육에 대해 어떻게 생각합니까?

외국어는 어릴 때부터 배우는 게 좋다고 생각해요.

어릴 때 배울수록 정확하게 발음을 할 수 있어요.

2. 방송에서 사회자와 전문가가 이야기합니다. 잘 듣고 질문에 답해 보세요.

1) 무엇에 대해서 이야기하고 있습니까? 외국어 조기 교육에 대해서 이야기하고 있습니다.

2) 남자가 말한 내용과 다른 것은 무엇입니까?

❶ 인재가 되려면 외국어를 유창하게 해야 한다.
❷ 아이들은 새로운 것에 대한 호기심이 강하다.
❸ 언어는 어린 나이에 배울수록 발음이 정확하다.
❹ 아동기에는 집중력이 좋아서 외국어를 쉽게 배운다.

3) 들은 내용과 같으면 ○, 다르면 X 하세요.

❶ 요즘 아이들은 모국어조차 제대로 말할 수 없다. (X)
❷ 어린 나이에 외국어를 배우면 부작용이 생길 수 있다. (○)
❸ 유아기에는 집중력이 부족해서 학습이 이루어지기 힘들다. (○)

단어장
세계화
유창하다
유아기
아동기
습득력
부작용
무분별하다

11-P.mp3

발음

[ㄱ, ㄷ, ㅂ] + [ㄱ, ㄷ, ㅂ, ㅅ, ㅈ] → [ㄱ, ㄷ, ㅂ] + [ㄲ, ㄸ, ㅃ, ㅆ, ㅉ]

초등학교[초등학교]
입시[입씨]
입장[입짱]

다음을 듣고 따라 읽으세요.
1) 초등학교에 들어가기 전부터 영어를 배워요.
2) 대학 진학을 위한 입시 경쟁이 치열해요.
3) 부모의 입장에서는 이해가 돼요.

150 사회통합프로그램(KIIP) 한국어와 한국문화 중급 2

조기 외국어 교육에 대해 듣기

1. 지시문에 대해 답하며 앞으로 들을 내용을 추측하게 한다.

 여러분은 조기 외국어 교육에 대해 어떻게 생각해요?
이러한 조기 외국어 교육은 어떤 장점이 있어요?
또 어떤 문제점이 있다고 생각해요?

2. 지시문을 이용하여 등장인물과 대화 상황을 설명한다.

🎙 그림 속 어린아이들이 무엇을 배우고 있어요?
두 사람은 무슨 이야기를 하고 있어요?

3. 문제를 읽고 들어야 하는 정보를 파악하게 한다.

🎙 조기 외국어 교육에 대해 찬성해요? 그 이유는 무엇이에요?
아니면 조기 외국어 교육에 대해 반대해요? 그 이유는 무엇이에요?

4. 듣기 파일을 두 번 듣고 문제를 풀게 한다.

5. 교재 질문의 답을 확인한 후 해당 대화를 같이 읽으며 내용을 확인한다. 필요한 경우 새로운 어휘, 표현을 설명한다.

발음

1. '초등학교, 입시, 입장'의 발음을 들려주고 'ㄱ, ㅅ, ㅈ'의 발음이 어떻게 들리는지 학습자 스스로 확인해 보도록 한다.

2. ㄱ, ㄷ, ㅂ 다음에 오는 'ㄱ, ㄷ, ㅂ, ㅅ, ㅈ'은 [ㄲ, ㄸ, ㅃ, ㅆ, ㅉ]으로 발음된다는 것을 알려 준다.

3. '초등학교, 입시, 입장'의 발음을 다시 듣고 교사를 따라 말해 본다.

4. 1)~3)의 문장을 듣고 교사를 따라 말하게 한다.

5. 짝과 함께 대화를 읽으며 연습하게 한 후에 확인한다.

- **경음화**

'ㄱ, ㄷ, ㅂ, ㅅ, ㅈ'은 ㄱ, ㄷ, ㅂ 뒤에서 [ㄲ, ㄸ, ㅃ, ㅆ, ㅉ]으로 발음한다.

1. 다음은 한국의 교육 제도에 관한 내용입니다. 한국의 학제에 대해 알아보세요.

한국의 학제	
유치원 → 초등학교 6년 → 중학교 3년 → 고등학교 3년 → 전문대학 2년, 3년 / 대학교 4년	
검정고시	정규 학교를 졸업한 것과 같은 자격을 얻기 위한 시험
대학 수학 능력 시험 (수능)	대학 입학에 도입된 시험으로 매년 11월 셋째 주 목요일에 시행
재수	한 번 배웠던 과정을 다시 배우는 것으로 입학시험에서 떨어진 뒤에 다음 시험에 대비하여 공부하는 것

- **학제:** 학교 제도를 줄여서 학제라고 해요.
- **정규:** 저는 정규 교육을 받지 않고 검정고시로 고등학교 학력을 인정받았어요.
- **자격:** 교사가 되기 위해서는 자격 시험에 합격해야 해요.
- **도입되다:** 최신 IT 기술이 도입되어 생활이 편리해졌어요.
- **시행하다:** 올해부터 새로운 시험 제도를 시행하기로 결정되었어요.
- **대비하다:** 단계 평가에 대비해서 미리 단어와 문법을 정리하고 있어요.

2. 다음은 다양한 학습의 형태를 나타내는 말입니다. 각각의 장점을 이야기해 보세요.

방과 후 학습	학교 수업이 끝난 후에 특기나 적성에 맞는 교육을 받을 수도 있고, 보충 학습을 받을 수도 있어요.
체험 학습	아이들이 교실 밖으로 나가서 다양한 경험을 하면서 새로운 취미와 적성을 찾을 수 있어요.
선행 학습	정규 과정보다 먼저 배워서 학교 수업을 더 쉽게 이해할 수 있게 도와줘요.
평생 학습	학교 교육을 마친 일반인들도 배우고 싶은 것이 있으면 언제든지 배울 수 있어서 좋아요.

11과 교육 제도 **151**

한국의 학제와 다양한 형태의 학습

1. 한국의 학제, 교육 과정에 대해 생각하게 한다.

🎤 한국에는 무슨 학교가 있어요?
학교마다 몇 년 동안 공부해요?
한국에서는 대학 입학 시험을 뭐라고 불러요?

2. 한국의 교육 제도를 읽고 학교 등급별 교육 과정과 입학 시험 관련 용어를 파악할 수 있게 한다.

3. 한국에서 교육열과 관련한 신조어를 풀고 의미를 파악할 수 있게 한다.

4. 질문을 하여 내용을 잘 이해했는지 확인한다.

🎤 학교 수업이 끝난 후에 이루어지는 학습을 뭐라고 불러요?
밖으로 나가 다양한 경험을 해 보는 학습을 뭐라고 불러요?
학교 수업을 더 쉽게 이해하기 위해 먼저 배우는 학습을 뭐라고 불러요?
학교 교육을 마친 후 일반인들이 배우는 학습을 뭐라고 불러요?

5. 다양한 형태의 학습에 대해 이야기하게 한다.

🎤 여러분은 어떤 형태의 학습을 해 본 적이 있어요?
여러분은 선행 학습이 필요하다고 생각해요?

여러분 고향에서는 평생 학습에 관심이 많아요?

- **구성되다**: 그 축구 팀은 여러 나라에서 온 선수들로 구성되어 있어요.
- **의무**: 한국에서 남자들이 군대를 가는 것은 의무예요.
- **무상**: '무료', '공짜'라는 뜻이에요.
- **수시**: 목이 마를 때마다 수시로 물을 드세요.
- **정시**: 정한 시간 또는 시기라는 뜻이에요.
- **모집**: 회사에서 직원을 모집하고 있어요.
- **전형**: 회사에 입사하려면 먼저 서류 전형에 합격해야 해요.
- **조건**: 그 사람은 아무 조건 없이 제 부탁을 들어주었어요.
- **진학률**: 한국에서는 대학 진학률이 높은 편이에요.

---

3. 다음은 한국의 교육 과정에 대한 글입니다. 잘 읽고 질문에 답해 보세요.

한국의 학제는 6-3-3-4학제로, 초등학교 6년, 중학교 3년, 고등학교 3년, 대학교 4년(전문대학 2~3년)으로 구성되어 있다. 한 학년은 두 개의 학기로 이루어져 있으며 1학기는 3월에, 2학기는 9월에 시작한다. 각 학기 사이에는 여름 방학(7~8월)과 겨울 방학(12~1월)이 있다.

초등학교 과정은 6년이다. 만 6세부터 초등학교에 다닐 수 있다. 중학교 과정은 3년이고 집에서 가까운 학교로 배정받게 된다. 초등학교와 중학교는 의무 교육이며 무상 교육이다.

고등학교 과정은 3년으로 무상 교육을 받을 수 있다. 고등학교는 일반 고등학교 이외에 대안 학교가 있는데, 여기서는 학생 개인에게 맞는 인성과 창의 교육이 이루어진다. 한편, 이러한 공교육 과정 이외에 검정고시를 통해서도 초, 중, 고등학교를 졸업한 것과 같은 자격을 얻을 수 있다.

한국의 대학에는 4년제 대학과 2년제 또는 3년제의 전문대학이 있다. 전문대학은 직업과 관련된 전문 기술을 주로 배운다. 대학의 입시 유형에는 수시 모집과 정시 모집이 있다. 대학 입시에는 특별 전형이 있어서 다문화 가정 자녀나 외국인 등 특별한 조건을 가진 학생도 대학에 지원할 수 있다. 학생들이 입시 결과에 만족하지 못하면 다음 시험에 대비하여 다시 공부하는 '재수'를 하기도 한다.

한국은 대학 진학률이 70%로 경제 협력 개발 기구(OECD) 국가 중 1위를 차지할 정도로 교육열이 높은 편이다. 지나치게 높은 교육열이 가져오는 부작용도 있지만, 높은 교육열 덕분에 정보 기술(IT), 의료, 패션 등 다양한 분야에서 세계 최고의 인재를 양성하고 국가 발전을 이끌 수 있었다.

1) 윗글의 제목으로 알맞은 것을 고르세요.
   ❶ 한국의 교육열   ❷ 한국의 교육 제도   ❸ 한국의 대학 입학

2) 윗글의 내용과 같으면 ◯, 다르면 X 하세요.
   ❶ 한 학년은 1학기, 2학기가 있다.   (◯)
   ❷ 초등학교, 중학교는 의무 교육이다.   (◯)
   ❸ 고등학교는 무상 교육으로 학교에 꼭 다녀야 한다.   (X)

3) 공교육 이외에 초, 중, 고등학교를 졸업한 것과 같은 자격을 얻는 방법은 무엇입니까?
   검정고시

단어장
구성되다	모집
의미	전형
무상	조건
수시	진학률
정시	

한국의 교육 과정에 대해 읽기

1. 한국의 초등학교, 중학교, 고등학교, 대학교 교육의 특성을 간략하게 이야기하고 한국의 교육 과정에 대한 글을 읽게 한다.

🎤 한국 학교의 학기는 어떻게 돼요?
한국 사람들은 어느 학교까지 꼭 다녀야 해요?
학교에 입학하려면 어떤 시험을 봐야 해요?
한국의 학교 교육에 대해 알고 있는 것을 말해 보세요.

2. 글을 훑어 읽게 한 후 주제, 중심 내용 등을 간단히 말해 보도록 한다.

🎤 한국의 학제는 어떻게 이루어져 있어요?
한국 대학의 입시의 특징은 무엇인가요?
한국의 대학 진학률과 교육열은 어떤가요?

3. 글을 다시 읽으면서 문제를 풀게 한다.

4. 답을 같이 확인한 후, 본문을 다시 읽으며 모르는 어휘가 없는지 확인한다. 필요한 경우 새로운 어휘, 표현을 설명한다.

1. 여러분 고향의 교육 제도는 어떻습니까? 간단히 써 보세요.

학제	초등학교 :
	중 학 교 :
	고등학교 :

교육의 특징

대학 입시

2. 위의 내용을 바탕으로 여러분 나라의 교육 제도를 설명하는 글을 써 보세요.

고향의 교육 제도에 대해 쓰기

1. 어떤 글을 쓸지 알려 주고 글에 들어갈 내용을 생각해 보게 한다.

🎙 여러분 고향의 학제는 어떻게 이루어져 있어요?
여러분 고향의 학교 교육은 한국 학교 교육과 어떤 점이 비슷하고, 어떤 점이 달라요?
여러분 고향에서는 대학에 어떻게 들어가요?

2. 교재 지문에 대해 자신이 쓸 내용을 간단하게 메모하도록 한다. 교사는 학생들이 쓴 메모에 오류가 없는지 확인해 준다.

3. 메모한 내용을 바탕으로 글로 완성하게 한다.

문화와 정보

평생 교육

최근 한국 사회에서 평생 교육이 보편화되고 있다. 일반적으로 교육은 초등학교부터 대학교까지 연계되는 학교 교육이 중심이었다. 그러나 사회가 발전하면서 학교 교육을 마친 사회인에 대한 교육의 중요성이 커졌다. 평생 교육은 이러한 배경에서 비롯되었다.

한국의 평생 교육 과정은 두 가지로 나누어진다. 하나는 학위 과정이고 다른 하나는 자격증 또는 수료증을 받는 과정이다. 평생 교육을 담당하는 교육 기관도 대학과 민간 평생 교육 기관으로 나뉘어진다.

최근에는 원격으로 평생 교육을 받을 기회가 넓어지고 있어서 가정주부나 직장인이 평생 교육을 받기가 편리해졌다. 원격 대학과 원격 평생 교육 기관의 학점 은행제를 활용하면 원격 교육으로 학위도 받을 수 있다. 평생 교육에서 인기 있는 분야는 주로 실용 학문 또는 실무 기술 분야이다. 피부 미용, 사회 복지, 상담, 보육, 레크리에이션, 외국어가 대표적인 예이다.

1) 한국의 평생 교육 과정 두 가지는 무엇입니까?
2) 요즘 평생 교육에서 인기 있는 분야는 어느 분야입니까?
3) 여러분 고향의 평생 교육을 소개해 보세요.

평생 교육

1. 이 단원의 문화와 정보가 무엇에 대한 것인지 알려 준다.

🎤 평생 교육이란 무엇인가요? 필요하다고 생각해요? 평생 교육을 받으려면 어떻게 해야 하는지 알아봅시다.

2. 교재의 그림(사진)을 보면서 주제에 대해 알고 있는 것을 상기시키고 말해 보게 한다. 이때 관련 시각 자료를 추가로 활용할 수 있다.

🎤 이 사람들은 무엇을 하고 있어요? 여러분은 나이가 들어서 시간의 여유가 생기면 무엇을 배우고 싶어요?

3. 교재를 같이 읽으면서 내용을 설명한다. 이때 중요한 정보가 있는 부분에 밑줄을 긋거나 표시하게 하는 것도 좋다.

4. 질문 1), 2)의 답을 찾아보고 답하게 한다.

🎤 한국의 평생 교육 과정 두 가지는 무엇입니까? 요즘 평생 교육에서 인기 있는 분야는 어느 분야입니까?

5. 질문 3)을 이용하여 학습자 자신의 경험을 말해 보도록 한다.

🎤 여러분 고향의 평생 교육을 소개해 보세요.

평생 교육 잘 찾는 첫걸음

"늘배움"

www.lifelongedu.go.kr

무료로

₩

다양한 분야의
동영상 강의 서비스.

어디서나

읽고 편리하게
이용 가능한 방송학습지

지역별 평생교육
기관 및 강좌 정보 제공

교육부   국가평생교육진흥원

배운 어휘 확인

☐ 국립/공립	☐ 유창하다
☐ 국가	☐ 유아기
☐ 지방 공공 단체	☐ 아동기
☐ 운영하다	☐ 습득력
☐ 대안	☐ 부작용
☐ 자율적	☐ 무분별하다
☐ 공교육	☐ 검정고시
☐ 사교육	☐ 대학 수학 능력 시험(수능)
☐ 보충하다	☐ 재수
☐ 교육열	☐ 방과 후 학습
☐ 주입식 교육	☐ 체험 학습
☐ 암기하다	☐ 선행 학습
☐ 창의 교육	☐ 평생 학습
☐ 인성 교육	☐ 구성되다
☐ 강화되다	☐ 의무
☐ 실망	☐ 무상
☐ 늘다	☐ 수시
☐ 경쟁	☐ 정시
☐ 치열하다	☐ 모집
☐ 학력	☐ 전형
☐ 중시하다	☐ 조건
☐ 세계화	☐ 진학률

11과 교육 제도   155

- 이 단원에서 배운 어휘 중 기억나는 것을 말해 보세요.
- 이 단원에서 배운 문법은 뭐예요? 어떻게 사용해요?
- 사교육 또는 조기 외국어 교육에 대해 찬성해요, 아니면 반대해요?
- 한국의 교육 과정과 교육 제도에 대해 이해했어요?
- 한국에서는 어떤 평생 교육 프로그램이 인기가 많아요?

마무리

1. 단원에서 학습한 어휘 중 기억하는 것을 먼저 말해 보게 한다.

2. 배운 어휘 목록의 어휘들을 읽으면서 의미를 상기시킨다.

3. 단원에서 학습한 문법(명조차, 동형-기 마련이다)을 상기시키며 의미와 사용법을 기억하는지 확인한다.

4. 단원의 목표와 성취도를 확인한다.

5. 익힘책을 과제로 제시하고 마무리한다.

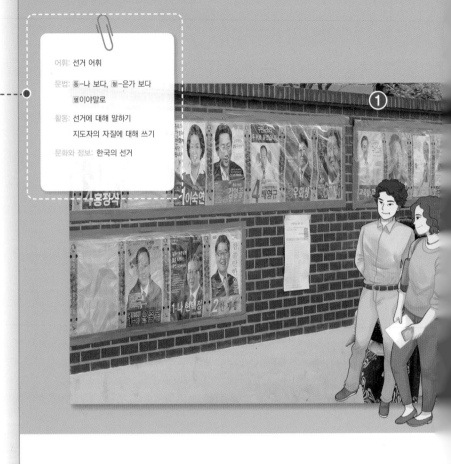

12 선거와 투표

어휘: 선거 어휘

문법: 동-나 보다, 형-은가 보다
　　　명이야말로

활동: 선거에 대해 말하기
　　　지도자의 자질에 대해 쓰기

문화와 정보: 한국의 선거

수업 목표 및 내용

• **주제:** 선거와 투표

• **어휘와 문법**
 – 어휘: 선거 관련 어휘를 익힌다.
 – 문법: '동-나 보다, 형-은가 보다',
 　　　'명이야말로'의 의미와 형태를 익혀
 　　　사용할 수 있다.

• **활동**
 – 말하기: 선거에 대해 말할 수 있다.
 – 듣기: 투표소 상황에 대한 뉴스를 듣고 이해할
 　　　수 있다.
 – 읽기: 시장에게 필요한 자질에 대한 신문
 　　　기사를 읽고 이해할 수 있다.
 – 쓰기: 지도자의 자질에 대해 글을 쓸 수 있다.

• **문화와 정보:** 한국의 선거 제도

수업 전개	도입, 어휘 **1차시**	문법 **2차시**
	·선거의 종류 ·선거 관련 어휘	·동-나 보다, 형-은가 보다 ·명이야말로
	익힘책 pp.98-99	익힘책 pp.100-103

5분

② 선거 투표

1	◎◎당	김◎◎
2	△△당	이◎◎
3	□□당	박◎◎
4	☆☆당	윤◎◎
5	◇◇당	황◎◎

투표관리

③

투표함

· 이 사람들은 무엇을 하고 있어요?
· 여러분도 투표를 한 적이 있어요?

도입

1. 교재 그림을 이용하여 학생들과 이야기하며 이 과의 주제를 노출한다.

그림❶ 🎤 벽에 붙어 있는 사진들은 뭐예요?
여러분은 이런 포스터를 본 적이 있어요?
언제 볼 수 있어요?

그림❷ 🎤 이 사람이 들고 있는 것은 뭐예요?
언제 사용해요?

그림❸ 🎤 이 사람들은 무엇을 하고 있어요?
왜 이것을 해요?
여러분도 투표를 한 적이 있어요?

2. 대화 내용을 정리하며 이 단원에서는 '선거 종류, 선거할 때의 하는 일, 지도자의 자질' 등에 대해 공부한다는 것을 알려 준다.

── 이 단원을 지도할 때는… ──

이 단원과 관계있는 단원들은 아래와 같습니다. 관련 단원의 학습 내용을 확인하셔서 지도에 참고하시면 좋을 것 같습니다.

· 주제: 성격
— 3권 2과
· 문화: 직업과 성격
— 3권 2과
· 문법: 동형-(으)ㄴ 모양이다,
동형-(으)ㄹ 것 같다
— 2권 9과

말하기 듣기, 발음	3차시		읽기	4차시		쓰기, 문화와 정보, 마무리	5차시

·선거에 대해 말하기
·투표소 상황에 대해 듣기

·시장에게 필요한 자질에 대해 읽기

·지도자의 자질에 대해 쓰기
·한국의 선거

익힘책 p.103

익힘책 p.104

익힘책 p.105

- **선거:** 여러 사람 가운데 적절한 대표자를 뽑는 일이에요.
- **대선:** 대통령을 뽑는 선거예요.
- **총선:** 국회 의원 전부를 뽑는 선거예요.
- **지방 선거:** 지방 의회 의원 및 지방 자치 단체의 장을 뽑는 선거예요.

- **선거 운동:** 선거에서 사람들에게 후보자를 알리기 위해서 선거 운동을 해요.
- **후보자:** 선거에서 대통령이나 국회 의원 등이 되려고 일정한 자격을 갖추어 나선 사람이에요.
- **선거 공약:** 선거 운동 때 후보자가 유권자에게 하는 약속이에요.
- **선거 포스터:** 선거 때 후보자를 알리기 위해 사진이나 글, 그림 등으로 만들어 벽에 붙이는 거예요.
- **지지하다:** 여러분은 이번 선거에서 누구를 지지하세요?
- **유권자:** 선거할 권리를 가진 사람이에요.
- **투표소:** 투표하는 장소예요.
- **신분:** 투표소에 가면 먼저 신분을 확인하고 투표용지를 받아요.
- **투표용지:** 투표용지에 원하는 후보자를 표시해요.
- **기표소:** 투표용지에 쓰거나 표시할 수 있도록 만든 곳이에요.
- **투표하다:** 선거나 결정할 때 투표용지에 자신의 생각을 표시하여 내는 것이에요.
- **투표함:** 표시한 투표용지를 넣는 상자예요.
- **개표하다:** 투표가 끝나면 당선된 사람을 알기 위해서 개표해요.
- **지지율:** 지지율이 높은 후보자가 선거에서 이길 가능성이 커요.
- **득표율:** 선거에서 득표율이 높은 후보자가 국회의원이 돼요.
- **당선되다:** 그 후보자는 이번 선거에서 국회의원에 당선되었어요.

1. 한국에는 무슨 선거가 있어요? 이야기해 보세요.

종류	선발
대선	대통령
총선	국회 의원
지방 선거	교육감
	광역 단체장–시장, 도지사
	기초 단체장–시장, 구청장, 군수
	광역 의원–시 의원, 도 의원
	지역구 의원–구 의원, 시 의원, 군 의원
	비례 대표 광역 의원
	비례 대표 기초 의원

2. 선거를 할 때 사람들은 무엇을 해요? 이야기해 보세요.

선거 운동
- 후보자
- 선거 운동을 하다
- 선거 공약을 하다
- 선거 포스터
- 지지하다

투표
- 유권자
- 투표소
- 신분을 확인하다
- 투표용지를 받다
- 기표소
- 투표하다
- 투표함에 넣다

개표
- 개표하다
- 지지율이 높다/낮다
- 득표율이 높다/낮다
- 당선되다

158 사회통합프로그램(KIIP) 한국어와 한국문화 중급 2

어휘 (선거 관련 어휘)

1 도입, 제시

1. 한국에서 선거하는 것을 본 적이 있는지 물으며 오늘의 어휘는 한국의 선거의 종류, 선거를 할 때 사람들이 하는 일 등 선거 관련 표현임을 알려 준다.

🎤 한국에서 선거하는 것을 본 적이 있어요?
한국에는 어떤 선거가 있을까요?
선거에서 뽑히기 위해 후보자는 어떤 일을 할까요?

2. 교사를 따라 어휘를 소리 내어 한 번 읽는다. 이때 발음에 주의하게 한다.

3. 어휘의 의미를 설명한다. 어휘가 사용된 문장을 예로 제시하거나 의미를 풀어서 설명해 준다. 상황에 따라 유의어나 반의어 등을 추가로 설명할 수 있다.

4. 배운 어휘를 소리 내어 읽도록 한다. 이때 '-어요' 형태로 단어를 읽는 등 변화를 줄 수 있다.

2 연습

1. 배운 어휘를 사용하여 한 사람씩 문장을 만들어 보는 연습을 먼저 한다.

2. 연습한 문장을 이용하여 한국어를 사용하면서 어떤 어려움을 경험했는지 짝과 대화하도록 한다.

3. 학생들끼리 이야기한 것을 교사가 정리해 주며 같이 이야기한다.

🎤 한국에는 무슨 선거가 있어요?
선거에서 후보자가 자신을 알리기 위해 무슨 일을 해요?
투표가 끝나면 무엇을 해요?

4. 자신의 실제 경험을 이야기하는 활동으로 확장할 수 있다.

1 동-나 보다, 형-은가 보다

말하는 사람의 추측을 나타낸다.

후엔: 저 사람들은 뭐 하는 거예요?
민수: 다음 달에 있을 선거 운동을 하나 봐요.

예문
• 가: 와, 박수 소리가 크네요.
  나: 네, 지금 연설을 마친 후보자를 지지하는 사람이 많은가 봐요.
• 라흐만 씨가 도서관에 자주 가는 것을 보니 책을 많이 읽나 봐요.
• 이링 씨가 오늘 많이 피곤한가 봐요.

-나 보다	• 읽다 → 읽나 보다
	• 지지하다 → 지지하나 보다
	*만들다 → 만드나 보다
-은가 보다	• 좋다 → 좋은가 보다
	• 높다 → 높은가 보다
-ㄴ가 보다	• 성실하다 → 성실한가 보다

Tip 명사의 경우 '뻰인가 보다'를 사용한다.

1. 보기와 같이 친구와 이야기해 보세요.

저 사람들은 지금 뭘 보는 거예요?

국회 의원 선거 포스터를 보나 봐요.

	질문	**추측**
보기	저 사람들은 지금 뭘 보는 거예요?	국회 의원 선거 포스터를 보다
1)	사람들이 김영수 씨가 당선될 것 같다고 해요.	김영수 씨가 현재 지지율이 제일 높다
2)	사람들과 악수를 하는 저분은 누구예요?	이번 시장 선거 후보자이다
3)	고천 씨가 오늘 왜 결석을 했을까요?	집에 무슨 일이 있다
4)	사무실로 전화를 했는데 전화를 안 받네요.	이미 모두 행사장으로 출발했다

2. 우리 반 친구들에게 무슨 일이 있는지 '-나 보다, -은가 보다'를 사용해서 이야기해 보세요.

라민 씨는 매일 게임을 하는 걸 보면 게임을 좋아하나 봐요.

12과 선거와 투표 **159**

동-나 보다, 형-은가 보다

어떤 사실이나 상황을 보고 말하는 사람이 그런 것 같다는 추측을 나타낼 때 사용한다. 동사 뒤에 올 때는 '-나 보다', 형용사 뒤에 올 때는 '-은가 보다'의 형태로 사용한다.
'-나 보다'와 비슷한 문법으로 '-는 모양이다'가 있다. 말하는 사람의 추측을 나타내는데 '-나 보다'는 비격식적인 구어에서 많이 사용하고, '-는 모양이다'는 격식적인 문어에서 주로 사용한다.

• 가: 새로 시작한 드라마가 인기가 <u>많은가</u> 봐요. 사람들이 모두 그 이야기만 해요.
  나: 요즘 그 드라마가 시청률 1위래요.
• 가: 길이 왜 이렇게 막히죠?
  나: 저기 경찰들이 와 있는 걸 보니 사고가 <u>났나</u> 봐요.
• 옆집이 좀 시끄럽네요. 집을 <u>수리하나</u> 봐요.
• 두 사람이 친하게 지내더니 요즘 말을 안 해요. 둘이 <u>싸웠나</u> 봐요.

-나 보다 (동사 받침 O, X)	먹다 → 먹나 보다
	가다 → 가나 보다
	지지하다 → 지지하나 보다
	듣다 → 듣나 보다
	쓰다 → 쓰나 보다
	사귀다 → 사귀나 보다
	맛있다 → 맛있나 보다
	*만들다 → 만드나 보다
-은가 보다 (형용사 받침 O)	작다 → 작은가 보다
	높다 → 높은가 보다
-ㄴ가 보다 (형용사 받침 X, ㄹ 받침)	싸다 → 싼가 보다
	바쁘다 → 바쁜가 보다
	성실하다 → 성실한가 보다
	*길다 → 긴가 보다
	*가깝다 → 가까운가 보다
인가 보다 (명사 받침 O, X)	학생 → 학생인가 보다
	후보자 → 후보자인가 보다

문법 1 (동-나 보다, 형-은가 보다)

1 도입, 제시

1. 도입 그림과 대화를 통해 문법이 사용되는 상황을 인지시킨다.
   🎤 다음 달에 선거가 있어요. 손을 들고 있는 남자는 무엇을 하는 것 같아요? 두 사람은 남자가 무엇을 하는 것 같다고 생각해요?

2. 교재의 대표 예문을 보면서 문법의 의미를 설명한다.
   🎤 남자가 손을 들고 자신의 이름을 말하고 있어요.
   이 상황을 보고 자신이 생각한 것을 말할 때 '-나 보다, -은가 보다'를 사용해요.

3. 학생들과 교재의 예문들을 읽으면서 문법의 의미를 설명하고 이해시킨다.

4. 문법의 형태 정보를 제시하고 설명한다.

5. 추가 예문을 제시하고 문법의 의미와 사용법을 정확하게 이해시킨다.

2 연습 1

1. 〈보기〉의 대화를 교사와 함께 완성해 본다.

2. 나머지 문제를 〈보기〉의 대화처럼 짝과 완성하도록 한다.

3. 연습한 것을 발표하게 하거나 교사가 전체 학생 대상으로 답하게 하여 확인한다. 그리고 오류가 있으면 수정해 준다.

3 연습 2

1. 요즘 반 친구들에게 무슨 일이 있는지 '-나 보다, -은가 보다'를 사용해서 이야기해 보도록 한다.

2. 친구와 대화한 것을 발표하게 하고 오류가 있으면 수정해 준다.

익힘책 100~101쪽을 풀게 하거나 과제로 제시한다. 익힘책은 연습 활동 난이도에 따라 교재 연습 문제 전후로 활용한다.

명 이야말로

다른 것이 아니라 바로 그 대상임을 강조하여 말할 때 사용한다. 명사에 받침이 있을 때는 '이야말로', 없을 때는 '야말로'의 형태로 사용한다.

- 가: 회사를 선택할 때 가장 중요한 게 뭐예요?
  나: 근무 조건이야말로 회사를 선택할 때 가장 중요하다고 생각해요.

- 가: 이렇게 경기가 안 좋은데 새로운 일을 시작해도 괜찮을까요?
  나: 지금이야말로 새로운 일을 할 최고의 기회예요.

- 컴퓨터야말로 현대 생활에서 없어서는 안 되는 필수품이에요.

- 여행이야말로 그 나라의 문화를 체험하고 배울 수 있는 좋은 경험이에요.

이야말로 (받침 O)	공약 → 공약이야말로 한글 → 한글이야말로 사랑 → 사랑이야말로 지금 → 지금이야말로 아리랑 → 아리랑이야말로
야말로 (받침 X)	친구 → 친구야말로 투표 → 투표야말로 후보자 → 후보자야말로 컴퓨터 → 컴퓨터야말로 제주도 → 제주도야말로

2 명 이야말로

강조하여 확인하는 뜻을 나타낼 때 사용한다.

제이슨: 저분 참 훌륭한 분이죠.
정아라: 네, 맞아요. 저분이야말로 존경할 만한 정치인이라고 할 수 있지요.

예문
- 가: 시 의원 선거 공약 중에 외국인 관련 공약도 있다면서요?
  나: 네, 저도 봤어요. 그 공약이야말로 우리가 바라던 거예요.
- 투표 참여야말로 국민의 권리이자 의무이다.
- 휴대 전화야말로 이 시대 최고의 발명품이다.

이야말로	• 지금 → 지금이야말로 • 공약 → 공약이야말로
야말로	• 투표 → 투표야말로 • 휴대 전화 → 휴대 전화야말로

1. 보기 와 같이 이야기해 보세요.

운동을 시작하기에 가장 좋은 때는 언제일까요?

지금이야말로 운동을 시작하기에 가장 좋은 때예요.

	질문	강조하고 싶은 것
보기	운동을 시작하기에 가장 좋은 때는?	지금
1)	투표를 하기 전에 꼭 해야 하는 것은?	공약을 꼼꼼히 읽는 것
2)	절대로 뽑으면 안 되는 정치인은?	공약을 지키지 않는 정치인
3)	한국인들이 생각하는 대표적인 자랑거리는?	한글
4)	결혼 생활에서 가장 중요한 것은?	사랑

2. 다음에 대해서 '이야말로'를 이용하여 친구들과 이야기해 보세요.

- 행복한 생활
- 인생의 성공

건강이야말로 행복한 생활에 꼭 필요해요.

단어장
훌륭하다
존경하다
정치인
참여
권리
의무

160 사회통합프로그램(KIIP) 한국어와 한국문화 중급 2

문법 2 (명 이야말로)

1 도입, 제시

1. 도입 그림과 대화를 통해 문법이 사용되는 상황을 인지시킨다.

   🎙 두 사람이 지금 무엇을 보고 있어요?
   제이슨 씨는 텔레비전에 나온 사람을 어떻다고 생각해요?
   정아라 씨는 어떻게 생각해요?

2. 교재의 대표 예문을 보면서 문법의 의미를 설명한다.

   🎙 대통령 선거가 있어요. 여러 명의 후보자 중에서 누가 가장 좋은 사람이에요? 다른 사람이 아니라 바로 그 사람이라는 것을 강조해서 말할 때 '이야말로'를 사용해요. '이야말로'는 앞에 나오는 명사를 강조하여 말할 때 사용해요.

3. 학생들과 교재의 예문들을 읽으면서 문법의 의미를 설명하고 이해시킨다.

4. 문법의 형태 정보를 제시하고 설명한다.

5. 추가 예문을 제시하고 문법의 의미와 사용법을 정확하게 이해시킨다.

2 연습 1

1. 〈보기〉의 대화를 교사와 함께 완성해 본다.

2. 나머지 문제를 〈보기〉의 대화처럼 짝과 완성하도록 한다.

3. 연습한 것을 발표하게 하거나 교사가 전체 학생 대상으로 답하게 하여 확인한다. 그리고 오류가 있으면 수정해 준다.

3 연습 2

1. '행복한 생활, 인생의 성공'에서 무엇이 꼭 필요하다고 생각하는지 이야기하도록 한다.

2. 친구와 대화한 것을 발표하게 하고 오류가 있으면 수정해 준다.

   익힘책 101-102쪽을 풀게 하거나 과제로 제시한다. 익힘책은 연습 활동 난이도에 따라 교재 연습 문제 전후로 활용한다.

1. 정아라 선생님과 고천 씨가 지방 시 의원 선거 포스터를 보며 이야기합니다. 다음 대화처럼 이야기해 보세요.

정아라: 아, 맞다. 고천 씨, 이번 지방 선거 때 투표하죠?

고 천: 네. 이제 투표권이 생겨서 이번에 처음으로 하게 됐어요.

정아라: 고천 씨는 어떤 사람이 당선됐으면 좋겠어요?

고 천: 아직 잘 모르겠어요. 저는 지지율이 높은 사람에게 투표하려고요.

정아라: 그러지 말고 후보자의 공약을 읽어 보세요. 공약이야말로 나에게 필요한 후보자를 찾는 좋은 자료예요.

고 천: 그런가요? 그럼 저는 아이 교육에 관심이 많으니까 교육 관련 내용을 찾아봐야겠어요.

정아라: 선거 공보물 꼼꼼히 확인하시고 소중한 한 표 꼭 행사하세요.

1) 지지율이 높은 사람에게 투표하다 | 공약, 나에게 필요한 후보자를 찾다

2) 지지하는 정당의 후보에게 투표하다 | 경력, 우리 지역에 도움이 되는 후보자를 찾다

- **투표권:** 투표할 수 있는 권리예요.
- **자료:** 내일까지 회의 자료를 정리하여 제출하세요.
- **꼼꼼히:** 제이슨 씨는 물건을 사고 난 다음에 영수증을 꼼꼼히 확인해요.
- **소중하다:** 이 시계는 오래되었지만 저에게는 매우 소중한 것이에요.
- **정당:** 정치적으로 비슷한 생각을 가진 사람들이 만든 단체예요.

발음

- **투표권**[투표꿘]
- **경력**[경녁]
- **찾는**[찬는]

4-12 EBOOK

2. 여러분이 살고 있는 지역의 의원을 뽑을 때 무엇을 보고 결정하겠어요?
여러분 지역에는 어떤 것이 부족하고, 어떤 공약이 필요한지 이야기해 보세요.

지역에 부족한 것
• 운동할 수 있는 시설이 부족하다
• 좋은 조건의 일자리가 적다

필요한 공약
• 문화 체육 시설 확대
• 좋은 조건의 일자리 늘리기

단어장
투표권
자료
꼼꼼히
소중하다
정당

12과 선거와 투표 161

선거에 대해 말하기

■ 대화문 연습

1. 선거 관련 어휘와 선거 포스터에 대해 이야기하면서 교재의 그림을 이용해 어떤 상황인지 추측해 보도록 한다.

🎤 두 사람은 무엇을 보고 있어요?
무엇에 대해 이야기하고 있는 것 같아요?
선거 포스터에는 어떤 정보가 있어요?

2. 지시문을 이용하여 대화 상황을 학생들에게 명확하게 알려 준다.

3. 대화를 들려주고 간단한 질문을 하여 대화 내용을 이해했는지 확인한다.

🎤 고천 씨는 이번에 처음 투표를 해요. 어떤 사람에게 투표하려고 해요?
후보자를 찾기 위해 어떤 자료를 읽으라고 했어요?
고천 씨는 무엇에 관심이 많아요? 어떤 후보자를 찾을까요?

4. 교사와 함께 대화문을 읽으면서 자연스럽게 말하는 연습을 한다. 두 번 정도 반복해서 연습한다.

5. 교체 어휘를 활용하여 짝과 함께 연습하게 한다.

6. 연습이 끝나면 한두 팀을 발표시키거나 교사가 전체 학생을 대상으로 확인한다.

② 확장 연습

1. 지역 의원을 뽑을 때 무엇을 보고 결정하는지, 무엇이 필요한지에 대해 말하기를 한다고 알려 준다.

2. 짝과 지역의 의원을 뽑는 것에 대해 이야기할 때는 다음과 같은 내용을 포함하여 말하도록 지시한다.

🎤 여러분이 살고 있는 지역의 의원을 뽑을 거예요.
지역에 부족한 것이 뭐예요?
그래서 어떤 공약이 필요하다고 생각해요?

3. 이야기가 끝나면 한두 팀을 발표시키거나 교사가 전체 학생을 대상으로 확인하고 오류를 수정해 준다.

12-L.mp3

앵 커(여): 6.13 지방 선거가 전국 만 4천여 투표소에서 시작됐습니다. 먼저, 서울 여의도 투표소를 연결해 투표 상황을 알아보겠습니다. 양지호 기자! 투표가 이제 막 시작됐죠?

리포터(남): 네, 조금 전인 오전 6시 정각부터 투표가 시작됐습니다. 투표 준비로 투표소는 새벽부터 분주한 모습이었는데요. 아직 이른 시각이라 유권자들의 발길은 뜸한 편입니다. 앞서 지난 8일과 9일 이틀 동안 사전 투표가 있었습니다. 전국 투표율이 20.14%였지만 서울은 19.1%, 경기와 인천은 17%대로 모두 전국 평균을 밑돌았습니다. 오늘은 사전 투표와는 달리 유권자 본인의 주소지에 있는 지정된 투표소에서만 투표를 할 수 있습니다. 투표소로 출발하기 전에 선거 안내문이나 선관위 홈페이지 등을 통해 확인해 보시는 게 좋겠습니다. 신분증 챙기시는 거 잊지 마시고요. 투표는 6시까지 진행되고 선관위는 개표가 시작되면 밤 10시 반쯤에는 당선자를 알 수 있을 것으로 보고 있습니다. 지금까지 서울 여의도중학교에서 YBS 뉴스 양지호입니다.

---

1. 다음은 선거 포스터입니다. 선거 포스터의 내용에 대해서 이야기해 보세요.

전국 동시 지방 선거
아름다운 선거 행복한 우리 동네
사전 투표: 6월 8일(금)~9일(토)
　　　　　오전 6시~오후 6시
선거일 투표: 6월 13일(수) 오전 6시~오후 6시
중앙선거관리위원회

- 선거는 며칠입니까?
- 6월 8일과 9일에도 투표를 할 수 있습니까?
- 선거를 관리하는 기관은 어디입니까?

2. 뉴스 앵커와 리포터가 이야기합니다. 잘 듣고 질문에 답해 보세요.

12-L2.mp3

　1) 오늘은 무슨 선거일입니까?

　☐ 대선　　☐ 총선　　✔ 지방 선거

　2) 리포터는 지금 어디에 있습니까?

　☐ 방송국　　✔ 투표소　　☐ 개표소

　3) 들은 내용과 같으면 ○, 다르면 X 하세요.

　❶ 지금 투표소는 많은 유권자들로 복잡하다.　　　(X)
　❷ 사전 투표는 이틀 전에 실시되었다.　　　　　　(X)
　❸ 사전 투표는 유권자 본인 주소지에 있는 지정된 투표소에서
　　할 수 있다.　　　　　　　　　　　　　　　　(X)
　❹ 투표를 하려면 반드시 신분증을 가지고 가야 한다. (○)

단어장
(4천)여	발길이 뜸하다
개표소	앞서
상황	사전 투표
막	평균
정각	(평균)을 밑돌다
분주하다	본인
이르다	지정되다
시각	챙기다

12-P.mp3

약력[양녁]
국력[궁녁]
격려[경녀]

발음

다음을 듣고 따라 읽으세요.

　1) 후보 본인의 약력을 소개해 주십시오.
　2) 나라를 안정시키고 국력을 키우는 것이 중요하다.
　3) 성공한 선배는 후배들에게 격려의 말을 해 주었다.

투표소 상황에 대해 듣기

1. 지시문에 대해 답하며 앞으로 들을 내용을 추측하게 한다.

🎤 선거 포스터예요. 이 포스터에는 어떤 내용이 있어요?
　　선거는 며칠이에요? 그리고 6월 8일~9일에도 투표를 할 수 있어요?

2. 지시문을 이용하여 등장인물과 대화 상황을 설명한다.

🎤 뉴스 앵커와 리포터가 이야기하고 있어요.
　　어떤 이야기를 할 것 같아요?

3. 문제를 읽고 들어야 하는 정보를 파악하게 한다.

🎤 오늘은 무슨 선거일이에요?
　　리포터는 지금 어디에 있어요?
　　투표를 하려면 무엇을 가지고 가야 해요?

4. 듣기 파일을 두 번 듣고 문제를 풀게 한다.

5. 교재 질문의 답을 확인한 후 해당 대화를 같이 읽으며 내용을 확인한다. 필요한 경우 새로운 어휘, 표현을 설명한다.

12-P.mp3

발음

1. '약력, 국력, 격려'의 발음을 들려주고 발음이 어떻게 들리는지 학습자 스스로 확인해 보도록 한다.

2. 먼저 받침 'ㄱ' 뒤에 'ㄹ'이 오면 'ㄹ'이 [ㄴ]으로 바뀌고 받침 'ㄱ'은 [ㅇ]으로 발음된다는 것을 알려 준다.

주의 받침 'ㄱ' 뒤에 오는 'ㄹ'이 [ㄴ]으로 먼저 바뀐 후에 비음화가 추가로 적용된다는 것을 설명해야 한다.

3. '약력, 국력, 격려'의 발음을 다시 듣고 교사를 따라 말해 본다.

4. 1)~3)번 문장을 듣고 교사를 따라 말하게 한다.

5. 짝과 함께 문장을 읽으며 연습하게 한 후에 확인한다.

• 비음화

받침 'ㄱ' 뒤에 'ㄹ'이 오면 'ㄹ'이 [ㄴ]으로 발음된다. 그리고 받침 'ㄱ'은 [ㅇ]으로 변한다.

1. 다음은 시장 후보자들의 소개입니다. 후보자들은 어떤 자질을 내세우고 있는지 이야기해 보세요.

2. 다음은 시민이 원하는 시장의 리더십 유형에 대한 설문 조사 결과입니다. 여러분의 생각을 이야기해 보세요.

시민이 원하는 시장의 리더십 유형

- 하나의 목적을 이루기 위하여 서로 의논하는 협상적 리더십 — 12%
- 누구나 의견을 이야기할 수 있고 결정에 참여할 수 있는 민주적 리더십 — 48%
- 강한 권력을 가지는 강력한 정치적 리더십 — 16%
- 지켜야 할 것은 반드시 지키며 높은 도덕성을 갖춘 합법적 리더십 — 24%

12과 선거와 투표 **163**

- **도덕성:** 어떤 상황에 대해서 좋은지 나쁜지를 판단해서 바르게 행동하려면 도덕성이 있어야 해요.
- **소통 능력:** 서로 의견이 잘 통해서 오해가 생기지 않게 하려면 소통 능력이 필요해요.
- **판단력:** 지도자는 사물이나 상황을 바르게 보고 평가하는 판단력이 있어야 해요.
- **추진력:** 일을 빠르게 진행하는 추진력이 있는 후보자가 좋아요.
- **행정 경험:** 공무원으로 일한 행정 경험이 많은 사람은 지역 의원으로 당선되기 쉬워요.
- **전문성:** 어떤 분야에 대한 많은 지식과 경험을 가지고 있으면 전문성이 높은 사람으로 평가돼요.
- **리더십:** 여러 사람을 관리하거나 이끌어 가려면 리더십이 꼭 필요해요.
- **유형:** 한국에는 대선, 총선, 지방 선거 등 다양한 유형의 선거가 있어요.
- **민주적:** 회의는 자신의 생각을 자유롭게 말할 수 있는 민주적인 분위기에서 진행되었다.
- **합법적:** 선거 운동은 법에서 정한 대로 합법적으로 해야 해요.
- **강력하다:** 그는 경제 발전을 위해서 수출을 늘려야 한다고 강력하게 주장했어요.
- **정치적:** 대통령은 국민을 잘 이끌어야 하기 때문에 정치적 리더십이 필요해요.
- **의논하다:** 회사에서 중요한 일을 결정할 때 서로 의논해서 하는 것이 좋아요.
- **협상적:** 어떤 일을 결정할 때 서로의 의견을 존중하고 양보하는 협상적인 태도가 필요해요.

후보자들의 자질과 시민이 원하는 리더십의 유형

1. 시장 후보자들의 소개를 보고 후보자들은 어떤 자질을 내세우고 있는지 확인하게 한다.

🎤 여러분은 선거에서 어떤 사람이 후보자가 되어야 한다고 생각해요?
시장 후보자들의 소개예요. 각 후보자들은 어떤 자질을 가지고 있어요?

2. 시민이 원하는 시장의 리더십 유형을 읽고 각각의 의미를 파악할 수 있게 한다.

3. 질문을 하여 내용을 잘 이해했는지 확인한다.

🎤 1번, 2번, 3번, 4번 후보자는 어떤 자질을 내세우고 있어요?

4. 시민이 원하는 리더십의 유형을 읽고 각 의견의 의미를 파악할 수 있게 한다.

5. 리더십 유형에 대한 각자의 의견을 이야기하게 한다.

🎤 시민이 가장 원하는 시장의 리더십은 무엇이에요?
여러분이 가장 원하는 리더십은 뭐예요?
왜 그 리더십이 중요하다고 생각해요?

- **원하다:** 사람들은 소통 능력이 뛰어난 지도자를 원해요.
- **차기:** 다음 시기라는 뜻이에요.
- **자질:** 지도자는 도덕성, 판단력 등의 자질을 가지고 있어야 해요.
- **여론:** 사회 문제를 결정할 때는 시민들의 의견도 중요하므로 정부는 여론을 반영해야 해요.
- **대상:** 이번 조사는 20대 남녀를 대상으로 진행됐어요.
- **설문 조사:** 경제 문제 해결의 자료를 얻기 위해서 국민의 의견을 묻는 설문 조사를 진행했어요.
- **에 따르면:** 일기 예보에 따르면 내일은 날씨가 맑다고 해요.
- **갖추다:** 도덕성, 추진력, 전문성 등을 모두 갖춘 지도자는 찾기 어려워요.
- **상대적으로:** 조사 결과에 따르면 행정 경험보다 도덕성이 중요하다는 의견이 상대적으로 낮았어요.
- **선호하다:** 정치적 생각이 달라서 사람마다 선호하는 후보자가 달라요.
- **압도적으로:** 이 후보자는 다른 후보자들보다 지지율이 압도적으로 높아요.
- **풍부하다:** 한국에는 자원이 풍부하지 않아요.

---

3. 다음은 시장에게 필요한 자질에 대한 신문 기사입니다. 잘 읽고 질문에 답해 보세요.

"경험 많은 전문가를 원한다"……차기 시장에게 필요한 자질

지방 선거가 한 달 앞으로 다가온 가운데 인주사회문화연구소는 차기 시장에 대한 여론을 알아보기 위해 인주 시민을 대상으로 설문 조사를 진행하였다.

조사 결과에 따르면 차기 시장이 갖춰야 할 자질에 대해 인주 시민 10명 중 약 4명(38.2%)은 행정 경험과 전문성이라고 답한 것으로 나타났다. 이어 소통 능력(26.4%)과 도덕성(14.2%), 판단력과 추진력(11.8%) 순이었으며, 참신성(5.3%)과 정치 감각(3.1%)이라는 응답은 상대적으로 낮았다.

선호하는 리더십 유형으로는 민주적 리더십(45.7%)이 압도적으로 높았으며, 높은 도덕성을 갖춘 합법적 리더십(23.0%), 강력한 정치적 리더십(15.7%), 협상적 리더십(11.8%)이 뒤를 이었다.

인주사회문화연구소 이상환 소장은 이번 조사 결과로 시민들은 행정 경험이 풍부한 소통형 시장을 원하고 있음을 잘 알 수 있다고 말했다.

이번 설문 조사는 만 18세 이상 인주 시민 1,000명을 대상으로 지난달 8~15일에 유·무선 자동 응답 시스템(ARS) 전화 조사 방식으로 실시됐다.　　인주신문 김아람 기자(arkim@ijnews.co.kr)

1) 설문 조사를 실시한 목적은 무엇입니까?
❶ 정치 문화를 연구하기 위해
❷ 당선자를 예상해 보기 위해
❸ 다음 시장 선거 운동을 준비하기 위해
❹ 시민들이 원하는 시장의 자질을 알아보기 위해

2) 다음 그래프를 완성해 보세요.

시장에게 필요한 자질
❶ 참신성　❷ 정치 감각　❸ 판단력과 추진력　❹ 행정 경험과 전문성　❺ 도덕성　❻ 소통 능력
5.3%　3.1%　11.8%　14.2%　38.2%　26.4%

3) 윗글의 내용과 같으면 ○, 다르면 X 하세요.
❶ 시장을 뽑는 지방 선거는 한 달 후에 있다. (○)
❷ 시민들은 시장이 도덕적으로 문제가 없는 것보다 소통이 잘되는 것이 중요하다고 생각한다. (○)
❸ 이미 유명한 사람보다 새로운 사람이 시장이 되는 것이 바람직하다고 생각하는 사람이 많다. (X)

단어장
원하다　갖추다
차기　상대
자질　선호
여론　압도
대상　풍부
설문 조사

시장에게 필요한 자질에 대해 읽기

1. 지도자에게 필요한 자질과 리더십의 유형에는 무엇이 있는지 간략하게 설명하고 시장에게 필요한 자질에 대한 신문 기사글을 읽게 한다.

🎤 여러분은 좋은 도시를 만들기 위해서 어떤 시장을 원하세요?
좋은 시장에게 필요한 자질은 무엇일까요?

2. 글을 훑어 읽게 한 후 주제, 중심 내용 등을 간단히 말해 보도록 한다.

🎤 이 설문 조사는 무엇을 알아보기 위해 진행하였어요?
조사 결과에 따르면 시장이 갖춰야 할 자질 중 1위는 뭐예요?
시장이 행정 경험과 소통 능력이 있으면 어떤 점이 좋을까요?
시민들이 선호하는 리더십 유형은 뭐예요?

3. 글을 다시 읽으면서 문제를 풀게 한다.

4. 답을 같이 확인한 후, 본문을 다시 읽으며 모르는 어휘가 없는지 확인한다. 필요한 경우 새로운 어휘, 표현을 설명한다.

1. 여러분은 직장에서, 또는 모임에서 어떤 리더와 함께하고 싶습니까?

리더에게 필요한 자질과 이유	
선호하는 리더십의 유형과 이유	

단어장
리더

2. '함께하고 싶은 리더'에 대한 여러분의 생각을 써 보세요.

지도자의 자질에 대해 쓰기

1. 어떤 글을 쓸지 알려 주고 글에 들어갈 내용을 생각해 보게 한다.

🎤 여러분은 직장에서, 또는 모임에서 어떤 리더와 함께하고 싶어요?
여러분이 생각하는 리더에게 필요한 자질은 뭐예요?
선호하는 리더십의 유형은 뭐예요?

2. 교재 지문에 대해 자신이 쓸 내용을 간단하게 메모하도록 한다. 교사는 학생들이 쓴 메모에 오류가 없는지 확인해 준다.

3. 메모한 내용을 바탕으로 글로 완성하게 한다.

문화와 정보

한국의 선거

선거는 민주주의를 유지하고 발전시키는 가장 중요한 요소 중의 하나이다. 민주주의에서는 중앙 정부나 지방 정부의 모든 권력이 국민으로부터 나온다고 믿는다. 선거는 바로 이러한 권력과 관련하여 자신의 의사를 대신할 사람을 뽑는 행위이다.

한국에서는 크게 세 차례의 선거가 실시된다. 대통령을 뽑는 선거, 국회 의원을 뽑는 선거, 지방 자치 단체장과 지방 의회 의원을 뽑는 선거가 그것이다. 이렇게 선거를 통해 뽑힌 사람은 임기 동안 국민의 뜻을 받들어 자신에게 주어진 역할을 수행하는데 대통령의 임기는 5년, 국회 의원, 지방 자치 단체장, 지방 의회 의원의 임기는 똑같이 4년이다.

한국에서는 보통 선거, 평등 선거, 직접 선거, 비밀 선거라는 선거의 4원칙이 엄격하게 지켜지고 있다. 따라서 중요한 것은 선거에서 투표를 하는 국민이 누구를 선출할 것인가를 잘 생각하고 선거에 참여하는 일이다.

1) 한국에는 어떤 선거가 있습니까?
2) 선거를 할 때 중요한 것은 무엇입니까?
3) 여러분 고향에서는 정치와 관련하여 국민이 어떤 방법으로 자신의 의사를 표현합니까?

한국의 선거

1. 이 단원의 문화와 정보가 무엇에 대한 것인지 알려 준다.

🎤 한국의 선거에 대해 좀 더 알아봅시다.

2. 교재의 그림(사진)을 보면서 주제에 대해 알고 있는 것을 상기시키고 말해 보게 한다. 이때 관련 시각 자료를 추가로 활용할 수 있다.

🎤 이 남자는 지금 무엇을 하고 있어요?
　이 사람들은 왜 줄을 서 있어요?

3. 교재를 같이 읽으면서 내용을 설명한다. 이때 중요한 정보가 있는 부분에 밑줄을 긋거나 표시하게 하는 것도 좋다.

4. 질문 1), 2)의 답을 찾아보고 답하게 한다.

🎤 한국에는 어떤 선거가 있습니까?
　선거를 할 때 중요한 것은 무엇입니까?

5. 질문 3)을 이용하여 학습자 자신의 경험을 말해 보도록 한다.

🎤 여러분 고향에서는 정치와 관련하여 국민이 어떤 방식으로 자신의 의사를 표현하는지 소개해 보세요.

선거의 4원칙

보통 선거	평등 선거
직접 선거	비밀 선거

배운 어휘 확인

□ 선거	□ 지지율이 높다/낮다	□ 지정되다
□ 대선	□ 득표율이 높다/낮다	□ 챙기다
□ 총선	□ 당선되다	□ 도덕성
□ 지방 선거	□ 훌륭하다	□ 소통 능력
□ 대통령	□ 존경하다	□ 판단력
□ 국회 의원	□ 정치인	□ 추진력
□ 교육감	□ 참여	□ 행정 경험
□ 시장	□ 권리	□ 전문성
□ 도지사	□ 의무	□ 리더십
□ 구청장	□ 투표권	□ 유형
□ 군수	□ 자료	□ 민주적
□ 구 의원	□ 꼼꼼히	□ 합법적
□ 시 의원	□ 소중하다	□ 강력하다
□ 군 의원	□ 정당	□ 정치적
□ 비례 대표	□ (4천)여	□ 의논하다
□ 선거 운동	□ 개표소	□ 협상적
□ 후보자	□ 상황	□ 원하다
□ 선거 공약	□ 막	□ 차기
□ 선거 포스터	□ 정각	□ 자질
□ 지지하다	□ 분주하다	□ 여론
□ 유권자	□ 이르다	□ 대상
□ 투표소	□ 시각	□ 설문 조사
□ 신분	□ 발길이 뜸하다	□ 갖추다
□ 투표용지	□ 앞서	□ 상대적으로
□ 기표소	□ 사전 투표	□ 선호하다
□ 투표하다	□ 평균	□ 압도적으로
□ 투표함에 넣다	□ (평균을) 밑돌다	□ 풍부하다
□ 개표하다	□ 본인	□ 리더

- 이 단원에서 배운 어휘 중 기억나는 것을 말해 보세요.
- 이 단원에서 배운 문법은 뭐예요? 어떻게 사용해요?
- 선거 포스터에는 어떤 내용이 있어요?
- 직장이나 모임에서 어떤 자질을 가진 지도자와 함께 하고 싶어요? 그 이유는 뭐예요?
- 한국에는 어떤 선거들이 있어요?

마무리

1. 단원에서 학습한 어휘 중 기억하는 것을 먼저 말해 보게 한다.
2. 배운 어휘 목록의 어휘들을 읽으면서 의미를 상기시킨다.
3. 단원에서 학습한 문법(동-나 보다, 형-은가 보다, 명이야말로)을 상기시키며 의미와 사용법을 기억하는지 확인한다.
4. 단원의 목표와 성취도를 확인한다.
5. 익힘책을 과제로 제시하고 마무리한다.

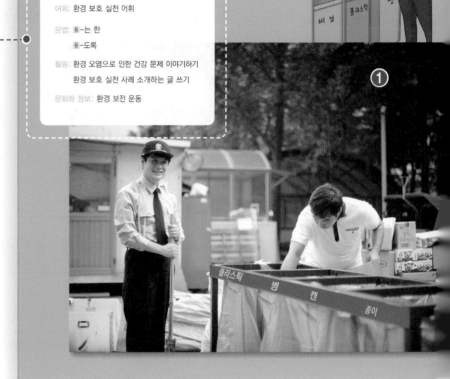

13 환경 보호

어휘: 환경 보호 실천 어휘

문법: 통-는 한
　　　통-도록

활동: 환경 오염으로 인한 건강 문제 이야기하기
　　　환경 보호 실천 사례 소개하는 글 쓰기

문화와 정보: 환경 보전 운동

수업 목표 및 내용

- **주제:** 환경 보호
- **어휘와 문법**
  - 어휘: 환경 문제와 환경 보호 실천 관련 어휘를 익힌다.
  - 문법: '통-는 한', '통-도록'의 의미와 형태를 익혀 사용할 수 있다.
- **활동**
  - 말하기: 환경 오염으로 인한 건강 문제에 대해 말할 수 있다.
  - 듣기: 쓰레기 분리수거에 대한 대화를 듣고 이해할 수 있다.
  - 읽기: 지구 온난화에 대한 글을 읽고 이해할 수 있다.
  - 쓰기: 환경 보호 실천 사례에 대해 글을 쓸 수 있다.
- **문화와 정보:** 환경 보전 운동

수업 전개

도입, 어휘　1차시
- ·환경 문제
- ·환경 보호 실천

익힘책 pp.106-107

문법　2차시
- ·통-는 한
- ·통-도록

익힘책 pp.108-110

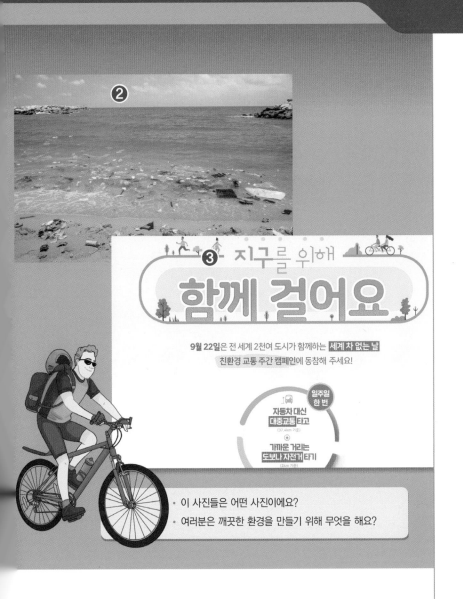

도입

1. 교재 그림을 이용하여 학생들과 이야기하며 이 과의 주제를 노출한다.

   그림❶ 🎤 남자는 쓰레기를 어떻게 버리고 있어요?
   이것을 왜 하는 거예요?
   여러분 고향에서도 쓰레기를 이렇게 버려요?

   그림❷ 🎤 이 바다는 어때 보여요?
   왜 이런 문제가 생겼을까요?
   이렇게 계속 바다에 쓰레기를 버리면 환경이 어떻게 될까요?

   그림❸ 🎤 이 포스터에서는 어떤 행사를 소개하고 있어요?
   왜 이런 행사를 할까요?
   여러분은 환경을 보호하기 위해 어떻게 해요?

2. 대화 내용을 정리하며 이 단원에서는 '환경 보호 실천 방법, 환경 오염으로 인한 문제' 등에 대해 공부한다는 것을 알려 준다.

─── **이 단원을 지도할 때는…** ───

이 단원과 관계있는 단원들은 아래와 같습니다. 관련 단원의 학습 내용을 확인하셔서 지도에 참고하시면 좋을 것 같습니다.

- 어휘: 질병, 증상, 날씨(환경)
  - 3권 16과
  - 4권 7과
- 문법: 동형-으면
  - 2권 5과

말하기 듣기, 발음	3차시	읽기	4차시	쓰기, 문화와 정보, 마무리	5차시
·환경 오염으로 인한 건강 문제에 대해 말하기 ·쓰레기 분리수거에 대해 듣기		·지구 온난화에 대해 읽기		·환경 보호 실천 사례에 대해 쓰기 ·환경 보전 운동	
익힘책 p.111		익힘책 p.112		익힘책 p.113	

- **미세 먼지가 심하다:** 오늘 미세 먼지가 심해서 하늘이 뿌옇다.
- **대기 오염이 발생하다:** 공장에서 나오는 연기나 자동차에서 나오는 배기가스 때문에 대기 오염이 발생하고 있다.
- **환경이 오염되다:** 많은 쓰레기 때문에 환경이 오염되고 있다.
- **수질 오염이 심각하다:** 가정이나 공장에서 사용한 더러운 물 때문에 강과 바다의 물이 아주 더러워졌다는 뜻이에요.
- **토양 오염을 일으키다:** 많은 양의 세제 및 농약의 사용이 토양 오염을 일으켜요.
- **물고기가 떼죽음을 당하다:** 물고기가 한꺼번에 모두 죽었다는 뜻이에요.

- **배기가스를 줄이다:** 자동차에서 나오는 배기가스를 줄여야 한다.
- **차량 2부제:** 차량 번호의 끝자리를 홀수(1, 3, 5, 7, 9), 짝수(2, 4, 6, 8, 0)로 나누어 홀수 날짜의 날과 짝수 날짜의 날에 각각 운전하는 제도를 말해요.
- **대체 에너지를 개발하다:** 태양 에너지나 풍력 에너지, 천연가스 등 대체 에너지를 빨리 개발해야 해요.
- **쓰레기 종량제:** 쓰레기를 버릴 때 무게, 길이에 따라 돈을 내는 제도를 말해요.
- **생활 하수 정화 처리를 하다:** 생활하면서 사람들이 쓰고 버리는 더러운 물을 깨끗하게 한다는 뜻이에요.
- **폐수를 무단으로 버리지 않다:** 공장에서 나오는 더러운 물을 허락 없이 버리지 않는다는 뜻이에요.

---

1. 이곳은 어떤 환경 문제가 있어요?

2. 어떻게 환경 보호를 해요? 이야기해 보세요.

어휘 (환경 문제와 환경 보호)

1 도입, 제시

1. 우리가 살고 있는 곳에서 일어나는 환경 문제에 대해 물으며 오늘의 어휘는 환경 문제, 환경 보호 실천을 할 때 사용하는 표현임을 알려 준다.

🎙 일상생활에서 느낄 수 있는 환경 문제는 무엇이 있을까요?
우리가 실천할 수 있는 방법은 어떤 것이 있을까요?

2. 교사를 따라 어휘를 소리 내어 한 번 읽는다. 이때 발음에 주의하게 한다.

3. 어휘의 의미를 설명한다. 어휘가 사용된 문장을 예로 제시하거나 의미를 풀어서 설명해 준다. 상황에 따라 유의어나 반의어 등을 추가로 설명할 수 있다.

4. 배운 어휘를 소리 내어 읽도록 한다. 이때 '-어요' 형태로 단어를 읽는 등 변화를 줄 수 있다.

2 연습

1. 배운 어휘를 사용하여 한 사람씩 문장을 만들어 보는 연습을 먼저 한다.

2. 연습한 문장을 이용하여 환경 문제와 환경을 보호하기 위해 어떤 실천을 했는지 짝과 대화하도록 한다.

3. 학생들끼리 이야기한 것을 교사가 정리해 주며 같이 이야기한다.

🎙 여러분이 요즘 느낀 환경 문제는 어떤 것인가요?
왜 그런 문제가 생겼을까요?
그래서 여러분은 환경을 보호하기 위해 어떤 행동을 했나요?

4. 자신의 실제 경험을 이야기하는 활동으로 확장할 수 있다.

1 동-는 한

앞에 오는 말이 뒤의 행동이나 상태에 대한 조건을 나타낼 때 사용한다.

예문
- 가: 사람들이 차량 2부제를 잘 지킬까요?
  나: 환경 오염의 심각성을 아는 한 모두 열심히 참여할 거예요.
- 열심히 공부하는 한 4단계 합격은 걱정 없어요.
- 특별한 일이 없는 한 비가 와도 행사를 그대로 진행합니다.

-는 한
- 가다 → 가는 한
- 먹다 → 먹는 한
- *살다 → 사는 한

각후만: 오늘도 대기 오염이 너무 심해서 숨 쉬기가 어렵네요.
심시드: 배기가스를 줄이기 위해 노력하지 않는 한 대기 오염 문제는 계속될 거예요.

1. 보기 와 같이 친구와 이야기해 보세요.

사람들이 세제를 많이 사용하는 것 같아요.

세제를 많이 사용하는 한 수질 오염은 더 심각해질 거예요.

보기	세제를 많이 사용하다	수질 오염이 더 심각해지다
1)	일회용품을 계속 사다	쓰레기 양을 줄일 수 없다
2)	운동 시간을 늘리지 않다	건강해질 수 없다
3)	직원들이 회사를 위해 끝까지 애쓰다	회사의 미래는 밝다
4)	논밭에 농약을 많이 뿌리다	건강을 지키기 어렵다

2. 친구에게 고민이 있습니다. 친구의 고민에 여러분의 생각을 이야기해 보세요.

- 돈을 많이 모으고 싶은데 월급을 다 썼어요.
- 살을 빼야 하는데 음식을 계속 먹어요.

돈을 아껴 쓰지 않는 한 돈 모으기는 힘들어요.

먹는 것을 줄이지 않는 한 살을 빼기 어려워요.

단어장
늘리다
애쓰다
논밭
뿌리다
아껴 쓰다

13과 환경 보호 **171**

동-는 한

앞에 오는 말이 뒤의 행동이나 상태에 대한 조건을 나타낼 때 사용한다. 동사나 '있다', '없다', '계시다'에 붙여 '-는 한'의 형태로 사용하며 과거 '-었-', 미래·추측의 '-겠-'과는 결합하지 않는다.

- 가: 마스크를 계속 써야 하니까 너무 답답해요.
  나: 바이러스가 사라지지 않는 한 어쩔 수 없어요.
- 가: 4단계 시험에 합격할 수 있을까요?
  나: 열심히 공부하는 한 시험에 떨어지지 않을 거예요.
- 어떤 일이든지 포기하지 않는 한 성공할 수 있어요.
- 꾸준히 운동을 하지 않는 한 건강을 지킬 수 없어요.

-는 한 (받침 O, X, ㄹ 받침)	가다 → 가는 한
	보다 → 보는 한
	사다 → 사는 한
	먹다 → 먹는 한
	씻다 → 씻는 한
	읽다 → 읽는 한
	듣다 → 듣는 한
	없다 → 없는 한
	노력하다 → 노력하는 한
	*살다 → 사는 한

문법 1 (동-는 한)

1 도입, 제시

1. 도입 그림과 대화를 통해 문법이 사용되는 상황을 인지시킨다.

🎤 두 사람이 왜 마스크를 쓰고 있어요?
이러한 대기 오염은 왜 일어날까요?
우리가 대기 오염을 줄이려면 어떻게 해야 돼요?
대기 오염을 줄이기 위해 노력하지 않으면 어떻게 될까요?

2. 교재의 대표 예문을 보면서 문법의 의미를 설명한다.

🎤 지금 대기 오염이 너무 심해서 두 사람이 숨을 쉬기 어려워요. 그래서 환경을 보호하기 위해 꼭 해야 하는 일을 이야기하고 있어요. 이렇게 앞에 오는 말이 뒤의 행동의 조건이라는 것을 말하고 싶을 때 '-는 한'을 사용해요.

3. 학생들과 교재의 예문들을 읽으면서 문법의 의미를 설명하고 이해시킨다.

4. 문법의 형태 정보를 제시하고 설명한다.

5. 추가 예문을 제시하고 문법의 의미와 사용법을 정확하게 이해시킨다.

2 연습 1

1. 〈보기〉의 대화를 교사와 함께 완성해 본다.

2. 나머지 문제를 〈보기〉의 대화처럼 짝과 완성하도록 한다.

3. 연습한 것을 발표하게 하거나 교사가 전체 학생 대상으로 답하게 하여 확인한다. 그리고 오류가 있으면 수정해 준다.

3 연습 2

1. '돈을 많이 모으고 싶은데 월급을 다 썼을 때', '살을 빼야 하는데 음식을 계속 먹을 때' 등에 대해 고민하는 친구에게 자신의 생각을 이야기해 보도록 한다.

2. 친구와 대화한 것을 발표하게 하고 오류가 있으면 수정해 준다.

익힘책 108~109쪽을 풀게 하거나 과제로 제시한다. 익힘책은 연습 활동 난이도에 따라 교재 연습 문제 전후로 활용한다.

동-도록

뒤에 나오는 행동의 목적을 나타낼 때 사용한다. 동사 뒤에 붙어 '-도록'의 형태로 사용한다. 과거 '-었-', 미래·추측의 '-겠-'과는 결합하지 않는다.

- 가: 요즘 환경 오염이 심각한 것 같아요.
  나: 맞아요. 더 이상 환경이 오염되지 <u>않도록</u> 우리의 노력이 필요해요.

- 가: 어제 부모님 생신이었는데 잊어버렸어요.
  나: 부모님이 서운해 하셨겠네요. 중요한 날은 기억할 수 <u>있도록</u> 달력에 표시를 해 두세요.

- 아이가 자신감을 <u>갖도록</u> 칭찬을 많이 해 주세요.

- 선생님께서 누구나 이해할 수 <u>있도록</u> 쉽게 설명해 주셨다.

-도록 (받침 O, X)	
가다	→ 가도록
하다	→ 하도록
보다	→ 보도록
먹다	→ 먹도록
받다	→ 받도록
돕다	→ 돕도록
읽다	→ 읽도록
알다	→ 알도록
만들다	→ 만들도록

2 동-도록

뒤에 나오는 행동이 목적을 나타낼 때 사용한다.

후엔: 이렇게 비닐봉지를 많이 사용하면 쓰레기 양이 늘어서 환경을 오염시키게 되잖아요.
박민수: 알았어요. 앞으로는 쓰레기가 많이 안 생기도록 재활용 쓰레기 봉투를 사용할게요.

예문
- 가: 남은 음식은 어디에 보관할까요?
  나: 상하지 않도록 냉장고에 넣어 두세요.
- 감기가 빨리 낫도록 주말에는 푹 쉬세요.
- 구급차가 지나가도록 길을 비켜 주세요.

-도록
- 가다 → 가도록
- 먹다 → 먹도록
- 하다 → 하도록

1. **보기**와 같이 친구와 이야기해 보세요.

어떻게 하면 좋을까요?
자동차 배기가스를 줄이도록 가까운 거리는 걸어 다니세요.

보기	자동차 배기가스를 줄이다	가까운 거리는 걸어 다니다
1)	일회용품 사용을 줄이다	개인 컵을 가지고 다니다
2)	감기에 걸리지 않다	예방 주사를 맞다
3)	약속을 잊어버리지 않다	달력에 메모하다
4)	입사 시험에 합격하다	열심히 준비하다

2. 어떤 환경 문제가 있어요? 어떻게 하면 좋은지 이야기해 보세요.

- 음식물 쓰레기가 많이 생겨요.
- 미세 먼지가 많아서 외출을 못 하겠어요.
- 강물이 오염돼서 냄새가 심해요.

음식물 쓰레기가 생기지 않도록 음식을 먹을 만큼만 만들어요.

단어장
상하다
구급차
예방 주사
입사 시험
비키다
메모하다
냄새가 심

172 사회통합프로그램(KIIP) 한국어와 한국문화 중급 2

문법 2 (동-도록)

1 도입, 제시

1. 도입 그림과 대화를 통해 문법이 사용되는 상황을 인지시킨다.

🎤 민수 씨가 무엇을 들고 있어요?
후엔 씨는 비닐봉지를 많이 사용하면 어떻게 된다고 했어요?
왜 재활용 쓰레기봉투를 사용해야 해요?

2. 교재의 대표 예문을 보면서 문법의 의미를 설명한다.

🎤 비닐봉지, 일회용품 등을 많이 사용하면 쓰레기가 많이 생겨 환경이 오염돼요. 그래서 환경을 보호하기 위해 재활용 쓰레기봉투를 사용해서 쓰레기 양을 줄이려고 해요. 이렇게 뒤에 일어나는 일을 하기 위해서 앞의 일을 한다는 것을 말하고 싶을 때 '-도록'을 사용해요.

3. 학생들과 교재의 예문들을 읽으면서 문법의 의미를 설명하고 이해시킨다.

4. 문법의 형태 정보를 제시하고 설명한다.

5. 추가 예문을 제시하고 문법의 의미와 사용법을 정확하게 이해시킨다.

2 연습 1

1. 〈보기〉의 대화를 교사와 함께 완성해 본다.

2. 나머지 문제를 〈보기〉의 대화처럼 짝과 완성하도록 한다.

3. 연습한 것을 발표하게 하거나 교사가 전체 학생 대상으로 답하게 하여 확인한다. 그리고 오류가 있으면 수정해 준다.

3 연습 2

1. 최근 어떤 환경 문제가 있는지 이것을 해결하기 위해 어떻게 하면 좋은지에 대해 자신의 생각을 이야기하도록 한다.

2. 친구와 대화한 것을 발표하게 하고 오류가 있으면 수정해 준다.

익힘책 109-110쪽을 풀게 하거나 과제로 제시한다. 익힘책은 연습 활동 난이도에 따라 교재 연습 문제 전후로 활용한다.

1. 안젤라 씨와 이링 씨가 이야기합니다. 다음 대화처럼 이야기해 보세요.

이　링: 안젤라 씨, 어디에 다녀와요?

안젤라: 목이 아파서 병원에 갔다 오는 길이에요.
요즘 미세 먼지가 심해서 그런지 병원에 가니까
저랑 비슷한 증상으로 온 사람이 많았어요.

이　링: 목이 더 아프지 않도록 마스크를 쓰고 다니세요.

안젤라: 그렇게 해도 별로 좋아지지 않아서 걱정이에요.

이　링: 미세 먼지 문제가 해결되지 않는 한 병원을 찾는 사람은
더 늘어날 것 같아요.

안젤라: 맞아요. 미세 먼지가 심해지면 특히 목이나 눈에
안 좋으니까 이링 씨도 미리 건강 조심하세요.

1) 목이 아프다 ▸ 목이 더 아프지 않도록 마스크를 쓰고 다니다

2) 눈이 아프다 ▸ 눈병이 생기지 않도록 조심하다

• **증상:** 감기 증상으로는 열, 콧물, 두통 등이 있다.

• **피부병:** 피부병 때문에 밤새 가려워서 잠을 자지 못했다.

발음

• **비슷한**[비스탄]

• **많더라고요**[만터라고요]

• **않도록**[안토록]

• **특히**[트키]

2. 환경 오염으로 생긴 문제의 해결 방법에 대해 이야기를 해 보세요. 그리고 여러분의 경험도 이야기해 보세요.

환경 오염으로 생긴 문제점

• 미세 먼지 때문에 기침을 계속해요.

• 물이 깨끗하지 않아서 피부병이 생겼어요.

나무가 많은 길을 산책해 보세요. 그리고 미세 먼지가 많은 날은 마스크를 꼭 쓰세요.

단어장
증상
피부병

13과 환경 보호 **173**

환경 오염으로 인한 건강 문제에 대해 말하기

1 대화문 연습

1. 환경 오염으로 생길 수 있는 건강 문제를 생각하며 교재의 그림을 이용해 어떤 상황인지 추측해 보도록 한다.

🎤 안젤라 씨는 지금 몸 상태가 어때 보여요?
그래서 뭘 쓰고 있어요? 왜 썼어요?
여러분도 이런 경험이 있어요?

2. 지시문을 이용하여 대화 상황을 학생들에게 명확하게 알려 준다.

3. 대화를 들려주고 간단한 질문을 하여 대화 내용을 이해했는지 확인한다.

🎤 안젤라는 어디가 아파요?
이링 씨는 안젤라 씨에게 어떻게 하라고 했나요?
이링 씨는 왜 병원을 찾는 사람이 늘어날 거라고 했어요?
미세 먼지가 심해지면 어디가 안 좋다고 했어요?

4. 교사와 함께 대화문을 읽으면서 자연스럽게 말하는 연습을 한다. 두 번 정도 반복해서 연습한다.

5. 교체 어휘를 활용하여 짝과 함께 연습하게 한다.

6. 연습이 끝나면 한두 팀을 발표시키거나 교사가 전체 학생을 대상으로 확인한다.

2 확장 연습

1. 환경 오염 문제 해결 방법에 대해 이야기하며 자신의 경험에 대해 말하기를 한다고 알려 준다.

2. 짝과 자신의 경험에 대해 이야기할 때는 다음과 같은 내용을 포함하여 말하도록 지시한다.

🎤 환경 오염으로 인해 어떤 문제점이 생겼어요?
그것으로 인해 건강에는 어떤 문제가 있을까요?
그 문제를 해결하기 위해 어떻게 하면 좋을까요?

3. 이야기가 끝나면 한두 팀을 발표시키거나 교사가 전체 학생을 대상으로 확인하고 오류를 수정해 준다.

후엔(여): 오늘 수업에 왜 늦었어요?

라민(남): 쓰레기를 버리는데 따로따로 분리해서 버리느라 생각보다 시간이 많이 걸렸어요.

후엔(여): 그랬군요. 라민 씨는 쓰레기 분리배출이 어렵지 않아요? 제 고향에서는 쓰레기를 같이 버리는데 한국은 종이, 플라스틱, 음식물 등을 분리해야 해서 아직도 익숙하지 않아요.

라민(남): 저도 음식물 쓰레기를 버릴 때에는 많이 헷갈려요. 과일 씨, 고기 뼈, 딱딱한 껍질, 찻잎 등은 일반 쓰레기라는데 기억하기가 쉽지 않아요.

후엔(여): 맞아요. 저는 요즘 플라스틱 제품을 버릴 때 한 번 물에 씻어 버리고, 스티커를 떼어서 버리고 있어요. 좀 귀찮지만 쓰레기도 줄이고 환경 보호도 할 수 있으니까 열심히 하려고요.

라민(남): 맞아요. 요즘 환경 오염이 심각해서 저도 분리배출을 더 열심히 하고 일회용품 사용도 줄이고 있어요. 우리가 이렇게 열심히 노력하는 한 환경 오염으로 인해 생기는 문제들을 줄일 수 있을 거예요.

---

1. 여러분의 집에서 많이 생기는 쓰레기는 어떤 종류입니까? 어떻게 그 쓰레기를 분리배출합니까?

재활용품 분리배출 방법

2. 후엔 씨와 라민 씨가 이야기합니다. 잘 듣고 질문에 답해 보세요.

1) 라민 씨는 왜 늦었습니까? <u>분리수거를 하느라고 늦었습니다.</u>

2) 후엔 씨의 고향에서는 쓰레기를 어떻게 버립니까? <u>쓰레기를 같이 버립니다.</u>

3) 들은 내용과 같으면 ○, 다르면 X 하세요.

❶ 후엔 씨는 쓰레기 분리배출에 익숙해졌다. (X)

❷ 라민 씨는 음식물 쓰레기 버리는 것이 쉽다. (X)

❸ 후엔 씨는 플라스틱 쓰레기를 버릴 때 한 번 씻는다. (○)

단어장
헷갈리다
씨
껍질
찻잎
스티커

발음

[ㄱ, ㄷ, ㅂ, ㅈ] + ㅎ → □ + [ㅋ, ㅌ, ㅍ, ㅊ]

절약하고[저랴카고]
심각해요[심가캐요]
저축하는[저추카는]

다음을 듣고 따라 읽으세요.

1) 저는 요즘 전기를 절약하고 있어요.

2) 가: 요즘 마스크 없이 못 다닐 것 같아요.
   나: 맞아요. 요즘 환경 오염이 너무 심각해요.

3) 가: 어떻게 하면 돈을 빨리 모을 수 있어요?
   나: 꾸준히 저축하는 한 빨리 돈을 모을 수 있

174 사회통합프로그램(KIIP) 한국어와 한국문화 중급 2

쓰레기 분리수거에 대해 듣기

1. 지시문에 대해 답하며 앞으로 들을 내용을 추측하게 한다.

🎤 여러분의 집에는 어떤 종류의 쓰레기가 많이 생기나요?
그 쓰레기들을 어떻게 버리나요?

2. 지시문을 이용하여 등장인물과 대화 상황을 설명한다.

🎤 이 두 사람은 무슨 이야기를 하고 있어요?
왜 그것을 해야 할까요?

3. 문제를 읽고 들어야 하는 정보를 파악하게 한다.

🎤 라민 씨는 왜 늦었어요?
후엔 씨의 고향에서는 쓰레기를 어떻게 버릴까요?
쓰레기의 종류에 따라 어떻게 버려야 돼요?

4. 듣기 파일을 두 번 듣고 문제를 풀게 한다.

5. 교재 질문의 답을 확인한 후 해당 대화를 같이 읽으며 내용을 확인한다. 필요한 경우 새로운 어휘, 표현을 설명한다.

발음

1. '절약하고, 심각해요, 저축하는'의 발음을 들려주고 'ㅎ'의 발음이 어떻게 들리는지 학습자 스스로 확인해 보도록 한다.

2. 받침 'ㄱ, ㄷ, ㅂ, ㅈ' 다음에 오는 자음 'ㅎ'과 결합되어 [ㅋ, ㅌ, ㅍ, ㅊ]으로 발음된다는 것을 알려 준다.

3. '절약하고, 심각해요, 저축하는'의 발음을 다시 듣고 교사를 따라 말하게 한다.

4. 1)~3)의 문장을 듣고 교사를 따라 말하게 한다.

5. 짝과 함께 대화를 읽으며 연습하게 한 후에 확인한다.

- **격음화**

받침 'ㄱ, ㄷ, ㅂ, ㅈ'이 뒤 음절 첫소리 'ㅎ'과 결합되는 경우, 두 음을 합쳐서 [ㅋ, ㅌ, ㅍ, ㅊ]으로 발음한다.

1. 다음 표현을 보고 서로 관계가 있는 단어를 찾아 써 보세요.

| 지구 온난화 | 폭우 | 폭설 | 가뭄 | 이상 기후 |

1) 지구의 온도가 높아지고 있어요. (지구 온난화)
2) 기온이나 강수량이 정상적이지 않아요. (이상 기후)
3) 오랫동안 비가 오지 않아 물이 부족해요. (가뭄)
4) 갑자기 비가 아주 세차게 와요. (폭우)
5) 한꺼번에 눈이 아주 많이 내려요. (폭설)

2. 기사 제목을 보고 무엇에 대한 이야기인지 이야기해 보세요.

기후 변화로 몸살 앓는 지구,
힘 모으면 극복할 수 있어요.

온난화로 남극, 북극의
얼음 녹는 속도, 6배나 빨라!

지난겨울 역대 가장 뜨거워...
실감나는 지구 온난화

지구를 위한 노력 '텀블러 사용'
스타들의 캠페인

온난화, 새로운 에너지 개발의
신호탄!

이상 기후로 어려움이 많이 생기고 있지만 함께 노력하면 이겨 낼 수 있어요.

13과 환경 보호 **175**

- **지구 온난화:** 지구 온난화로 매년 평균 기온이 높아지고 있다.
- **폭우:** 하루 종일 폭우가 내려서 강물이 넘쳤다.
- **폭설:** 갑자기 내린 폭설로 길이 미끄러워져서 차들이 움직일 수 없다.
- **가뭄:** 가뭄으로 강물이 말랐다.
- **이상 기후:** 이상 기후로 겨울에도 따뜻한 날들이 계속되고 있다.

- **극복하다:** 이웃의 도움으로 이민 생활의 어려움을 극복해 왔다.
- **남극:** 지구의 중심에서 가장 남쪽에 있는 곳이라는 뜻이에요.
- **북극:** 지구의 중심에서 가장 북쪽에 있는 곳이라는 뜻이에요.
- **캠페인:** 사회에서 목적을 가지고 꾸준히 하는 프로그램이라는 뜻이에요. 예 정부에서는 환경 보호 캠페인을 시작했다.

이상 기후 관련 기사 제목

1. 평소에 사용하거나 많이 들어 본 날씨, 기후에 대한 어휘와 의미, 상황을 생각하게 한다.

🎤 날씨와 관련된 뉴스나 신문 기사를 본 적이 있어요?
　어떤 내용이었어요?

2. 날씨와 관련된 단어를 읽고 각각의 의미를 파악할 수 있게 한다.

3. 질문을 하여 내용을 잘 이해했는지 확인한다.

🎤 지구 온난화는 뭐예요?
　오랫동안 비가 오지 않아서 물이 부족한 것을 뭐라고 해요?

4. 신문 기사의 제목을 읽고 각 기사 제목의 의미를 파악할 수 있게 한다.

5. 신문 기사 제목을 읽고 내용을 생각하여 이야기하게 한다.

🎤 신문 기사 제목에 대한 여러분의 의견을 이야기해 보세요.
　첫 번째 기사 제목에 대한 ○○ 씨 의견은 뭐예요?

- **이재민:** 홍수로 인해 많은 이재민이 발생했어요.
- **인류:** 세계의 모든 사람을 동물과 구별하여 가르키는 말이에요.
- **입을 모으다:** 선생님들이 입을 모아 자원봉사를 한 학생을 칭찬해요.
- **정부:** 나라의 일을 하는 기관이라는 뜻이에요.
- **석탄:** 예전에는 기름이나 석탄 대신 나무를 사용해서 난방을 했어요.
- **힘쓰다:** 여러 사람들이 이 문제를 해결하기 위해 힘쓰고 있어요.

---

3. 다음은 '지구 온난화'에 대한 글입니다. 잘 읽고 질문에 답해 보세요.

지구를 지킵시다

한국은 사계절이 뚜렷한 나라이다. 하지만 21세기에 들어 날씨가 변화하면서 봄과 가을의 길이는 짧아지고 여름과 겨울의 길이는 전보다 훨씬 길어지고 있다. 과학자들은 이러한 이유가 지구 온난화에 있다고 한다.

지구 온난화는 지구의 기온이 상승하는 현상을 말한다. 이러한 지구 온난화 현상으로 이상 기후는 세계 곳곳에서 나타나고 있다. 몇 년 전 유럽의 여러 나라와 미국에서는 여름 기온이 최고 50℃까지 오르고 폭우가 내려 수십만 명의 이재민이 발생했다. 또한 유럽 일부 국가에서는 겨울에 폭설과 한파로 기온이 영하 30℃까지 내려갔으며 거대한 숲을 이루는 아마존은 가뭄이 찾아와 물고기가 떼죽음을 당하기도 했다.

전문가들은 이와 같은 이상 기후가 모두 환경 오염의 영향 때문이라고 입을 모은다. 이렇게 환경 오염이 더욱 심각해지고 지구의 온난화가 계속된다면 더 이상 인류가 생존할 수 없을 것이라고 경고한다. 최근 한국 정부와 기업에서는 석유와 석탄을 대신할 대체 에너지 개발에 힘쓰고 있다. 그러나 환경 보호의 문제는 어느 한 국가의 문제가 아닌, 전 세계인의 문제라는 인식을 가지고 환경 오염과 지구 온난화 해결에 공동으로 대응해야 할 것이다. 이처럼 전 세계인이 공동의 노력을 기울이는 한 환경 오염으로부터 지구를 지켜 낼 수 있을 것이다.

1) 지구 온난화의 이유는 무엇입니까? 환경 오염의 영향 때문입니다.

2) 이상 기후가 일어난 예를 들어 보세요.

| 여름 | : 몇 년 전 유럽의 여러 나라와 미국에서는 여름 기온이 최고 50℃까지 오르고 폭우가 내렸습니다. |
| 겨울 | : 유럽의 일부 국가에서는 폭설과 한파로 기온이 영하 30℃까지 내려갔습니다. |

3) 지구 온난화 현상으로 일어나는 일이 아닌 것을 고르세요.
❶ 지구의 기온이 상승한다.
❷ 겨울에는 폭설과 한파로 기온에 영향을 준다.
❸ 아마존은 가뭄이 찾아와 식물이 자라지 않는다.
❹ 여름에는 폭우로 피해를 입은 사람들이 생겼다.

단어장
세계 곳곳
이재민
아마존
인류
입을 모으다
정부
석유
석탄
힘쓰다

지구 온난화에 대해 읽기

1. 글의 제목을 통해 내용에 대해 간략하게 설명하고 지구 온난화에 대한 글을 읽게 한다.

🎙 이 글의 제목은 뭐예요?
환경 오염으로 인해 지구에서 어떤 문제가 일어나고 있어요?

2. 글을 훑어 읽게 한 후 주제, 중심 내용 등을 간단히 말해 보도록 한다.

🎙 지금 한국의 계절은 어떻게 변화하고 있어요?
지구 온난화 현상이 뭐예요?
지구 온난화로 인해 여러 나라에서 어떤 일이 일어났어요?
이러한 문제를 해결하기 위해서는 어떻게 해야 해요?

3. 글을 다시 읽으면서 문제를 풀게 한다.

4. 답을 같이 확인한 후, 본문을 다시 읽으며 모르는 어휘가 없는지 확인한다. 필요한 경우 새로운 어휘, 표현을 설명한다.

1. 여러분은 환경 보호를 위해 어떤 노력을 했습니까?

❶ 환경 오염에는 어떤 종류가 있어요?

❷ 왜 환경 보호를 해야 해요?

❸ 여러분은 환경 보호를 위해 어떤
노력을 해요?

2. 환경 보호를 위해 여러분은 어떤 노력을 하고 있는지 써 보세요.

환경 보호 실천 사례에 대해 쓰기

1. 어떤 글을 쓸지 알려 주고 글에 들어갈 내용을 생각해 보게 한다.

🎤 환경 오염에는 어떤 종류가 있어요?
왜 환경 보호를 해야 해요?
여러분은 환경 보호를 위해 어떤 노력을 해요?

2. 교재 지문에 대해 자신이 쓸 내용을 간단하게 메모하도록 한다. 교사는
학생들이 쓴 메모에 오류가 없는지 확인해 준다.

3. 메모한 내용을 바탕으로 글로 완성하게 한다.

환경 보전 운동

인류 사회가 안고 있는 가장 큰 문제가 무엇이냐는 질문에 '환경 문제'라고 대답하는 사람이 많다. 그만큼 환경 문제는 심각한 문제로서 시급히 해결하지 않으면 안 되는 상황이다. 그리고 환경 문제는 우리 모두의 문제로서 국제 사회, 국가, 개인 등 여러 차원에서 노력하여 해결할 문제이다.

국제 사회에서 환경 문제를 해결하기 위한 노력으로 유엔환경계획(UNEP)의 노력을 들 수 있다. 유엔환경계획은 1973년에 설립된 국제기구로서 매년 환경 문제 하나씩을 정하여 해결하기 위한 노력을 기울여 오고 있다.

한국도 국가적 차원에서 환경 문제를 해결하기 위하여 노력하고 있는데 환경부가 이 일을 맡고 있다. 그러나 환경 문제의 해결을 위해서는 무엇보다도 개개인의 관심과 노력이 중요하다. 환경을 지키기 위한 개개인의 관심과 노력이 모인다면 국가의 문제를 해결할 수 있고, 더 나아가 인류 사회의 환경 문제도 해결할 수 있을 것이다.

1) 국제 사회에서 환경 문제를 해결하기 위하여 어떤 노력을 하고 있습니까?
2) 환경 문제를 해결하기 위해서 제일 중요한 것은 무엇입니까?
3) 환경 문제를 해결하기 위하여 일상생활에서 우리가 할 수 있는 일 한두 가지를 말해 보세요.

미세먼지 (PM10)
아름동 04월 11일 08시 현재
95 ㎍/㎥ 나쁨
환경기준 100 /일

환경 보전 운동

1. 이 단원의 문화와 정보가 무엇에 대한 것인지 알려 준다.

🎤 환경 오염이 심해지면서 사람들이 환경 보호에 많은 관심을 가지고 있어요. 오늘은 환경 보존 운동에 대해 알아봅시다.

2. 교재의 그림(사진)을 보면서 주제에 대해 알고 있는 것을 상기시키고 말해 보게 한다. 이때 관련 시각 자료를 추가로 활용할 수 있다.

🎤 환경을 보호하려면 어떻게 해야 해요?
여러분은 환경을 보호하기 위해 어떤 일을 하고 있어요?

3. 교재를 같이 읽으면서 내용을 설명한다. 이때 중요한 정보가 있는 부분에 밑줄을 긋거나 표시하게 하는 것도 좋다.

4. 질문 1), 2)의 답을 찾아보고 답하게 한다.

🎤 국제 사회에서 환경 문제를 해결하기 위하여 어떤 노력을 하고 있습니까?
환경 문제를 해결하기 위해서 제일 중요한 것은 무엇입니까?

5. 질문 3)을 이용하여 학습자 자신의 경험을 말해 보도록 한다.

🎤 여러분이 환경 문제를 해결하기 위해 일상생활에서 할 수 있는 일을 소개해 보세요.

배운 어휘 확인

☐ 환경이 오염되다	☐ 입사 시험
☐ 대기 오염이 발생하다	☐ 비키다
☐ 미세 먼지가 심하다	☐ 메모하다
☐ 수질 오염이 심각하다	☐ 냄새가 심하다
☐ 떼죽음을 당하다	☐ 증상
☐ 토양 오염을 일으키다	☐ 피부병
☐ 농약에 중독되다	☐ 헷갈리다
☐ 배기가스를 줄이다	☐ 씨
☐ 차량 2부제를 실시하다	☐ 껍질
☐ 대체 에너지를 개발하다	☐ 찻잎
☐ 농약 사용을 줄이다	☐ 스티커
☐ 쓰레기 종량제를 실시하다	☐ 지구 온난화
☐ 일회용품 사용을 줄이다	☐ 폭우
☐ 생활 하수	☐ 폭설
☐ 정화	☐ 가뭄
☐ 폐수	☐ 이상 기후
☐ 무단	☐ 세계 곳곳
☐ 친환경 세제를 사용하다	☐ 이재민
☐ 늘리다	☐ 아마존
☐ 애쓰다	☐ 인류
☐ 논밭	☐ 입을 모으다
☐ 뿌리다	☐ 정부
☐ 아껴 쓰다	☐ 석유
☐ 상하다	☐ 석탄
☐ 구급차	☐ 힘쓰다
☐ 예방 주사	

13과 환경 보호 **179**

- 이 단원에서 배운 어휘 중 기억나는 것을 말해 보세요.
- 이 단원에서 배운 문법은 뭐예요? 어떻게 사용해요?
- 어떤 환경 문제들이 있어요? 환경을 보호하는 방법은 뭐예요?
- 일상생활에서 실천할 수 있는 환경 보호 방법은 어떤 것이 있어요?
- 국제 사회에서 실천하고 있는 환경 보호 방법은 무엇입니까?

마무리

1. 단원에서 학습한 어휘 중 기억하는 것을 먼저 말해 보게 한다.

2. 배운 어휘 목록의 어휘들을 읽으면서 의미를 상기시킨다.

3. 단원에서 학습한 문법(통-는 한, 통-도록)을 상기시키며 의미와 사용법을 기억하는지 확인한다.

4. 단원의 목표와 성취도를 확인한다.

5. 익힘책을 과제로 제시하고 마무리한다.

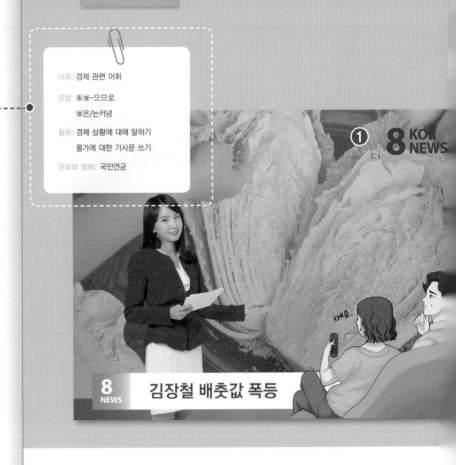

14 생활과 경제

어휘: 경제 관련 어휘

문법: 동형-으므로
     명은/는커녕

활동: 경제 상황에 대해 말하기
     물가에 대한 기사문 쓰기

문화와 정보: 국민연금

수업 목표 및 내용

- **주제:** 생활과 경제

- **어휘와 문법**
  - 어휘: 경제 상황과 현상 관련 어휘를 익힌다.
  - 문법: '동형-으므로', '명은커녕'의 의미와
    형태를 익혀 사용할 수 있다.

- **활동**
  - 말하기: 경제 상황에 대해 말할 수 있다.
  - 듣기: 경제 상황과 옷차림에 대한 대화를 듣고
    이해할 수 있다.
  - 읽기: 경제 상황과 관련한 신문 기사를 읽고
    이해할 수 있다.
  - 쓰기: 표를 보고 물가 변화에 대해 글을 쓸 수
    있다.

- **문화와 정보:** 국민연금

수업 전개	도입, 어휘	1차시	문법	2차시
	·경제 상황 ·경제에 영향을 미치는 현상		·동형-으므로 ·명은커녕	

익힘책 pp.114-115

익힘책 pp.116-118

· 이 사람들은 지금 여기에서 무엇을 보고 있어요?
· 여러분은 생활 속에서 경제의 중요성을 느낀 적이 있어요?

도입

1. 교재 그림을 이용하여 학생들과 이야기하며 이 과의 주제를 노출한다.

그림 ❶ 🎤 어떤 내용의 뉴스예요?
김장철에 왜 배춧값이 비싸져요?
여러분 고향에서는 언제 물건값이 올라요?

그림 ❷ 🎤 여기에서 무엇을 해요?
요즘 달러 환율이 얼마예요? 환율이 올랐어요?
여러분은 돈을 바꿀 때 환율을 생각해요?

그림 ❸ 🎤 이 사람들은 무엇을 보고 있어요?
요즘 일자리 구하기가 어때요?
여러분도 이런 게시판을 본 적이 있어요?

2. 대화 내용을 정리하며 이 단원에서는 '경제 상황과 현상' 등에 대해 공부한다는 것을 알려 준다.

이 단원을 지도할 때는…

이 단원과 관계있는 단원들은 아래와 같습니다. 관련 단원의 학습 내용을 확인하셔서 지도에 참고하시면 좋을 것 같습니다.

· 주제: 소비와 절약
  – 3권 5과
· 문법: 동형 -어서, 동형 -으니까
  – 1권 16과
  – 2권 7과

말하기 듣기, 발음 · 3차시	읽기 · 4차시	쓰기, 문화와 정보, 마무리 · 5차시
·경제 상황에 대해 말하기 ·경제 상황과 옷차림에 대해 듣기	·경제 상황에 대해 읽기	·표를 보고 물가 변화에 대해 쓰기 ·국민연금
익힘책 p.119	익힘책 p.120	익힘책 p.121

1. 경제 상황이 어떤 것 같아요? 이야기해 보세요.

양파(1kg) 66% 상승
이번 주: 3,000원
지난주: 1,800원

배추(1포기) 21% 하락
이번 주: 2,700원
지난주: 3,400원

연도별 청년 실업률 추이
15~29세 기준

2012	2013	2014	2015	2016	2017	2018년
8.0	7.4	8.7	9.3	9.7	9.2	10.5%

물가가 상승하다 ↔ 물가가 하락하다

실업률이 감소하다 ↔ 실업률이 증가하다

급등한 원·달러 환율
(단위: 달러당 원)

1087.8, 1067.9, 1063.5, 1068.0, 1077.7, 1097.7
1월 2월 3월 4월 5월 6월

경기가 호황이다 ↔ 경기가 불황이다

환율이 내리다 ↔ 환율이 오르다

2. 다음의 현상들은 경제에 어떤 영향을 줄까요?

개인 소비 증가 | 원재료 가격 인상 | 환율 변동 | 부동산 가격 급등

수요 ↑ 가격 ↑ / 공급 ↑ 가격 ↓

수요 증가 | 공급 증가 | 일자리 감소 | 경기 침체

- **물가가 상승하다:** 작년보다 교통비, 식비 등 물가가 상승했어요.
- **물가가 하락하다:** 물건의 값이 내려간다는 뜻이에요.
- **경기가 호황이다:** 물건이 많이 팔리고 수입, 수출이 증가하는 등 경기가 호황이다.
- **경기가 불황이다:** 경기가 불황이면 일자리가 줄어들어서 실업자가 늘어난다.

- **소비:** 여름에는 사람들이 에어컨을 많이 틀어서 전기 에너지 소비가 증가한다.
- **원재료:** 원재료인 쌀값이 올라서 편의점 김밥의 가격이 500원 올랐다.
- **변동:** 어떤 상황이 바뀌고 달라진다는 뜻이에요.
- **부동산 가격 급등:** 땅, 아파트의 값이 갑자기 오른다는 뜻이에요.
- **수요:** 어떤 물건을 사기 위해서 그 물건을 찾는다는 뜻이에요.
  예 미세 먼지 때문에 마스크 수요가 늘고 있다.
- **공급:** 마스크 수요가 증가하면서 공장에서는 마스크 공급을 늘리고 있다.
- **경기 침체:** 계속되는 경기 침체로 개인 소비가 줄고 있다.

어휘 (경제 상황)

1 도입, 제시

1. 우리가 일상생활에서 느낄 수 있는 경제 상황에 대해 질문을 하며 오늘의 어휘는 경제 상황, 경제 현상을 말할 때 사용하는 표현임을 알려 준다.

🎤 최근에 물건을 산 적이 있어요?
예전에 비해 물건값이 어때요?
경제 상황이 좋을 때와 좋지 않을 때 어떤 변화가 있을 것 같아요?

2. 교사를 따라 어휘를 소리 내어 한 번 읽는다. 이때 발음에 주의하게 한다.

3. 어휘의 의미를 설명한다. 어휘가 사용된 문장을 예로 제시하거나 의미를 풀어서 설명해 준다. 상황에 따라 유의어나 반의어 등을 추가로 설명할 수 있다.

4. 배운 어휘를 소리 내어 읽도록 한다. 이때 '-어요' 형태로 단어를 읽는 등 변화를 줄 수 있다.

2 연습

1. 배운 어휘를 사용하여 한 사람씩 문장을 만들어 보는 연습을 먼저 한다.

2. 연습한 문장을 이용하여 한국어를 사용하면서 어떤 어려움을 경험했는지 짝과 대화하도록 한다.

3. 학생들끼리 이야기한 것을 교사가 정리해 주며 같이 이야기한다.

🎤 언제 물가가 상승해요?
환율이 오르면 어떤 변화가 있어요?
언제 사람들의 소비가 많아져요?

4. 자신의 실제 경험을 이야기하는 활동으로 확장할 수 있다.

1 동 형 -으므로
앞 내용에 대한 근거나 이유를 나타낼 때 사용한다. 주로 뉴스, 회의, 발표 등 공식적인 상황에 어울린다.

GOOD TV NENS

가 나 운 서: 올해 청년 취업률에 대해서 어떻게 생각하십니까?
경제 전문가: 올해 채용 기회가 늘어나므로 취업률도 높아질 것으로 예상됩니다.

예문
· 가: 예정된 시간이 되었으므로 바로 회의를 시작하겠습니다.
  나: 네, 그럼 제가 먼저 보고를 드려도 될까요?
· 낮과 밤의 기온 차가 크므로 건강에 유의해야 한다.
· 요즘 경기가 호황이므로 서민 경제도 좋아지고 있다.

| -으므로 | · 읽다 → 읽으므로 · 높다 → 높으므로 |
| -므로 | · 오르다 → 오르므로 · 내리다 → 내리므로 |

Tip 명사는 '팬이므로'를 사용한다.

1. 보기 와 같이 올바른 것끼리 연결하고 문장을 완성해 보세요.

오늘은 미세 먼지 농도가 높으므로
외출을 자제하시기 바랍니다.

보기	오늘은 미세 먼지 농도가 높다	·	·	외출을 자제하다
1)	최근 물가가 많이 올랐다	·	·	반드시 참석하다
2)	눈 때문에 길이 미끄럽다	·	·	음식 가격 인상을 이해해 주다
3)	내일 중요한 회의가 있다	·	·	휴대 전화 전원을 끄다
4)	다른 관객에게 방해가 되다	·	·	운전 속도를 줄이다

2. 다음 문제에 대한 여러분의 의견을 친구들 앞에서 발표해 보세요.

| 인터넷 실명제 | 청소년의 연애 | 취업 준비생의 다이어트와 성형 |
| 찬성 반대 | 찬성 반대 | 찬성 반대 |

단어장
농도
자제하다
실명제
숨기다

저는 인터넷 실명제에 찬성합니다.
인터넷 실명제는 누가 쓴 글인지 숨길 수
없으므로 악플이 줄어들 것입니다.

표현의 자유가 없어지므로 저는
인터넷 실명제에 반대합니다.

14과 생활과 경제 **183**

동 형 -으므로
앞 내용에 대한 근거나 이유를 나타낼 때 사용한다. 주로 뉴스, 회의, 발표 등 공식적인 상황에 쓰인다. 받침이 있는 동사와 형용사 뒤에는 '-으므로', 받침이 없는 동사와 형용사 뒤에는 '-므로'의 형태로 사용한다. 명사는 '이므로'의 형태를 사용한다.

· 가: 이번 일자리 정책에 대해 어떻게 생각하십니까?
  나: 일자리가 늘어나므로 청년 취업에 많은 도움이 될 것으로 예상됩니다.

· 가: 이번 절도 사건에 대해 어떻게 생각하십니까?
  나: 법을 위반하였으므로 처벌받는 것이 당연하다고 생각합니다.

· 오늘은 미세 먼지가 심하므로 외출을 자제하는 것이 좋겠습니다.

· 아이들은 어른들을 따라 하므로 항상 행동을 조심해야 합니다.

-으므로 (받침 O)	읽다 → 읽으므로
	먹다 → 먹으므로
	높다 → 높으므로
	작다 → 작으므로
	*듣다 → 들으므로
-므로 (받침 X, ㄹ 받침)	오르다 → 오르므로
	내리다 → 내리므로
	크다 → 크므로
	예쁘다 → 예쁘므로
	*길다 → 길므로
	*춥다 → 추우므로

문법 1 (동 형 -으므로)

1 도입, 제시

1. 도입 그림과 대화를 통해 문법이 사용되는 상황을 인지시킨다.

   🎤 두 사람이 뉴스에서 이야기를 나누고 있어요.
   여자는 남자에게 어떤 주제에 대해 물어보았나요?
   남자는 왜 취업률이 높아진다고 생각했나요?

2. 교재의 대표 예문을 보면서 문법의 의미를 설명한다.

   🎤 이 남자는 뉴스에서 올해 채용 기회가 늘어나기 때문에 취업률이
   높아진다고 예상했어요. 이렇게 앞 내용의 근거나 이유를 이야기할 때
   '-으므로'를 사용해요.

3. 학생들과 교재의 예문들을 읽으면서 문법의 의미를 설명하고 이해시킨다.

4. 문법의 형태 정보를 제시하고 설명한다.

5. 추가 예문을 제시하고 문법의 의미와 사용법을 정확하게 이해시킨다.

2 연습 1

1. 〈보기〉의 대화를 교사와 함께 완성해 본다.

2. 나머지 문제를 〈보기〉의 대화처럼 짝과 완성하도록 한다.

3. 연습한 것을 발표하게 하거나 교사가 전체 학생 대상으로 답하게 하여
   확인한다. 그리고 오류가 있으면 수정해 준다.

3 연습 2

1. '인터넷 실명제', '청소년의 연애', '취업 준비생의 다이어트와 성형'의
   주제에 자신의 의견을 이야기해 보도록 한다.

2. 친구와 대화한 것을 발표하게 하고 오류가 있으면 수정해 준다.

익힘책 116-117쪽을 풀게 하거나 과제로 제시한다. 익힘책은 연습 활동
난이도에 따라 교재 연습 문제 전후로 활용한다.

명 은커녕

앞의 내용은 물론이고 그것보다 못한 것도 부정할 때 사용한다. 받침이 있는 명사 뒤에는 '은커녕', 받침이 없는 명사 뒤에는 '는커녕'의 형태로 사용한다.

- 가: 점심은 먹었어요?
  나: 점심은커녕 아침도 못 먹었어요.

- 가: 그 사람이 고맙다고 인사했어요?
  나: 인사는커녕 아는 척도 안 했어요.

- 일자리 증가는커녕 실업률이 더 높아지고 있다.

- 너무 바빠서 사람들과 밥은커녕 커피 한 잔도 같이 못 마시고 있다.

은커녕 (받침 O)	밥 → 밥은커녕 칭찬 → 칭찬은커녕 선물 → 선물은커녕 용돈 → 용돈은커녕 저금 → 저금은커녕 휴대폰 → 휴대폰은커녕	
는커녕 (받침 X)	비 → 비는커녕 고기 → 고기는커녕 투자 → 투자는커녕 인사 → 인사는커녕 일자리 → 일자리는커녕 보너스 → 보너스는커녕	

문법 2 (명 은커녕)

1 도입, 제시

1. 도입 그림과 대화를 통해 문법이 사용되는 상황을 인지시킨다.

   🎤 애나 씨와 제이슨 씨가 교실에서 이야기하고 있어요. 제이슨 씨는 현금을 많이 가지고 다니나요? 그럼 지갑은 가지고 다니나요?

2. 교재의 대표 예문을 보면서 문법의 의미를 설명한다.

   🎤 제이슨 씨는 카드를 사용하니까 현금을 가지고 다니지 않아요. 그리고 지갑도 안 가지고 다녀요. 앞의 내용은 물론이고 뒤에 오는 내용도 하지 않을 때 '은커녕'을 사용해요.

3. 학생들과 교재의 예문들을 읽으면서 문법의 의미를 설명하고 이해시킨다.
4. 문법의 형태 정보를 제시하고 설명한다.
5. 추가 예문을 제시하고 문법의 의미와 사용법을 정확하게 이해시킨다.

2 연습 1

1. 〈보기〉의 대화를 교사와 함께 완성해 본다.
2. 나머지 문제를 〈보기〉의 대화처럼 짝과 완성하도록 한다.
3. 연습한 것을 발표하게 하거나 교사가 전체 학생 대상으로 답하게 하여 확인한다. 그리고 오류가 있으면 수정해 준다.

3 연습 2

1. 생활하면서 생각대로 되지 않은 상황은 어떤 때였는지 자신의 경험을 이야기하도록 한다.
2. 친구와 대화한 것을 발표하게 하고 오류가 있으면 수정해 준다.

   익힘책 117~118쪽을 풀게 하거나 과제로 제시한다. 익힘책은 연습 활동 난이도에 따라 교재 연습 문제 전후로 활용한다.

---

2 명 은/는커녕

밤의 내용은 물론이고 그것보다 못한 것도 부정할 때 사용한다.

예문
- 가: 회사에서 보너스 좀 받았어요?
  나: 아니요, 보너스는커녕 아직 월급도 안 받았어요.
- 과제 제출은커녕 아직 시작도 못 했다.
- 요즘에는 극장에서 영화는커녕 집에서 텔레비전 볼 시간도 없다.

은커녕	• 칭찬 → 칭찬은커녕 • 선물 → 선물은커녕
는커녕	• 고기 → 고기는커녕 • 투자 → 투자는커녕

애 나: 현금을 많이 가지고 다니는 편이에요?
제이슨: 아니요, 카드를 사용하니까 현금은커녕 지갑도 안 가지고 다녀요.

1. 보기 와 같이 친구와 이야기해 보세요.

요즘 취업이 잘돼요?   아니요. 취업은커녕 아르바이트도 구하기 어려워요.

보기	기대하는 상황	기대에 못 미치는 상황
보기	요즘 취업이 잘되다	아르바이트 구하기도 어렵다
1)	매일 한국어 숙제를 하다	복습할 시간도 없다
2)	꾸준히 저축하고 있다	생활비도 부족한 상황이다
3)	아침에 밥 먹고 출근했다	늦게 일어나서 물도 못 마셨다
4)	된장찌개를 끓일 수 있다	라면도 못 끓이다

2. 여러분의 생각대로 되지 않는 상황에 대해서 친구와 같이 이야기해 보세요.

- 해외여행, 국내 여행
- 취업, 학교 졸업
- 취미 생활, 잠 잘 시간

날씨가 좋아지면 가족과 해외여행을 가려고 했어요. 그런데 갑자기 바빠져서 해외여행은커녕 국내 여행도 못 갈 것 같아요.

1. 라민 씨와 아나이스 씨가 물가와 경제에 대해 이야기합니다. 다음 대화처럼 이야기해 보세요.

> 라 민: 아나이스 씨, 오늘 뉴스 보니까 요즘 김장철이라 배추 가격이 급등했대요.
> 아나이스: 아, 그래요? 저는 몇 달 전에 배춧값이 떨어졌다는 기사를 봤어요. 그때하고 상황이 많이 달라졌네요.
> 라 민: 그러게 말이에요. 물가에 영향을 미치는 요인이 다양하니까요.
> 아나이스: 맞아요. 그러고 보니 라민 씨는 경제에 관심이 많은 것 같아요.
> 라 민: 네, 학교에서 친구들과 취업 준비 동아리를 하면서 경제 문제에 대해 자주 이야기하거든요. 경기가 좋아야 취업이 잘되니까 늘 신경을 쓰고 있어요.
> 아나이스: 와, 멋진 태도예요. 저도 앞으로 경제에 더 관심을 가져야겠어요.

1) 김장철이라 배추 가격이 급등하다 | 배춧값이 떨어지다
2) 휴가철이라 항공료 가격이 많이 오르다 | 비수기에 항공료 반값 할인을 하다

단어장
김장철
요인
비수기

2. 다음의 경제 상황과 그 영향에 대해 이야기해 보세요. 그리고 여러분의 생각도 이야기해 보세요.

경제 상황
• 경기가 호황이다
• 공급이 급증하다
• 원재료 가격이 급등하다

영향
• 구직이 잘되다 / 어렵다
• 물가가 상승하다 / 하락하다
• 실업률이 증가하다 / 감소하다

14과 생활과 경제 185

• **김장철:** 김장철이 가까워지면서 겨울 동안 먹을 김치를 담그기 위해 사람들이 배추를 사고 있어요.

• **태풍:** 강한 태풍이 불어서 아파트 베란다의 유리가 깨지고 길에는 많은 나무가 쓰러져 있다.

• **그러게 말이에요:** 다른 사람의 말에 대해서 자신도 같은 의견임을 말할 때 사용해요.

• **신경을 쓰다:** 요즘 이것저것 신경 쓸 일이 많아서 머리가 아파요.

발음

• **급등**[급뜽]
• **앞으로**[아프로]
• **배춧값**[배춛깝]
• **항공료**[항공뇨]
• **물가**[물까]
• **실업률**[시럼뉼]

경제 상황에 대해 말하기

1 대화문 연습

1. 물가에 영향을 주는 상황에 대하여 생각하며 교재의 그림을 이용해 어떤 상황인지 추측해 보도록 한다.

> 🎤 두 사람은 어떤 뉴스를 보고 있어요?
> 왜 배추 가격이 급등하게 되었을까요?

2. 지시문을 이용하여 대화 상황을 학생들에게 명확하게 알려 준다.

3. 대화를 들려주고 간단한 질문을 하여 대화 내용을 이해했는지 확인한다.

> 🎤 라민 씨는 어떤 뉴스를 봤나요?
> 아나이스 씨는 어떤 내용의 뉴스를 보았어요?
> 배추 가격은 언제 오르고 언제 떨어져요?
> 라민 씨는 무엇에 관심이 많아요?
> 그래서 어떤 활동을 하나요?

4. 교사와 함께 대화문을 읽으면서 자연스럽게 말하는 연습을 한다. 두 번 정도 반복해서 연습한다.

5. 교체 어휘를 활용하여 짝과 함께 연습하게 한다.

6. 연습이 끝나면 한두 팀을 발표시키거나 교사가 전체 학생을 대상으로 확인한다.

2 확장 연습

1. 여러 경제 상황에 따라 달라지는 영향에 대한 자신의 생각에 대해 말하기를 한다고 알려 준다.

2. 짝과 자신의 생각에 대해 이야기할 때는 다음과 같은 내용을 포함하여 말하도록 지시한다.

> 🎤 최근 물가가 크게 오르거나 내려간 물건이 있어요?
> 왜 이렇게 물건값이 달라졌어요? 한국은 물가가 많이 오르는 편인가요?
> 여러분 나라의 물가는 어떤가요?

3. 이야기가 끝나면 한두 팀을 발표시키거나 교사가 전체 학생을 대상으로 확인하고 오류를 수정해 준다.

기자(남): 여러분은 면접을 볼 때 어떤 옷차림이 좋다고
생각하십니까? 새 일자리를 찾는 사람이라면 면접 때
어떤 옷차림이 좋을지 신경을 많이 쓸 텐데요. 오늘은
경제 상황과 옷차림에 대해 말씀드리겠습니다.
전문가들은 불황일수록 단정한 옷차림이 취업에 더
유리하다고 조언합니다. 즉, 경기가 좋지 않을수록 옷을
단정하게 입어야 한다는 겁니다. 반면 경기가 좋을 때는
캐주얼하거나 눈에 띄는 옷차림이 자유분방한 사고를
가진 것으로 보이기 때문에 좋은 평가를 받을 수도
있다고 합니다.
그 이유는 무엇일까요? 경기 침체기에는 채용
담당자들이 보수적인 사람들로 구성되므로 튀는 사람을
피하려고 하는 경향이 있습니다. 단정한 옷차림은
신뢰감을 주고 안정된 느낌을 주기 때문에 불황기의
옷차림으로 적절하다는 것입니다.
단, 전문가들은 단정하게 입더라도 너무 시대에
뒤떨어지는 옷차림이 되지 않도록 신경을 쓰라고
조언합니다. 이상으로 최정희 기자였습니다.

---

1. 여러분은 면접 때 어떤 옷을 입습니까? 옷차림이 경제 상황과 관계가 있다고 생각합니까?

2. 라디오 방송에서 기자가 이야기합니다. 잘 듣고 질문에 답해 보세요.

1) 무엇에 대한 이야기인지 고르세요.
   ❶ 불황일수록 단정한 옷차림이 취업에 유리하다.
   ❷ 불황일수록 화려한 옷차림이 취업에 유리하다.
   ❸ 호황일수록 보수적인 옷차림이 취업에 유리하다.

2) 들은 내용과 같으면 ◯, 다르면 X 하세요.
   ❶ 경기 침체기에는 보수적인 사람들이 채용을 담당한다. (◯)
   ❷ 단정한 옷차림은 신뢰감을 준다. (◯)
   ❸ 경제 상황과 면접 옷차림은 관계가 없다. (X)

3) 들은 내용은 누구에게 가장 도움이 됩니까?
   ❶ 면접관 ❷ 경제 전문가 ❸ 취업 준비생

단어장
옷차림
유리하다
단정하다
자유분방하다
보수적
신뢰감
적절하다
튀다

 발음

받침 + [이, 야, 여, 요, 유] ⟶ [ㄴ 첨가] 받침 + [니, 냐, 녀, 뇨, 뉴]

한+율[한뉼]
환전+율[환전뉼]
국민+연금[궁민년금]

다음을 듣고 따라 읽으세요.
1) 지난주보다 환율이 떨어졌다.
2) 환전하는 곳에 따라 환전율이 다르다.
3) 국민연금에 가입하는 것은 의무이다.

186 사회통합프로그램(KIIP) 한국어와 한국문화 중급 2

경제 상황과 옷차림에 대해 듣기

1. 지시문에 대해 답하며 앞으로 들을 내용을 추측하게 한다.
   🎤 사람들은 보통 면접 때 무슨 옷을 입어요?
   면접 때의 옷차림은 경제 상황과 관계가 있어요?

2. 지시문을 이용하여 등장인물과 대화 상황을 설명한다.
   🎤 이 기자는 면접과 관련하여 어떤 이야기를 할까요?
   면접관에게 신뢰감을 주는 옷차림은 어떤 옷차림일까요?

3. 문제를 읽고 들어야 하는 정보를 파악하게 한다.
   🎤 경제 상황과 옷차림은 어떤 관계가 있을까요?
   단정한 옷차림을 해야 하는 이유는 뭐예요?
   이 이야기는 누구에게 도움이 될까요?

4. 듣기 파일을 두 번 듣고 문제를 풀게 한다.

5. 교재 질문의 답을 확인한 후 해당 대화를 같이 읽으며 내용을 확인한다.
   필요한 경우 새로운 어휘, 표현을 설명한다.

발음

1. '환율, 환전율, 국민연금'의 발음을 들려주고 '이, 야, 여, 요, 유'의 발음이
   어떻게 들리는지 학습자 스스로 확인해 보도록 한다.

2. 받침 'ㄴ' 다음에 오는 '이, 야, 여, 요, 유'가 [니, 냐, 녀, 뇨, 뉴]로
   발음된다는 것을 알려 준다.

3. '환율, 환전율, 국민연금'의 발음을 다시 듣고 교사를 따라 말하게 한다.

4. 문장을 듣고 질문에 답하게 한다.

5. 짝과 함께 문장을 읽으며 연습하게 한 후에 확인한다.

> • 'ㄴ' 첨가
>
> 받침 'ㄴ' 다음에 오는 '이, 야, 여, 요, 유'가 [니, 냐, 녀, 뇨, 뉴]로
> 발음된다.

1. 다음은 내년 경제 상황 전망에 대한 그래프입니다. 어떤 내용인지, 여러분의 의견은 어떤지 이야기해 보세요.

- **고용 안정**: 직장에서 해고될 걱정 없이 일을 한다는 뜻이에요.
- **부동산 가격 안정**: 집, 땅값의 변화가 크지 않다는 뜻이에요.
- **물가 불안정**: 물건의 값이 자주 변한다는 뜻이에요.
- **취업률**: 올해 일자리가 많아서 실업률보다 취업률이 높아요.
- **의료비**: 아파서 병을 치료할 때 쓰는 돈이라는 뜻이에요.

2. 다음의 신문 기사는 무엇에 대한 것입니까? 이야기해 보세요.

- **긴급 수매**: 폭우로 바닥에 떨어져 좋은 값에 팔 수 없는 과일들을 정부가 긴급 수매하기로 결정했다.
- **비수기**: 비수기가 되면 호텔을 찾는 사람이 줄어들어 호텔비가 싸진다.
- **확대**: 모양이나 크기를 더 크게 한다는 뜻이에요.
- **취업 컨설팅**: 직업을 찾는 것을 도와주기 위한 상담을 뜻해요.

14과 생활과 경제 **187**

경제 상황과 전망

1. 내년 경제 상황과 전망에 대해 의견을 생각하게 한다.

🎤 여러분은 내년 경제 상황이 어떨 것 같아요?
좋아질까요? 나빠질까요?
그렇게 생각하는 이유는 뭐예요?

2. 내년 경제 상황의 긍정적인 전망과 부정적인 전망을 읽고 각각의 의미를 파악할 수 있게 한다.

3. 질문을 하여 내용을 잘 이해했는지 확인한다.

🎤 내년 경제 상황을 긍정적으로 보는 이유가 뭐예요?
내년 경제 상황을 부정적으로 보는 이유가 뭐예요?

4. 경제에 대한 신문 기사 제목을 읽고 기사의 내용을 추측하게 한다

5. 신문 기사 내용에 대한 각자의 추측을 이야기하게 한다.

🎤 이 기사는 무엇에 대한 것입니까?
정부가 쌀을 사들이면 어떤 일이 일어날까요?
비수기 때 항공료는 어떻게 되나요?
취업을 준비하는 사람들을 어떻게 도와주나요?
교육비 부담을 줄이기 위해 어떤 일을 하나요?

- **폭락:** 물건의 가격이 갑자기 크게 떨어진다는 뜻이에요.

- **폭등:** 물건의 가격이 갑자기 크게 오른다는 뜻이에요.

- **응답자:** 질문에 대답을 하는 사람이라는 뜻이에요.

- **분석되다:** 공장과 자동차의 매연이 대기 오염의 가장 큰 영향으로 분석되었다.

- **순:** 어떤 일의 순서라는 뜻이에요.

---

3. 다음은 신문 기사입니다. 잘 읽고 질문에 답해 보세요.

○○신문 | 20XX. 6. 13.

새해에 가장 듣고 싶은 뉴스, 1위는 물가 안정

Q 새해 가장 듣고 싶은 희망 뉴스?

물가 안정	31%
취업률 증가, 일자리 증가	23%
부동산 가격 안정	15%

H경제리서치에서 남녀 직장인 1,000명을 대상으로 새해에 가장 듣고 싶은 뉴스가 무엇인가에 대한 설문 조사를 실시했다. 그 결과, '물가 안정'이라고 답한 응답자가 전체의 31%로 가장 높게 나타났다. 이어서, 새해에 가장 듣고 싶은 뉴스 2위는 '취업률 증가' 또는 '일자리 증가'(23%)인 것으로 나타났다.

이러한 결과는 전체 응답자의 절반 이상이 물가 안정과 고용 안정을 가장 바라고 있음을 보여 준다. 또 물가 급등과 청년 실업률 증가에 대한 최근의 경제 상황이 영향을 미친 결과로 분석된다.

이외에도 설문 응답자의 15%가 '부동산 가격 안정'을 듣고 싶은 새해 뉴스로 꼽았다. 그 뒤를 이어 '의료비 지원 확대(12%)', '교육비 지원 확대(10%)', 기타(9%) 등의 순으로 다양한 응답이 나왔다.

○○신문 | ○○○ 기자

1) 다음 중 응답자들이 가장 바라는 것의 사례로 맞는 것을 고르세요.
   ❶ 대기업에서 올해 직원을 더 채용하려고 한다.
   ❷ 삼겹살 가격이 지난달에 폭락했다가 이번 달에 폭등했다.
   ❸ 취업 준비생을 위한 지원이 확대되어야 한다.
   ❹ 작년과 올해의 식비, 교통비가 거의 비슷한 것 같다.

2) 윗글의 내용과 같으면 ○, 다르면 X 하세요.
   ❶ 물가 안정을 바라는 남녀 직장인이 가장 많다. (○)
   ❷ 응답자는 교육비 지원이 가장 필요하다고 생각한다. (X)
   ❸ 집값 안정에 대한 응답이 세 번째로 많았다. (○)

3) 설문 결과는 최근의 어떤 경제 상황의 영향을 받은 것입니까? 그 두 가지를 글에서 찾아 쓰세요.

   물가 급등   청년 실업률 증가

경제 상황에 대해 읽기

1. 신문 기사라는 글의 종류가 가지는 특징에 대해 간략하게 설명하고 새해 경제 상황과 관련한 신문 기사 글을 읽게 한다.

   🎙 신문 기사에는 누가, 언제, 어디에서, 무엇을, 왜, 어떻게와 같은 육하원칙 정보가 들어가야 해요. 설문 결과를 소개하는 이 신문 기사는 결과를 요약한 그래프와 함께 내용을 소개하는 글로 구성되어 있어요.

2. 글을 훑어 읽게 한 후 주제, 중심 내용 등을 간단히 말해 보도록 한다.

   🎙 직장인들이 가장 듣고 싶어 하는 뉴스는 뭐예요?
   어떤 뉴스를 또 듣고 싶어 해요?
   왜 이러한 결과가 나왔을까요?

3. 글을 다시 읽으면서 문제를 풀게 한다.

4. 답을 같이 확인한 후, 본문을 다시 읽으며 모르는 어휘가 없는지 확인한다. 필요한 경우 새로운 어휘, 표현을 설명한다.

리 생활에서 물가 변화가 크다고 느낀 품목이 있습니까? 그 이유는 무엇인지 메모해 보세요.

물가가 많이 상승한 것
(상승하는 것)

물가가 많이 하락한 것
(하락하는 것)

물가 변화 이유

음은 항공료 비교 표입니다. 다음 표를 보고 짧은 글을 써 보세요.

성수기와 비수기의 항공료 비교		
항공사	성수기 인상율	비수기 인하율
J 항공	〈6~8월〉 7%	〈1~2월〉 −25%
M 항공	〈7~8월〉 5%	〈1~2월〉 −15%
P 항공	〈6~8월〉 8%	〈1~2월〉 −35%

14과 생활과 경제 **189**

표를 보고 물가 변화에 대해 쓰기

1. 어떤 글을 쓸지 알려 주고 글에 들어갈 내용을 생각해 보게 한다.

🎤 여러분이 물가 변화를 가장 크게 느낀 품목이 있어요?
가장 많이 상승하거나 하락한 것은 뭐예요?
물가가 변한 이유는 무엇일까요?

2. 교재 지문에 대해 자신이 쓸 내용을 간단하게 메모하도록 한다. 교사는
학생들이 쓴 메모에 오류가 없는지 확인해 준다.

3. 메모한 내용을 바탕으로 글로 완성하게 한다.

문화와 정보

국민연금

국민연금은 한국의 대표적인 사회 보장 제도의 하나이다. 국민연금은 소득이 있을 때 매달 보험료를 납부하고 나이가 들거나 장애 등으로 소득이 중단되었을 때 급여를 받는 제도이다. 한국에서는 60세 미만으로서 소득이 있는 사람은 의무적으로 국민연금에 가입해야 한다. 한국에 거주하고 있는 외국인도 한국인과 동등하게 국민연금에 가입해야 한다.

외국인의 국민연금 가입은 '사업장 가입자'와 '외국인 지역 가입자'로 구분된다. 만 18세 이상 60세 미만의 외국인이 국민연금에 가입된 사업장에 근무하면 사업장 가입자가 된다. 그 외의 외국인은 지역 가입자가 된다. 가입 대상에서 제외되는 경우도 있기 때문에 반드시 확인을 해야 한다. 만약 한국과 사회 보장 협정을 맺은 나라에서 한국으로 파견된 근로자가 자기 나라에서 국민연금에 가입한 증명서를 제출하면 한국에서 국민연금에 가입하지 않아도 된다.

이외에도 국가별로 가입 대상인지 아닌지, 체류 자격에 따라 한국의 국민연금 가입 대상인지 아닌지에 대해서는 국민연금공단 홈페이지에서 확인할 수 있다.

1) 외국인이 가입하는 사업장 가입자와 지역 가입자는 무엇이 다릅니까?
2) 자신이 한국의 국민연금 가입 대상인지 알고 싶으면 어느 홈페이지에 들어가면 됩니까?
3) 한국의 국민연금 제도에 대해 여러분이 더 알고 싶은 정보는 무엇입니까?

www.nps.or.kr

190 사회통합프로그램(KIIP) 한국어와 한국문화 중급 2

국민연금

1. 이 단원의 문화와 정보가 무엇에 대한 것인지 알려 준다.

🎤 한국에는 나이가 들거나 또는 더 이상 소득이 없을 때 생활을 할 수 있도록 하는 사회 보장 제도로 국민연금이 있어요. 오늘은 국민연금에 대해 알아봅시다.

2. 교재의 그림(사진)을 보면서 주제에 대해 알고 있는 것을 상기시키고 말해 보게 한다. 이때 관련 시각 자료를 추가로 활용할 수 있다.

🎤 여러분은 국민연금에 대해 알고 있나요?
주변에서 국민연금을 내거나 받고 있는 것을 본 적이 있나요?
외국인도 국민연금에 가입할 수 있어요?

3. 교재를 같이 읽으면서 내용을 설명한다. 이때 중요한 정보가 있는 부분에 밑줄을 긋거나 표시하게 하는 것도 좋다.

4. 질문 1), 2)의 답을 찾아보고 답하게 한다.

🎤 외국인이 가입하는 사업장 가입자와 지역 가입자는 무엇이 다릅니까?
자신이 국민연금 가입 대상인지 알고 싶으면 어디에서 정보를 얻을 수 있습니까?

5. 질문 3)을 이용하여 학습자 자신의 생각을 말해 보도록 한다.

🎤 국민연금 제도에 대해 여러분이 더 알고 싶은 정보는 무엇인지 말해 보세요.

20XX년 1월 급여 명세서

국민연금 | 144,180

배운 어휘 확인

- 물가
- 상승하다
- 하락하다
- 실업률
- 증가하다
- 감소하다
- 경기
- 호황
- 불황
- 환율
- 오르다
- 내리다
- 소비
- 원재료
- 인상
- 변동
- 부동산
- 급등
- 수요
- 공급
- 침체
- 농도
- 자제하다
- 실명제
- 숨기다
- 김장철
- 요인
- 비수기
- 옷차림
- 유리하다
- 단정하다
- 자유분방하다
- 보수적
- 신뢰감
- 적절하다
- 튀다
- 폭락
- 폭등

14과 생활과 경제 **191**

- 이 단원에서 배운 어휘 중 기억나는 것을 말해 보세요.
- 이 단원에서 배운 문법은 뭐예요? 어떻게 사용해요?
- 한국 생활을 처음 할 때 경제 상황은 어땠어요? 지금은 어떤 것 같아요?
- 여러분이 듣고 싶은 경제 소식은 무엇인가요?
- 한국에서 나이가 들거나 더 이상 소득이 없을 때 생활을 할 수 있도록 하는 사회 보장 제도에 대해 말해 보세요.

마무리

1. 단원에서 학습한 어휘 중 기억하는 것을 먼저 말해 보게 한다.
2. 배운 어휘 목록의 어휘들을 읽으면서 의미를 상기시킨다.
3. 단원에서 학습한 문법(동형-으므로, 명은커녕)을 상기시키며 의미와 사용법을 기억하는지 확인한다.
4. 단원의 목표와 성취도를 확인한다.
5. 익힘책을 과제로 제시하고 마무리한다.

15 법과 질서

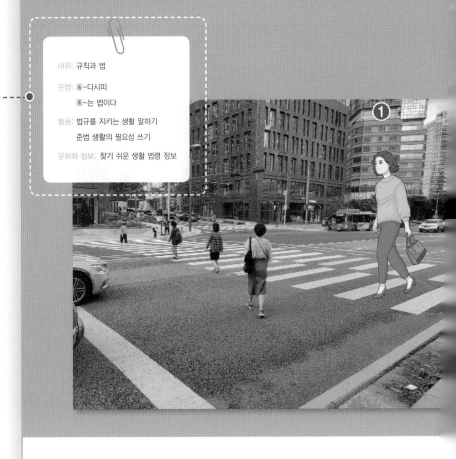

어휘: 규칙과 법

문법: 통-다시피

　　　통-는 법이다

활동: 법규를 지키는 생활 말하기

　　　준법 생활의 필요성 쓰기

문화와 정보: 찾기 쉬운 생활 법령 정보

수업 목표 및 내용

- **주제:** 법과 질서

- **어휘와 문법**
  - 어휘: 규칙과 법 관련 어휘를 익힌다.
  - 문법: '통-다시피', '통-는 법이다'의 의미와
    형태를 익혀 사용할 수 있다.

- **활동**
  - 말하기: 생활 속에서 지켜야 하는 법규에 대해
    말할 수 있다.
  - 듣기: 생활 속 법률에 대한 대화를 듣고 이해할
    수 있다.
  - 읽기: 경범죄에 대한 신문 기사을 읽고 이해할
    수 있다.
  - 쓰기: 법과 질서의 필요성에 대해 글을 쓸 수
    있다.

- **문화와 정보:** 찾기 쉬운 생활 법령 정보

수업
전개

도입, 어휘　　1차시

・규칙과 법
・생활 법규

익힘책 pp.122-123

문법　　2차시

・통-다시피
・통-는 법이다

익힘책 pp.124-126

5분

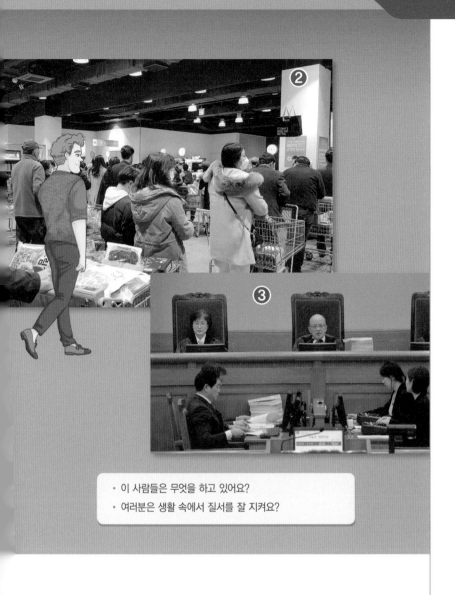

❷

❸

• 이 사람들은 무엇을 하고 있어요?
• 여러분은 생활 속에서 질서를 잘 지켜요?

도입

1. 교재 그림을 이용하여 학생들과 이야기하며 이 과의 주제를 노출한다.

   그림❶ 🎤 이 사람들은 지금 무엇을 하고 있어요?
   길을 건널 때 횡단보도로 건너지 않으면 어떤 일이 일어날까요?

   그림❷ 🎤 이 사람들은 지금 무엇을 하고 있어요?
   여러분도 줄을 서서 기다린 적이 있어요?
   줄을 서지 않는 사람을 보면 어때요?

   그림❸ 🎤 이곳은 어디예요?
   여기에서 무엇을 해요?

2. 대화 내용을 정리하며 이 단원에서는 '생활 속 규칙과 법, 준법 생활의 필요성' 등에 대해 공부한다는 것을 알려 준다.

─ 이 단원을 지도할 때는··· ─

이 단원과 관계있는 단원들은 아래와 같습니다. 관련 단원의 학습 내용을 확인하셔서 지도에 참고하시면 좋을 것 같습니다.

• 주제: 공공장소
  − 1권 17과
• 어휘: 공공장소의 금지 표지
  − 1권 17과
• 문법: 통-기 마련이다
  − 4권 11과

말하기 듣기, 발음 3차시	읽기 4차시	쓰기, 문화와 정보, 마무리 5차시
·생활 속에서 지켜야 하는 법규에 대해 말하기 ·생활 속 법률에 대해 듣기	·경범죄에 대해 읽기	·법과 질서의 필요성에 대해 쓰기 ·찾기 쉬운 생활 법령 정보
익힘책 p.127	익힘책 p.128	익힘책 p.129

• **질서를 지키다:** 공공시설을 편리하게 이용하기 위해서 질서를 지켜야 해요.

• **범죄를 저지르다:** 보이스 피싱 범죄를 저지른 사람들이 경찰에게 붙잡혔어요.

• **법/법규를 위반하다:** 무단 횡단처럼 법규를 위반하면 안 돼요.

• **범칙금/벌금을 내다:** 교통 신호를 위반해서 범칙금을 내야 해요.

• **처벌을 받다:** 범죄를 저지르거나 법규를 위반하면 처벌을 받게 돼요.

• **신고 전화:** 집에 도둑이 들었을 때 신고 전화 112에 거세요.

• **무단:** 그 사람의 허락이 없이 무단으로 동영상을 촬영하면 처벌을 받아요.

• **저작권법:** 영화나 책 등 만든 작품은 저작권법에 보호를 받는다.

• **주정차 금지:** 여기는 주정차 금지 구역이라서 차를 세우면 안 돼요.

• **쓰레기 불법 투기 단속:** 정해진 장소가 아닌 곳에 쓰레기를 버리지 못하게 쓰레기 불법 투기 단속을 해요.

• **함부로:** 쓰레기를 아무 데나 함부로 버리면 벌금을 내야 해요.

---

1. 여러분은 다음과 같은 행동을 했거나 본 적이 있어요? 이야기해 보세요.

질서를 지키다

범죄를 저지르다

법/법규를 위반하다

범칙금/벌금을 내다

처벌을 받다

2. 다음은 어디에 있는 안내문일까요? 어떤 행동을 하면 안 되는지 이야기해 보세요.

194 사회통합프로그램(KIIP) 한국어와 한국문화 중급 2

어휘 (규칙과 법)

1 도입, 제시

1. 생활 속에서 규칙과 법을 잘 지키는지 물으며 오늘의 어휘는 법과 규칙, 안내문을 보면서 어떤 행동을 하면 안 되는지 말할 때 사용하는 표현임을 알려 준다.

🎤 여러분은 사건에 대한 뉴스를 본 적이 있어요?
어떤 사건이었어요? 이런 사건은 누구 때문에 일어났어요?
법이나 법규를 위반하면 어떻게 돼요?

2. 교사를 따라 어휘를 소리 내어 한 번 읽는다. 이때 발음에 주의하게 한다.

3. 어휘의 의미를 설명한다. 어휘가 사용된 문장을 예로 제시하거나 의미를 풀어서 설명해 준다. 상황에 따라 유의어나 반의어 등을 추가로 설명할 수 있다.

4. 배운 어휘를 소리 내어 읽도록 한다. 이때 '-어요' 형태로 단어를 읽는 등 변화를 줄 수 있다.

2 연습

1. 배운 어휘를 사용하여 한 사람씩 문장을 만들어 보는 연습을 먼저 한다.

2. 연습한 문장을 이용하여 언제 질서를 잘 지켰는지, 또한 지키지 않아서 어떤 경험을 했는지 짝과 대화하도록 한다.

3. 학생들끼리 이야기한 것을 교사가 정리해 주며 같이 이야기한다.

🎤 길을 건널 때 횡단보도로 건너지 않았어요. 법규를 위반하면 어떻게 돼요?
다른 사람을 때리거나 돈을 뺏었어요. 범죄를 저지르면 어떻게 될까요?

4. 자신의 실제 경험을 이야기하는 활동으로 확장할 수 있다.

동 –다시피

듣는 사람이 이미 알거나 지각하고 있는 것임을 나타낸다.

예문
• 가: 아나이스 씨, 시험 기간이라서 바쁘지요?
• 나: 네. 알랭 씨도 알다시피 요즘 제가 시간이 없네요.
• 방금 들으셨다시피 한국의 저출산 문제는 심각합니다.
• 아까 말씀드렸다시피 행사를 마무리했으니 이제 기념사진 촬영을 하겠습니다.

경찰: 여기 보시다시피 지하철 출입구 10m 이내는 금연 구역입니다.
행인: 아, 네. 미처 못 봤습니다. 죄송합니다.

-다시피	• 듣다 → 듣다시피
	• 보다 → 보다시피
	• 알다 → 알다시피

1. 그림을 보고 보기 와 같이 친구와 이야기해 보세요.

보기
여러분도 아시다시피 요즘 회사 매출이 상승하고 있습니다.

알다 | 요즘 회사 매출이 상승하고 있다

1)
보다
지금 폭설이 내리고 있다

2)
느끼다
요즘 경기가 좋지 않다

3)
짐작하다
앞으로 일자리가 더 줄어들 것으로 보이다

2. 여러분과 친구들이 이미 알고 있는 정보가 있습니까? 친구들에게 이야기해 보세요.

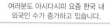
여러분도 아시다시피 요즘 한국 내 외국인 수가 증가하고 있습니다.

단어장
미처
매출
폭설
짐작하다

15과 법과 질서 195

동 –다시피

듣는 사람이 이미 알거나 지각하고 있는 것을 나타낼 때 사용한다. '알다, 듣다, 보다, 이야기하다, 말하다' 등의 일부 동사 뒤에 붙어 '-다시피'의 형태로 사용한다.

• 가: 안내문에 쓰여 있다시피 이곳은 금역 구역입니다.
  나: 정말요? 몰랐습니다. 죄송합니다.

• 가: 여러분, 아까도 말씀드렸다시피 보고서는 내일까지 꼭 제출하세요.
  나: 네, 알겠습니다.

• 누구나 알다시피 제주도는 유명한 관광지이다.

• 자료에서 보시다시피 올해 합격자 수가 작년에 비해 크게 증가했습니다.

-다시피 (받침 O, X)	보다	→ 보다시피
	말하다	→ 말하다시피
	듣다	→ 듣다시피
	느끼다	→ 느끼다시피
	짐작하다	→ 짐작하다시피
	쓰여 있다	→ 쓰여 있다시피
	이야기하다	→ 이야기하다시피
	알다	→ 알다시피

문법 1 (동–다시피)

1 도입, 제시

1. 도입 그림과 대화를 통해 문법이 사용되는 상황을 인지시킨다.

🎤 여기가 어디예요?
이 남자는 여기에서 무엇을 했어요?
여기에서는 무엇을 하면 안 돼요? 어떻게 알아요?

2. 교재의 대표 예문을 보면서 문법의 의미를 설명한다.

🎤 지하철역과 같은 공공장소에서는 담배를 피우면 안 돼요. 이것은 모든 사람들이 알고 있어요. 표지판에 금연이라고 쓰여 있어서 이것을 보면 여기가 금연 구역이라는 것을 알 수 있어요. 이렇게 무엇을 보거나 아는 것과 같이라는 뜻을 말하고 싶을 때 '-다시피'를 사용해요.

3. 학생들과 교재의 예문들을 읽으면서 문법의 의미를 설명하고 이해시킨다.

4. 문법의 형태 정보를 제시하고 설명한다.

5. 추가 예문을 제시하고 문법의 의미와 사용법을 정확하게 이해시킨다.

2 연습 1

1. 〈보기〉의 대화를 교사와 함께 완성해 본다.

2. 나머지 문제를 〈보기〉의 대화처럼 짝과 완성하도록 한다.

3. 연습한 것을 발표하게 하거나 교사가 전체 학생 대상으로 답하게 하여 확인한다. 그리고 오류가 있으면 수정해 준다.

3 연습 2

1. 사람들이 이미 알고 있는 정보에 대해 이야기해 보도록 한다.

2. 친구와 대화한 것을 발표하게 하고 오류가 있으면 수정해 준다.

익힘책 124~125쪽을 풀게 하거나 과제로 제시한다. 익힘책은 연습 활동 난이도에 따라 교재 연습 문제 전후로 활용한다.

동 -는 법이다

앞의 상태나 행동이 그렇게 되는 것이 당연하거나 이미 정해진 것임을 나타낼 때 사용한다. 동사 뒤에 붙어 '-는 법이다'의 형태로 사용한다.

'-기 마련이다'는 당연한 사실일 경우는 '-는 법이다'와 바꿔 쓸 수 있다. 그러나 '-어야 하다'와 결합하여 당위성을 나타낼 경우는 바꿔 쓸 수 없다.

예 사람은 모든 일에 정직해야 하는 법이다. (O)
사람은 모든 일에 정직해야 하기 마련이다. (X)

- 가: 요즘 일이 너무 힘들어요. 그만 포기해야 할까요?
  나: 아무리 힘들어도 계속 노력하면 성공하는 법이에요.

- 가: 저 사람이 어릴 때부터 물건을 훔쳤대요.
  나: 세 살 적 버릇이 여든까지 가는 법이에요. 어릴 때 습관이 중요한 거 같아요.

- 노력하는 사람이 기회를 잡는 법이에요.

- 범죄를 저지른 사람은 반드시 처벌을 받는 법이에요.

-는 법이다 (받침 O, X)	찾다	→ 찾는 법이다
	받다	→ 받는 법이다
	듣다	→ 듣는 법이다
	있다	→ 있는 법이다
	생기다	→ 생기는 법이다
	변하다	→ 변하는 법이다
	좋아지다	→ 좋아지는 법이다
	실수하다	→ 실수하는 법이다
	*늘다	→ 느는 법이다
	*알다	→ 아는 법이다

2 동 -는 법이다 앞의 상태나 행동이 당연하거나 이미 그렇게 정해진 것임을 나타낸다.

고 천: 저 사건의 범인이 처벌을 받게 되었대요.
김영욱: 잘못한 사람은 반드시 벌을 받는 법이지요.

예문
- 가: 대한민국 국민에게는 기본적인 권리와 의무가 있습니다.
  나: 네. 권리를 누리면 동시에 의무도 다해야 되는 법입니[다].
- 노력하는 사람이 기회를 잡는 법이다.
- 시간이 지나면 잊게 되는 법이라고 하지만 그 기억은 아직도 생생하다.

-는 법이다	· 찾다 → 찾는 법이다
	· 가다 → 가는 법이다
	★알다 → 아는 법이다

1. 보기 와 같이 친구와 이야기해 보세요.

나쁜 일을 계속하면 결국 잡히네요.

그래요. 꼬리가 길면 밟히는 법이에요.

	상황	속담
보기	나쁜 일을 계속하면 결국 잡히다	"꼬리가 길면 밟힌다"
1)	세월이 흐르니까 세상이 변하다	"십 년이면 강산도 변한다"
2)	많이 배운 사람이 겸손하게 말하다	"벼는 익을수록 고개를 숙인다"
3)	어릴 때의 교육이 중요하다	"세 살 적 버릇이 여든까지 간다"
4)	여러 사람이 주장을 내세우면 일을 망치다	"사공이 많으면 배가 산으로 간다"

2. 여러분이 알고 있는 당연한 사실이나 진리에 대해 친구들과 이야기해 보세요.

- 최선을 다하면~
- 웃으면~
- 겨울이 가면~

최선을 다하면 좋은 결과를 얻는 법이에요.

단어장
권리
의무를 다하[다]
강산
벼
버릇

196 사회통합프로그램(KIIP) 한국어와 한국문화 중급 2

문법 2 (동 -는 법이다)

1 도입, 제시

1. 도입 그림과 대화를 통해 문법이 사용되는 상황을 인지시킨다.

🎤 두 사람이 뉴스를 보고 있어요. 텔레비전에서 어떤 뉴스가 나오는 것 같아요?
어떤 사람이 범죄를 저질렀어요. 그러면 잘못한 사람은 어떻게 될까요?
당연히 벌을 받지요.

2. 교재의 대표 예문을 보면서 문법의 의미를 설명한다.

🎤 어떤 사람이 범죄를 저질렀어요. 그래서 처벌을 받게 되었어요. 잘못한 사람은 당연히 벌을 받아요. 어떤 일이 당연하거나 이미 그렇게 정해진 것을 말할 때 '-는 법이다'를 사용해요.

3. 학생들과 교재의 예문들을 읽으면서 문법의 의미를 설명하고 이해시킨다.

4. 문법의 형태 정보를 제시하고 설명한다.

5. 추가 예문을 제시하고 문법의 의미와 사용법을 정확하게 이해시킨다.

2 연습 1

1. 〈보기〉의 대화를 교사와 함께 완성해 본다.

2. 나머지 문제를 〈보기〉의 대화처럼 짝과 완성하도록 한다.

3. 연습한 것을 발표하게 하거나 교사가 전체 학생 대상으로 답하게 하여 확인한다. 그리고 오류가 있으면 수정해 준다.

3 연습 2

1. 알고 있는 당연한 사실이나 진리에 대해 이야기하도록 한다.

2. 친구와 대화한 것을 발표하게 하고 오류가 있으면 수정해 준다.

익힘책 125~126쪽을 풀게 하거나 과제로 제시한다. 익힘책은 연습 활동 난이도에 따라 교재 연습 문제 전후로 활용한다.

1. 제이슨 씨와 애나 씨가 이야기합니다. 다음 대화처럼 이야기해 보세요.

애 나: 제이슨 씨, 어디를 그렇게 급히 가요?
제이슨: 친구가 갑자기 병원 응급실에 갔대요. 그래서 가 보려고요.
애 나: 어머나, 빨리 가 보세요. 그런데 제이슨 씨, **오토바이를 탈 때는 헬멧을 꼭 써야 돼요**. 안 쓰면 위험하고 범칙금도 내야 되잖아요.
제이슨: 아, 네. 깜박했네요. 애나 씨도 **알다시피 지금 너무 급한 상황이라서요**. 저는 원래 교통 법규를 잘 지키는데……
애 나: 지금 친구가 병원에 있다고 하니까 마음이 급했나 보네요.
제이슨: 네. 정말 걱정이 돼요.
애 나: 제이슨 씨, 아무리 급해도 교통 법규는 꼭 지켜야 하는 법이잖아요. 운전도 조심하고요.
제이슨: 네, 알겠어요.

1) 오토바이를 탈 때는 헬멧을 꼭 쓰다 | 알다, 지금 너무 급한 상황이다
2) 운전을 할 때는 안전벨트를 꼭 매다 | 보다, 지금 너무 당황하다

2. 아래 상황에 맞게 법규를 잘 모르는 사람과 법규를 알려 주는 사람이 되어 대화해 보세요. 그리고 여러분의 경험도 이야기해 보세요.

법규
• 아기는 카 시트에 앉혀야 한다.
• 어린이 보호 구역에서는 속도를 줄인다.

법규를 지켜야 하는 이유
• 사고가 났을 때 아기를 지킬 수 있다.
• 길을 걷는 어린이들을 보호해야 한다.

단어장
응급실
당황하다

15과 법과 질서 **197**

• **응급실**: 한밤중에 갑자기 배가 아파서 응급실에 갔어요.
• **당황하다**: 친구가 교통사고가 났다는 소식을 듣고 당황했어요.
• **헬멧**: 오토바이를 탈 때는 머리를 보호하기 위해 꼭 헬멧을 써야 해요.
• **카 시트**: 차 안에서 유아나 어린이를 보호하기 위해 카 시트를 설치했어요.

발음

• 깜박했네요[깜빠캔네요]
• 급했나 보네요[그팬나 보네요]
• 걷는[건는]

생활 속에서 지켜야 하는 법규에 대해 말하기

1 대화문 연습

1. 생활 속에서 지켜야 할 법규를 상기시키면서 교재의 그림을 이용해 어떤 상황인지 추측해 보도록 한다.

🎙 애나 씨와 제이슨 씨가 이야기하고 있어요.
제이슨 씨는 무엇을 타고 있어요?
제이슨 씨는 왜 애나 씨의 말에 당황했어요?

2. 지시문을 이용하여 대화 상황을 학생들에게 명확하게 알려 준다.

3. 대화를 들려주고 간단한 질문을 하여 대화 내용을 이해했는지 확인한다.

🎙 제이슨 씨는 급하게 어디를 가요?
오토바이를 탈 때는 무엇을 꼭 써야 해요?
그것을 지키지 않으면 어떻게 돼요?
아무리 급해도 교통 법규를 당연히 지켜야 할 때 뭐라고 말해요?

4. 교사와 함께 대화문을 읽으면서 자연스럽게 말하는 연습을 한다. 두 번 정도 반복해서 연습한다.

5. 교체 어휘를 활용하여 짝과 함께 연습하게 한다.

6. 연습이 끝나면 한두 팀을 발표시키거나 교사가 전체 학생을 대상으로 확인한다.

2 확장 연습

1. 법규를 잘 모르는 사람과 법규를 알려 주는 사람이 되어서 이야기를 한다고 알려 준다.

2. 짝과 자신의 경험에 대해 이야기할 때는 다음과 같은 내용을 포함하여 말하도록 지시한다.

🎙 운전할 때 아기는 어디에 앉혀야 해요?
왜 법규를 지켜야 해요?
법규를 지키지 않으면 어떻게 될까요?

3. 이야기가 끝나면 한두 팀을 발표시키거나 교사가 전체 학생을 대상으로 확인하고 오류를 수정해 준다.

15-L.mp3

진행자(여): 청취자 여러분 안녕하세요? 오늘의 법률 상식에 대해 알아보겠습니다. 박수현 변호사 나오셨습니다.

변호사(남): 오늘은 생활 속에서 무심코 어길 수도 있는 법에 대해서 알려 드리겠습니다. 먼저 많은 분들이 아시다시피 인터넷에 연예인에 대해 함부로 말하는 댓글을 쓸 경우 처벌을 받을 수도 있습니다. 이런 악성 댓글의 경우 명예 훼손죄나 모욕죄가 적용됩니다. 모욕죄는 1년 이하의 징역이나 200만 원 이하의 벌금으로 처벌받습니다. 또한 영화관이나 공연장에서 무단으로 영상을 촬영하면 저작권법에 걸리게 됩니다. 인터넷에서 영화를 불법으로 공유하는 일도 당연히 문제가 되고요. 자신이 구입한 음악 파일, 영화 파일이라고 해도 인터넷에 공개적으로 올리면 안 됩니다.

진행자(여): 네. 앞으로는 이 내용들을 잘 기억해서 다른 사람의 저작물과 인격을 존중하는 우리 사회가 되면 좋겠습니다. 모두의 작은 실천이 모여 살기 좋은 사회가 만들어지는 법이지요. 다음 시간에는 경제 문제와 관련된 법에 대해 알아보겠습니다. 그럼 오늘 순서 마치겠습니다.

1. 여러분은 아래와 같은 기사를 본 적이 있습니까? 어떤 문제가 있습니까?

15-L.mp3

2. 라디오 방송에서 진행자와 변호사가 이야기합니다. 잘 듣고 질문에 답해 보세요.

1) 명예 훼손죄에 해당하는 것은 무엇입니까?
   ❶ 영화관에서 불법으로 영화를 촬영했다.
   ❷ 콘서트에 가서 가수의 얼굴을 사진기로 찍었다.
   ❸ 인터넷에 어떤 가수를 나쁘게 욕하는 글을 썼다.
   ❹ 돈을 내고 산 음악 파일을 인터넷 홈페이지에 올렸다.

2) 들은 내용과 같으면 ○, 다르면 X 하세요.
   ❶ 모욕죄에 걸리면 200만 원 이상의 벌금을 낼 수도 있다. (X)
   ❷ 공연장에서 허락 없이 촬영하면 저작권법에 걸린다. (○)
   ❸ 직접 구입한 영화 파일은 인터넷에서 공유해도 된다. (X)

단어장
공유
명예 훼손죄
모욕죄

3) 진행자는 살기 좋은 사회가 어떻게 만들어진다고 했습니까?
   모두의 작은 실천이 모여 살기 좋은 사회가 만들어진다고 했습니다.

15-P.mp3
발음

법률[범뉼]
협력[혐녁]
실업률[시럼뉼]

다음을 듣고 따라 읽으세요.
1) 나는 변호사에게 법률 상담을 받을 예정이다.
2) 경찰과 시민의 협력으로 범인을 잡았다.
3) 실업률과 범죄율은 관계가 있다.

생활 속 법률에 대해 듣기

1. 지시문에 대해 답하며 앞으로 들을 내용을 추측하게 한다.
   🎤 여러분은 이런 뉴스나 신문 기사를 본 적이 있어요?
      이 기사에는 어떤 문제가 있어요?

2. 지시문을 이용하여 등장인물과 대화 상황을 설명한다.
   🎤 라디오 방송이에요. 진행자와 변호사가 이야기해요.
      다른 사람에게 기분 나쁜 말을 하면 어떻게 될까요? 어떤 처벌을 받게 될까요?

3. 문제를 읽고 들어야 하는 정보를 파악하게 한다.
   🎤 명예 훼손죄가 뭐예요?
      공연장에서 무단으로 촬영하면 어떻게 돼요?
      살기 좋은 사회를 만들기 위해서는 어떻게 해야 해요?

4. 듣기 파일을 두 번 듣고 문제를 풀게 한다.

5. 교재 질문의 답을 확인한 후 해당 대화를 같이 읽으며 내용을 확인한다. 필요한 경우 새로운 어휘, 표현을 설명한다.

15-P.mp3
발음

1. '법률, 협력, 실업률'의 발음을 들려주고 받침 'ㅂ'의 발음이 어떻게 들리는지 학습자 스스로 확인해 보도록 한다.

2. 먼저 받침 'ㅂ' 뒤에 'ㄹ'이 오면 'ㄹ'이 [ㄴ]으로 바뀌고 받침 'ㅂ'은 [ㅁ]으로 발음한다는 것을 알려 준다.

주의 받침 'ㅂ' 뒤에 오는 'ㄹ'이 [ㄴ]으로 먼저 바뀐 후에 비음화가 추가로 적용된다는 것을 설명해야 한다.

3. '법률, 협력, 실업률'의 발음을 다시 듣고 교사를 따라 말해 본다.

4. 1)~3)의 대화를 듣고 교사를 따라 말하게 한다.

5. 짝과 함께 문장을 읽으며 연습하게 한 후에 확인한다.

• 비음화
받침 'ㅂ' 뒤에 'ㄹ'이 오면 'ㄹ'이 [ㄴ]으로 발음된다. 그리고 받침 'ㅂ'은 [ㅁ]으로 변한다.

1. 다음은 경범죄에 대한 그림과 그래프입니다. 어떤 내용인지 이야기해 보세요.

- **경범죄:** 일상생활에서 일어날 수 있는 가벼운 범죄예요.
- **쓰레기 투기:** 쓰레기를 함부로 아무 곳에나 버리는 것이에요.
- **음주 소란:** 여러 사람이 있는 곳에서 술을 마시고 시끄럽게 하는 것이에요.
- **인근 소란:** 큰 소리로 떠들거나 음악을 틀어서 시끄럽게 하는 것이에요.
- **무단 침입:** 허락을 받지 않거나 아무 이유 없이 다른 사람의 집 등에 들어가는 것이에요.

2. 다음의 신문 기사는 무엇에 대한 것입니까? 이야기해 보세요.

- **검거율:** 경찰이 나쁜 사람을 잡는 비율이에요.
- **살인:** 사람을 죽이는 행동이에요.
- **강도:** 때리거나 협박해서 남의 돈이나 물건을 빼앗는 사람이나 그런 행동이에요.
- **강간:** 때리거나 협박해서 원하지 않는 성적인 관계를 하는 것이에요.
- **절도:** 다른 사람의 물건을 몰래 훔치는 것이에요.
- **폭력:** 다른 사람을 때리거나 힘으로 누르는 것이에요.

15과 법과 질서 **199**

경범죄의 종류와 5대 범죄

1. 경범죄의 종류에는 무엇이 있는지 생각하게 한다.

   🎤 경범죄가 뭐예요?
   여러분이 알고 있는 경범죄는 어떤 것이 있어요?
   여러분 나라에서도 이런 일들이 경범죄로 처벌을 받아요?

2. 경범죄와 5대 범죄에 관한 내용을 읽고 각각의 의미를 파악할 수 있게 한다.

3. 질문을 하여 내용을 잘 이해했는지 확인한다.

   🎤 이 그림에서 나오는 경범죄는 무엇이 있어요?
   경범죄를 저지르면 처벌을 받아요.
   가장 많이 처벌받은 경범죄부터 이야기해 보세요.

4. 신문 기사를 읽고 의미를 파악할 수 있게 한다.

   🎤 5대 범죄에는 어떤 범죄가 있어요?
   범인을 잡는 비율이 높아진 이유가 뭐예요?

5. 범죄에 대한 각자의 의견을 이야기하게 한다.

   🎤 범죄가 늘어나면 시민들의 마음은 어떨까요?
   검거율이 높아지면 시민들의 생활은 어떻게 달라질까요?

- **대수롭지 않다:** 사람들은 경범죄를 대수롭지 않게 생각해요.
- **지속적:** 쓰레기 불법 투기를 줄이기 위해서는 지속적인 단속이 필요해요.
- **성숙하다:** 사람들의 성숙한 태도 덕분에 경범죄가 줄어들고 있어요.
- **괴롭히다:** 음주 소란은 주변 사람들을 괴롭히는 행동이에요.
- **시민 의식:** 사회에서 모두가 행복하게 살기 위해서는 시민 의식이 높아져야 해요.

---

3. 다음은 신문 기사입니다. 잘 읽고 질문에 답해 보세요.

생활 속 '경범죄' 1년에 10만 건 이상

경범죄는 일상생활에서 흔하게 일어나고 처벌이 가벼운 범죄를 의미한다. 사람들은 흔히 경범죄라고 하면 대수롭지 않게 생각하는 경우가 많다. 그러나 모든 범죄 행위에는 처벌이 뒤따르는 법이다. 한국에는 모두 54개의 경범죄가 있고 경범죄에 걸리면 벌금을 내야 한다. 지난 1년 동안 10만 건 이상의 경범죄가 처벌의 대상이 되었다.

경찰청 자료에 따르면 가장 많이 처벌을 받은 경범죄는 '쓰레기 투기'가 36.2%로 가장 높게 나타났다. 그다음으로 술에 취해 소란을 피우는 '음주 소란'이 17.3%였다. 주변을 시끄럽게 하는 '인근 소란'도 10.4%로 그 뒤를 이었다. 이외에도 출입이 금지된 장소에 들어가는 일, 다른 사람의 집이나 차에 광고물을 붙이는 일도 경범죄에 해당한다. 또한 다른 사람을 지속적으로 쫓아다니고 괴롭히는 행동도 경범죄로 처벌을 받게 된다.

살인이나 강도, 폭력과 같은 무거운 범죄만 시민들에게 피해를 주는 것이 아니다. 경범죄 역시 주변의 시민들에게 불편을 끼치거나 불안감을 준다. 모두가 알다시피 함께 사는 사회를 위해서는 각 사람들의 노력이 필요하다. 성숙한 시민 의식을 통해 안전하고 편안한 사회를 만들어야 할 때이다.

대한신문 김민정 기자

1) 다음 중 경범죄가 <u>아닌</u> 것은 무엇입니까?
- ❶ 길에서 시끄럽게 소란을 피웠다.
- ❷ 들어가면 안 되는 장소에 들어갔다.
- ❸ 다른 사람의 차에 광고물을 붙였다.
- ④ 다른 사람을 때려서 다치게 했다.

2) 윗글의 내용과 같으면 ○, 다르면 X 하세요.
- ❶ 경범죄는 가벼운 범죄여서 걸려도 벌금을 내지 않는다. (X)
- ❷ 작년에 경범죄로 처벌을 받은 경우는 10만 건이 넘었다. (○)
- ❸ 작년에 술을 많이 마셔서 처벌받은 사람들이 가장 많았다. (X)

3) 지난 1년간 사람들이 가장 많이 처벌을 받은 경범죄는 무엇입니까?
쓰레기 투기입니다.

단어장
대수롭지 않다
지속적
성숙하다
시민 의식

경범죄에 대해 읽기

1. 생활 속에서 흔히 일어나는 경범죄에 대한 신문 기사 글을 읽게 한다.

🎙 생활 속에서 흔하게 일어나는 범죄를 경범죄라고 해요.
여러분은 주변에서 어떤 경범죄를 자주 보세요?

2. 글을 훑어 읽게 한 후 주제, 중심 내용 등을 간단히 말해 보도록 한다.

🎙 경범죄를 저지르면 어떻게 돼요?
사람들이 가장 많이 처벌을 받은 경범죄가 뭐예요?
범죄나 경범죄를 저지르면 시민들에게 어떤 피해를 줄 수 있어요?
함께 사는 사회를 만들기 위해서는 어떤 노력이 필요할까요?

3. 글을 다시 읽으면서 문제를 풀게 한다.

4. 답을 같이 확인한 후, 본문을 다시 읽으며 모르는 어휘가 없는지 확인한다. 필요한 경우 새로운 어휘, 표현을 설명한다.

1. 우리 생활에서 법과 질서가 없다면 어떤 일이 일어날까요? 법과 질서가 필요한 이유는 무엇입니까?

법과 질서의 필요성	
법과 질서를 지키지 않으면 생기는 문제점	
법과 질서를 지켜야 하는 이유	

2. 법과 질서의 필요성에 대한 여러분의 생각을 써 보세요.

15과 법과 질서 **201**

법과 질서의 필요성에 대해 쓰기

1. 어떤 글을 쓸지 알려 주고 글에 들어갈 내용을 생각해 보게 한다.

🎤 우리 생활에서 법과 질서가 없다면 어떤 일이 일어날까요? 법과 질서가 필요한 이유는 뭐예요?

2. 교재 지문에 대해 자신이 쓸 내용을 간단하게 메모하도록 한다. 교사는 학생들이 쓴 메모에 오류가 없는지 확인해 준다.

3. 메모한 내용을 바탕으로 글로 완성하게 한다.

문화와 정보

찾기 쉬운 생활 법령 정보

사람들은 보통 '법'이라고 하면 어렵고 자신과 먼 이야기라고 느낀다. 따라서 정부에서는 국민들이 상황에 맞는 법을 더 쉽게 찾아볼 수 있도록 '찾기 쉬운 생활 법령 정보' 홈페이지와 '생활 법률' 애플리케이션을 제공하고 있다. 여기에는 가정, 금융, 교통, 근로, 사회 안전/범죄 등의 주제에 따라 법이 쉽게 설명되어 있다. 그리고 12개의 언어로도 정보가 제공되기 때문에 한국에 사는 외국인들도 이용하기 편리하다.

한편 법무부나 경찰청 등의 기관에서는 블로그나 유튜브 채널을 운영하고 있다. 이곳의 글이나 영상을 통해 사람들은 법을 쉽고 재미있게 이해할 수 있다.

법을 알고 지키면 나에게 이로운 일이 많다. 그러나 모르거나 지키지 않으면 불이익을 받게 된다. 이제 더 이상 법을 어렵게 생각하지 말고 법을 잘 알아서 편리하고 유익하게 살아가는 지혜가 필요하다.

1) '찾기 쉬운 생활 법령 정보'는 어떤 점이 좋습니까?
2) 법무부와 경찰청에서 어떤 방법으로 법을 알리고 있습니까?
3) 법과 관련된 여러 사이트에서 여러분이 알고 싶은 정보는 무엇입니까?

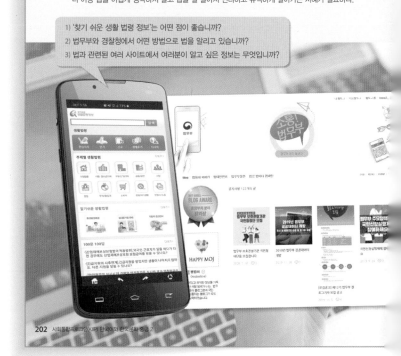

202 사회통합프로그램(KIIP) 한국어와 한국문화 중급 2

찾기 쉬운 생활 법령 정보

1. 이 단원의 문화와 정보가 무엇에 대한 것인지 알려 준다.

🎤 '법'이라고 하면 사람들은 너무 어렵다고 생각해요. 하지만 문제가 생겼을 때 법을 알아야 문제를 쉽게 해결할 수 있어요. 오늘은 찾기 쉬운 생활 법령 정보에 대해 알아봅시다.

2. 교재의 그림(사진)을 보면서 주제에 대해 알고 있는 것을 상기시키고 말해 보게 한다. 이때 관련 시각 자료를 추가로 활용할 수 있다.

🎤 여러분은 법을 몰라서 어려움을 겪은 적이 있어요? 그럴 때는 어디서, 어떻게 정보를 얻었어요?

3. 교재를 같이 읽으면서 내용을 설명한다. 이때 중요한 정보가 있는 부분에 밑줄을 긋거나 표시하게 하는 것도 좋다.

4. 질문 1), 2)의 답을 찾아보고 답하게 한다.

🎤 '찾기 쉬운 생활 법령 정보'는 어떤 점이 좋습니까? 법무부와 경찰청에서 어떤 방법으로 법을 알리고 있습니까?

5. 질문 3)을 이용하여 학습자 자신의 경험을 말해 보도록 한다.

🎤 법과 관련된 여러 사이트에서 여러분이 알고 싶은 정보는 무엇인지 소개해 보세요.

배운 어휘 확인

- ☐ 질서를 지키다
- ☐ 범죄를 저지르다
- ☐ 법/법규를 위반하다
- ☐ 범칙금/벌금을 내다
- ☐ 처벌을 받다
- ☐ 불법
- ☐ 신고 전화
- ☐ 무단
- ☐ 저작권법
- ☐ 주정차 금지
- ☐ 불법 투기 단속
- ☐ 함부로
- ☐ 미처
- ☐ 매출
- ☐ 폭설
- ☐ 짐작하다
- ☐ 권리
- ☐ 의무를 다하다
- ☐ 강산
- ☐ 벼
- ☐ 버릇

- ☐ 응급실
- ☐ 당황하다
- ☐ 공유
- ☐ 명예 훼손죄
- ☐ 모욕죄
- ☐ 경범죄
- ☐ 쓰레기 투기
- ☐ 음주 소란
- ☐ 인근 소란
- ☐ 무단 침입
- ☐ 범죄
- ☐ 검거율
- ☐ 살인
- ☐ 강도
- ☐ 강간
- ☐ 절도
- ☐ 폭력
- ☐ 대수롭지 않다
- ☐ 지속적
- ☐ 성숙하다
- ☐ 시민 의식

15과 법과 질서 **203**

- 이 단원에서 배운 어휘 중 기억나는 것을 말해 보세요.
- 이 단원에서 배운 문법은 뭐예요? 어떻게 사용해요?
- 여러분이 알고 있는 경범죄에는 어떤 것들이 있어요?
- 법과 질서를 지키지 않으면 어떤 문제가 생겨요?
- 법과 관련된 정보를 찾고 싶어요. 어디에서 찾을 수 있어요?

마무리

1. 단원에서 학습한 어휘 중 기억하는 것을 먼저 말해 보게 한다.

2. 배운 어휘 목록의 어휘들을 읽으면서 의미를 상기시킨다.

3. 단원에서 학습한 문법(통-다시피, 통-는 법이다)을 상기시키며 의미와 사용법을 기억하는지 확인한다.

4. 단원의 목표와 성취도를 확인한다.

5. 익힘책을 과제로 제시하고 마무리한다.

16 이민 생활

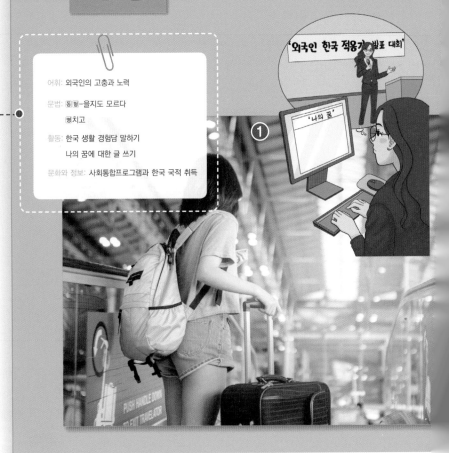

어휘: 외국인의 고충과 노력

문법: 통형 -을지도 모르다
　　　명 치고

활동: 한국 생활 경험담 말하기
　　　나의 꿈에 대한 글 쓰기

문화와 정보: 사회통합프로그램과 한국 국적 취득

수업 목표 및 내용

• **주제:** 이민 생활

• **어휘와 문법**
 – 어휘: 외국인의 고충과 노력 관련 어휘를
　　　익힌다.
 – 문법: '통형 -을지도 모르다', '명 치고'의 의미와
　　　형태를 익혀 사용할 수 있다.

• **활동**
 – 말하기: 한국 생활 경험담을 말할 수 있다.
 – 듣기: 성공한 이민자에 대한 대화를 듣고 이해할
　　　수 있다.
 – 읽기: 나의 꿈에 대한 발표문을 읽고 이해할 수
　　　있다.
 – 쓰기: 자신의 꿈에 대해 글을 쓸 수 있다.

• **문화와 정보:** 사회통합프로그램과 한국 국적 취득

수업 전개	도입, 어휘 1차시	문법 2차시
	·외국인의 고충 ·한국 생활 적응을 위한 노력	·통형 -을지도 모르다 ·명 치고
	익힘책 pp.130-131	익힘책 pp.132-134

5분

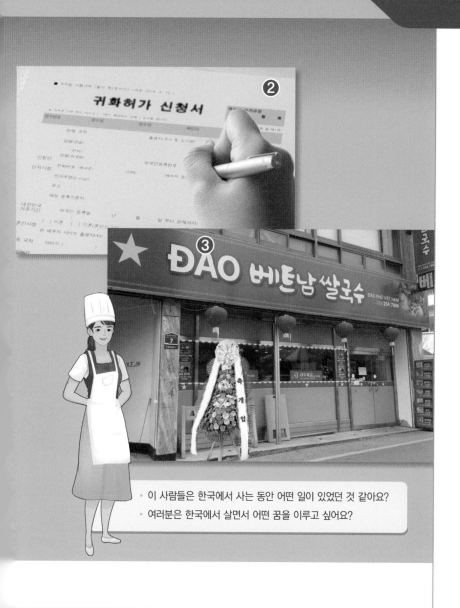

❷ 귀화허가 신청서

❸ ★ ĐAO 베트남 쌀국수

• 이 사람들은 한국에서 사는 동안 어떤 일이 있었던 것 같아요?
• 여러분은 한국에서 살면서 어떤 꿈을 이루고 싶어요?

도입

1. 교재 그림을 이용하여 학생들과 이야기하며 이 과의 주제를 노출한다.

그림❶ 🎤 이 사람은 지금 무엇에 대해 글을 쓰고 있어요?
쓴 글을 어디에서 발표할 거예요?
여러분은 이런 것을 해 본 적이 있어요?

그림❷ 🎤 이 사람은 지금 무슨 신청서를 쓰고 있어요?
이 신청서를 제출하고 허가를 받으면 어떻게 돼요?
여러분은 이런 일을 해 본 적이 있어요?

그림❸ 🎤 여기는 무슨 식당이에요?
이 여자는 이 가게에서 무슨 일을 해요?
여러분은 어떤 꿈을 이루고 싶어요?

2. 대화 내용을 정리하며 이 단원에서는 '이민 생활의 어려움과 노력, 나의 꿈' 등에 대해 공부한다는 것을 알려 준다.

─ 이 단원을 지도할 때는… ─

이 단원과 관계있는 단원들은 아래와 같습니다. 관련 단원의 학습 내용을 확인하셔서 지도에 참고하시면 좋을 것 같습니다.

• 주제: 한국 생활 적응
　　– 4권 1과
• 어휘: 한국 생활 적응
　　– 4권 1과

| 말하기 듣기, 발음 | 3차시 | 읽기 | 4차시 | 쓰기, 문화와 정보, 마무리 | 5차시 |

·한국 생활 경험에 대해 말하기
·성공한 이민자에 대해 듣기

익힘책 p.135

·나의 꿈에 대한 발표문 읽기

익힘책 p.136

·자신의 꿈에 대해 쓰기
·사회통합프로그램과 한국 국적 취득

익힘책 p.137

• **막막하다:** 다니던 회사가 문을 닫아서 갑자기 실업자가 되었을 때 앞으로 무슨 일을 해야 할지 막막해요.

• **갈등을 겪다:** 서로 생각이 달라 부딪힌다는 뜻이에요.

• **차별 대우:** 특별한 이유 없이 차별 대우를 당하면 기분이 안 좋아요.

• **극복하다:** 열정과 도전으로 어려움을 극복했어요.

• **주변에 도움을 청하다:** 사기를 당했는데 어떻게 해야 할지 몰라서 주변에 도움을 청했어요.

• **법에 호소하다:** 빌린 돈을 계속 갚지 않는 친구가 있어서 어쩔 수 없이 법에 호소하려고 해요.

• **불의에 타협하다:** 저는 아무리 힘들어도 불의에 타협하지 않고 올바르게 살려고 노력했어요.

• **그때그때:** 일을 그때그때 하지 않으면 점점 쌓여서 나중에 힘들어져요.

• **털어놓다:** 고민을 친구에게 털어놓았더니 마음이 편안해졌어요.

• **합리적:** 물건을 살 때 가격이나 품질을 생각해서 합리적인 소비를 하려고 해요.

---

1. 여러분은 한국에서 살면서 어떤 어려움을 겪었어요?

의사소통 문제
"대화가 잘 통하지 않아서 답답했어요." "한국어를 못 알아들어서 의사소통에 어려움이 있었어요."

경제적인 문제
"무슨 일을 해야 할지 몰라 막막했어요." "한국의 돈 단위가 익숙하지 않아 물건을 살 때마다 힘들었어요."

주변 사람과의 갈등
"주변 사람들과 사고방식이 달라서 갈등을 겪었어요." "제가 외국인이라서 차별 대우를 당했어요."

문화 차이
"한국 문화를 잘 몰라서 실수하는 일이 많았어요." "고향의 문화와 한국의 문화가 달라서 문화 충격을 경험했어요."

2. 여러분은 어려움이 있을 때 어떤 선택을 했어요?

• 극복하다
• 주변에 도움을 청하다
• 법에 호소하다

• 포기하다
• 혼자 고민하다
• 불의에 타협하다

3. 다음과 같은 어려움을 겪을 때 어떻게 해야 해요?

의사소통 문제
•모르는 말은 그때그때 물어보다 •내가 들은 게 맞는지 바로 확인하다

경제적인 문제
•주변 사람들에게 고민을 솔직하게 털어놓다 •합리적으로 소비를 하다

주변 사람과의 갈등
•상대방의 입장을 이해하려고 노력하다 •적극적으로 소통하면서 해결 방안을 찾다

문화 차이
•문화 간 차이를 극복하려고 노력하다 •다양한 문화에 대해 이해하는 시간을 가지다

어휘 (외국인의 고충과 노력)

1 도입, 제시

1. 한국에서 살면서 겪은 어려움을 물으며 오늘의 어휘는 한국에서 사는 외국인의 고충과 노력에 대해 말할 때 사용하는 표현임을 알려 준다.

🎤 여러분은 한국에서 살면서 어떤 어려움을 겪었어요?
여러움이 있을 때 어떤 선택을 했어요?
어려움을 겪을 때 어떻게 해야 해요?

2. 교사를 따라 어휘를 소리 내어 한 번 읽는다. 이때 발음에 주의하게 한다.

3. 어휘의 의미를 설명한다. 어휘가 사용된 문장을 예로 제시하거나 의미를 풀어서 설명해 준다. 상황에 따라 유의어나 반의어 등을 추가로 설명할 수 있다.

4. 배운 어휘를 소리 내어 읽도록 한다. 이때 '-어요' 형태로 단어를 읽는 등 변화를 줄 수 있다.

2 연습

1. 배운 어휘를 사용하여 한 사람씩 문장을 만들어 보게 한다.

2. 연습한 문장을 이용하여 한국에서 사는 외국인의 고충과 노력에 대해 짝과 대화하도록 한다.

3. 학생들끼리 이야기한 것을 교사가 정리해 주며 같이 이야기한다.

🎤 한국에서 살면서 어떤 어려움을 겪었어요?
그때 어떻게 해야 해요?

4. 자신의 실제 경험을 이야기하는 활동으로 확장할 수 있다.

1 동형 -을지도 모르다

확실하지 않은 내용을 추측하거나 짐작하여 말할 때 사용한다.

안젤라: 지금 영주권을 신청하면 언제 받을 수 있을까요?

후   엔: 요즘 신청자가 많아서 생각보다 시간이 걸릴지도
       몰라요. 마음의 여유를 가지세요.

예문

- 가: 휴대 전화가 또 고장이 났어요.
  나: 수리비가 더 많이 들지도 모르니까 이번에 새 걸로
      하나 사세요.
- 하늘이 흐린 걸 보니까 오후쯤에 비가 올지도 모르겠어요.
- 외국에서 생활하다 보면 힘들고 어려운 일이 생길지도
  모르지만 열심히 해 보겠습니다.

| -을지도 모르다 | · 겪다 → 겪을지도 모르다
· 많다 → 많을지도 모르다 |
| -ㄹ지도 모르다 | · 오다 → 올지도 모르다
· 걸리다 → 걸릴지도 모르다
· *힘들다 → 힘들지도 모르다 |

1. 그림을 보고 **보기** 와 같이 친구와 이야기해 보세요.

미래의 교통은 어떻게 될까요?

보기 교통

운전자 없이 자동차가 스스로
운행할지도 몰라요.

자동차 스스로 운행하다
하늘을 나는 차가 나오다

1)
의학 기술의 발전
알약으로 식사를 대신하다
불치병을 치료하다

2)
지구 온난화
동물들이 멸종하다
겨울이 사라지다

3)
출생아 수 (만 명) 저출산
86
65
43 35 32
1980 1990 2000 2010 2020
길에서 아이를 보기가 힘들다
초등학교가 사라지다

2. 여러분은 10년 후에 어떤 모습으로 살고 있을까요? '-을지도 모르다'를 사용해
이야기해 보세요.

단어장
불치병
멸종하다
사라지다

고향에서 큰 호텔의 사장이
되어 있을지도 몰라요.

16과 이민 생활 **207**

동형 -을지도 모르다

확실하지 않은 내용을 추측하거나 짐작하여 말할 때 사용한다.
받침이 있는 동사와 형용사의 뒤에 올 때는 '-을지도 모르다', 받침이
없는 동사와 형용사의 뒤에 올 때는 '-ㄹ지도 모르다'의 형태로
사용한다. 명사의 뒤에 올 때는 '일지도 모르다'의 형태로 쓰인다.

- 가: 지금 출발하면 제때 도착할 수 있을까요?
  나: 지금은 퇴근 시간이라서 길이 많이 막힐지도 몰라요.
- 가: 안젤라 씨에게 이 운동복을 선물할까요?
  나: 안젤라 씨는 운동을 좋아하니까 이런 옷은 많을지도 몰라요.
- 외국인이 많아져서 외국인 등록증을 발급받는 데 오래 걸릴지도
  모른다.
- 대기 오염이 심해지면 깨끗한 하늘을 볼 수 없을지도 모른다.

-을지도 모르다 (받침 O)	겪다 → 겪을지도 모르다 먹다 → 먹을지도 모르다 많다 → 많을지도 모르다 없다 → 없을지도 모르다 *듣다 → 들을지도 모르다 *짓다 → 지을지도 모르다
-ㄹ지도 모르다 (받침 X, ㄹ 받침)	오다 → 올지도 모르다 걸리다 → 걸릴지도 모르다 바쁘다 → 바쁠지도 모르다 필요하다 → 필요할지도 모르다 *알다 → 알지도 모르다 *맵다 → 매울지도 모르다
일지도 모르다 (명사 받침 O, X)	사람 → 사람일지도 모르다 문제 → 문제일지도 모르다

문법 1 (동형 -을지도 모르다)

1 도입, 제시

1. 도입 그림과 대화를 통해 문법이 사용되는 상황을 인지시킨다.

   🎤 안젤라 씨는 무엇을 하려고 해요?
   보통 영주권을 신청하면 얼마 후에 받을 수 있어요?
   요즘 영주권을 신청하면 바로 받을 수 있어요?
   언제 받는지 정확히 알아요?

2. 교재의 대표 예문을 보면서 문법의 의미를 설명한다.

   🎤 안젤라 씨가 영주권을 신청하려고 해요. 그런데 요즘 신청자가 많기
   때문에 아마 시간이 더 걸릴 것 같아요. 이렇게 확실하지 않은 내용을
   추측하거나 짐작하여 말할 때 '-을지도 모르다'를 사용해요.

3. 학생들과 교재의 예문들을 읽으면서 문법의 의미를 설명하고
   이해시킨다.

4. 문법의 형태 정보를 제시하고 설명한다.

5. 추가 예문을 제시하고 문법의 의미와 사용법을 정확하게 이해시킨다.

2 연습 1

1. 〈보기〉의 대화를 교사와 함께 완성해 본다.

2. 나머지 문제를 〈보기〉의 대화처럼 짝과 완성하도록 한다.

3. 연습한 것을 발표하게 하거나 교사가 전체 학생 대상으로 답하게 하여
   확인한다. 그리고 오류가 있으면 수정해 준다.

3 연습 2

1. '-을지도 모르다'를 사용하여 10년 후의 모습에 대해 친구와
   이야기하도록 한다.

2. 연습한 것을 발표하게 하고 오류가 있으면 수정해 준다.

   익힘책 132~133쪽을 풀게 하거나 과제로 제시한다. 익힘책은 연습 활동
   난이도에 따라 교재 연습 문제 전후로 활용한다.

명 치고

앞의 말 전체가 예외 없음을 나타내거나 오히려 예외적임을 말할 때 사용한다. 명사 뒤에 붙어 '치고'의 형태로 사용한다.

앞의 말 전체가 예외 없음을 나타낼 때는 뒤에 부정적인 문장이나 수사 의문문이 와야 한다. 반면에 예외적임을 나타낼 때는 뒤에 긍정적인 문장이나 부정적인 문장이 모두 올 수 있으며 수사 의문문은 올 수 없다.

- 가: 영욱이가 컴퓨터 게임을 너무 좋아해서 걱정이에요.
  나: 요즘 아이치고 컴퓨터 게임을 좋아하지 않는 아이가 어디 있겠어요? 그러니까 너무 걱정하지 마세요.
- 가: 이거 중고책인데 낙서도 하나 없고 좋아요.
  나: 정말 중고책치고 깨끗하네요.
- 외국에서 사는 사람치고 언어 문제로 어려움을 겪지 않은 사람은 없다.
- 오늘 요리는 처음 만든 것치고 성공적이었다.

치고 (받침 O, X)	집 → 집치고
	면접 → 면접치고
	명품 → 명품치고
	외국인 → 외국인치고
	신입 사원 → 신입 사원치고
	아이 → 아이치고
	중고 → 중고치고
	가수 → 가수치고
	날씨 → 날씨치고
	번역기 → 번역기치고

문법 2 (명 치고)

1 도입, 제시

1. 도입 그림과 대화를 통해 문법이 사용되는 상황을 인지시킨다.

🎤 이링 씨는 요즘 한국 생활이 어때요?
그래서 어떤 생각을 해요?
그런데 외국 생활은 이링 씨만 힘들어요?

2. 교재의 대표 예문을 보면서 문법의 의미를 설명한다.

🎤 이링 씨는 한국 생활이 힘들어서 고향에 돌아가고 싶어 해요. 그런데 외국 생활은 이링 씨만 힘든 것이 아니에요. 외국에서 사는 사람들은 모두 힘들어요. 이렇게 앞의 말 전체가 예외 없음을 나타낼 때 '치고'를 사용해요. 그리고 오히려 예외적임을 말하고 싶을 때 '치고'를 사용할 수도 있어요. 예를 들어 '이링 씨는 외국 사람치고 한국어를 잘하는 편이에요'라고 할 수 있어요.

3. 학생들과 교재의 예문들을 읽으면서 문법의 의미를 설명하고 이해시킨다.

4. 문법의 형태 정보를 제시하고 설명한다.

5. 추가 예문을 제시하고 문법의 의미와 사용법을 정확하게 이해시킨다.

2 연습 1

1. 〈보기〉의 대화를 교사와 함께 완성해 본다.

2. 나머지 문제를 〈보기〉의 대화처럼 짝과 완성하도록 한다.

3. 연습한 것을 발표하게 하거나 교사가 전체 학생 대상으로 답하게 하여 확인한다. 그리고 오류가 있으면 수정해 준다.

3 연습 2

1. '치고'를 사용하여 한국 문화에 적응하는 데 걸린 기간, 한국 생활의 어려움, 한국 드라마를 이해하는 데까지 걸린 기간에 대한 자신의 경험을 이야기하도록 한다.

2. 연습한 것을 발표하게 하고 오류가 있으면 수정해 준다.

익힘책 133-134쪽을 풀게 하거나 과제로 제시한다. 익힘책은 연습 활동 난이도에 따라 교재 연습 문제 전후로 활용한다.

1. 후엔 씨가 사회통합프로그램 수료식에서 소감 발표를 하고 있습니다. 다음과 같이 이야기해 보세요.

후엔: 안녕하십니까?
오늘 소감을 발표하게 된 후엔이라고 합니다. 저는 한국에 온 지 6년 정도 됐는데요. 이렇게 기쁜 자리에 서니까 힘들었던 지난날이 생각납니다. 외국에서 사는 사람치고 힘들지 않은 사람이 없겠지만 저도 처음 한국에 왔을 때는 한국 사람과 의사소통이 안 돼서 고생을 많이 했습니다. 그럴 때마다 주변 사람들에게 물어보면서 문제를 해결했습니다.
그리고 일자리를 찾지 못해 막막할 때도 있었습니다. 그럴 때도 할 수 있다는 자신감을 갖고 열심히 살았습니다. 제가 이런 경험을 하고 나니까 한국에 와서 저처럼 어려움을 겪는 외국인이 많겠다는 생각이 들었습니다. 그래서 앞으로는 외국인을 돕기 위한 모임을 만들어서 어려움을 겪는 사람들에게 도움을 주면서 살고 싶습니다. 지금까지 부족한 제 이야기를 들어 주셔서 감사합니다.

1) 한국 사람과 의사소통이 안 돼서 고생을 많이 했다, 주변 사람들에게 물어보다 ┃ 일자리를 찾지 못해 막막할 때가 있었다

2) 문화가 달라서 문화 충격을 받았다, 한국 역사와 문화를 공부하다 ┃ 한국어 공부가 어려워서 실력이 늘지 않을 때가 있었다

2. 사회통합프로그램 수료식에서 여러분의 소감 발표를 해 보세요.

한국에서 살면서 힘들었던 부분	극복하기 위해 한 노력

단어장
수료식
소감

16과 이민 생활 **209**

- **수료식**: 학교나 센터에서 어떤 것을 배우는 프로그램을 마친 것을 기념하는 행사를 말해요.
- **소감**: 어떤 일에 대하여 느끼고 생각한 것을 말해요.

(발음)

- **막막할**[망마칼]
- **겪는**[경는]
- **겪고**[격꼬]
- **부족한**[부조칸]

4-16 EBOOK

한국 생활 경험에 대해 말하기

1 대화문 연습

1. 수료식에서 할 수 있는 말을 이야기하며 교재의 그림을 이용해 어떤 상황인지 추측해 보도록 한다.

  🎤 여자는 지금 무엇을 하고 있어요?
  여자는 어떤 말을 할 것 같아요?
  여러분은 이런 경험이 있어요?

2. 지시문을 이용하여 대화 상황을 학생들에게 명확하게 알려 준다.

3. 대화를 들려주고 간단한 질문을 하여 대화 내용을 이해했는지 확인한다.

  🎤 후엔 씨는 한국에 온 지 얼마나 됐어요?
  후엔 씨는 처음 한국에 왔을 때 어떤 점이 힘들었어요?
  그것을 극복하기 위해 어떤 노력을 했어요?
  후엔 씨는 앞으로 무엇을 하면서 살고 싶어 해요?

4. 교사와 함께 대화문을 읽으면서 자연스럽게 말하는 연습을 한다. 두 번 정도 반복해서 연습한다.

5. 교체 어휘를 활용하여 짝과 함께 연습하게 한다.

6. 연습이 끝나면 한두 팀을 발표시키거나 교사가 전체 학생을 대상으로 확인한다.

2 확장 연습

1. 사회통합프로그램 수료식에서 소감을 이야기하는 활동을 한다고 알려 준다.

2. 짝과 자신의 경험에 대해 이야기할 때는 다음과 같은 내용을 포함하여 말하도록 지시한다.

  🎤 한국에서 살면서 힘들었던 것은 뭐예요?
  그것을 극복하기 위해 어떤 노력을 했어요?

3. 이야기가 끝나면 한두 팀을 발표시키거나 교사가 전체 학생을 대상으로 확인하고 오류를 수정해 준다.

듣기

16-L.mp3

앵　커(남): 오늘은 모델 한현수 씨를 초대했습니다. 박수로 모셔 보겠습니다.

한현수(여): 안녕하세요, 모델 한현수입니다. 이런 자리에 초대되어 영광입니다.

앵　커(남): 한현수 씨가 한국에서 성공할 수 있었던 비결에 대해 궁금해하는 분들이 많이 계신데요. 어떻게 성공할 수 있었는지 말씀을 좀 해 주시겠습니까?

한현수(여): 처음에는 한국어도 잘 못하고 여러 가지 문제에 부딪히면서 고생도 많이 했습니다. 학교생활에 잘 적응하지 못해 포기하려고 생각한 적도 있었고요. 그렇지만 하고 싶은 일이 무엇인지, 잘할 수 있는 일이 무엇인지 생각해 보게 됐습니다. 저는 어렸을 때부터 옷에 관심이 많았고, 여자치고 키도 큰 편이기 때문에 모델을 잘할 수 있을 것 같았습니다. 그래서 모델이 되고 싶었습니다. 그렇게 마음먹은 후에 처음에는 모델로 성공할 수 있을지 막막했지만 그 꿈을 이루기 위해 많은 노력을 했고 무대에 모델로 설 수 있었습니다.

앵　커(남): 마지막으로 한현수 씨처럼 꿈을 이루기 위해 노력하고 있는 분들에게 한 말씀 해 주시겠습니까?

한현수(여): 힘든 일이 있어도 포기하지 않고 노력하면 안 되는 일이 없는 것 같습니다. 그리고 항상 긍정적으로 생각하다 보면 언젠가 꿈이 이루어질지도 모릅니다.

성공한 이민자에 대해 듣기

1. 지시문에 대해 답하며 앞으로 들을 내용을 추측하게 한다.

　🎙 두 사람은 어디에서 이야기해요?
　이민자가 나오는 방송 프로그램을 본 적이 있어요?

2. 지시문을 이용하여 등장인물과 대화 상황을 설명한다.

　🎙 누구와 누가 이야기해요?
　무엇에 대해 이야기해요?

3. 문제를 읽고 들어야 하는 정보를 파악하게 한다.

　🎙 한현수 씨는 어렸을 때 무엇이 되고 싶었어요?
　한현수 씨는 어렸을 때 무엇에 관심이 많았어요?
　한현수 씨는 꿈을 이루고 싶은 사람에게 어떤 말을 했어요?

4. 듣기 파일을 두 번 듣고 문제를 풀게 한다.

5. 교재 질문의 답을 확인한 후 해당 대화를 같이 읽으며 내용을 확인한다. 필요한 경우 새로운 어휘, 표현을 설명한다.

---

1. 여러분은 한국에서 성공한 이민자를 본 적이 있습니까?

방송 프로그램에 결혼 이민자가 나와서 유창하게 말하는 것을 본 적이 있어요.

토론 프로그램에 여러 명의 외국인 유학생이 나와서 이야기하는 것을 봤어요.

2. 앵커와 한현수 씨가 이야기합니다. 잘 듣고 질문에 답해 보세요.

16-L.mp3

　1) 어렸을 때 한현수 씨의 꿈은 무엇이었습니까?
　　모델이었습니다.

　2) 한현수 씨는 꿈을 이루고 싶은 사람에게 어떤 말을 해 주었습니까? 내용을 완성해 보세요.

　　힘든 일이 있어도 포기하지 (않고 노력하면) 안 되는 일이 없어요.
　　그리고 항상 (긍정적으로) 생각하다 보면 언젠가 꿈이 이루어질 거예요.

　3) 들은 내용과 같으면 ○, 다르면 X 하세요.

　　❶ 한현수 씨는 학교생활에 잘 적응했다. 　　　(X)
　　❷ 한현수 씨는 어릴 때부터 옷에 관심이 많았다. 　(○)
　　❸ 한현수 씨는 힘든 일이 있을 때 포기하고 좌절했다. (X)

단어장
영광
비결
마음먹다

발음

부딪힐[부디칠]
맞히는[마치는]

앉히고[안치고]

다음을 듣고 따라 읽으세요.
1) 문제에 부딪힐 때도 많아서 고생을 했습니다.
2) 이 문제를 먼저 맞히는 분에게 선물을 드리겠습니다.
3) 아이를 따로 앉히고 싶은데요. 의자 좀 주시겠어요?

210　사회통합프로그램(KIIP) 한국어와 한국문화 중급 2

16-P.mp3

발음

1. '부딪힐, 맞히는, 앉히고'의 발음을 들려주고 'ㅎ'의 발음이 어떻게 들리는지 학습자 스스로 확인해 보도록 한다.

2. 받침 'ㅈ'이 뒤 음절 첫소리 'ㅎ'과 결합되는 경우에는 두 음을 합쳐서 [ㅊ]으로 발음한다는 것을 알려 준다.

3. '부딪힐, 맞히는, 앉히고'의 발음을 다시 듣고 교사를 따라 말하게 한다.

4. 1)~3)의 문장을 듣고 교사를 따라 말하게 한다.

5. 짝과 함께 문장을 읽으며 연습하게 한 후에 확인한다.

• **격음화**
　받침 'ㄱ(ㄲ), ㄷ, ㅂ(ㅃ), ㅈ(ㄵ)'이 뒤 음절 첫소리 'ㅎ'과 결합되는 경우 두 음을 합쳐서 [ㅋ, ㅌ, ㅍ, ㅊ]으로 발음한다.

1. 발표자들은 어떤 꿈을 가지고 있습니까? 여러분은 어떤 꿈이 있습니까?

이민자 한국어 말하기 대회

주제	나의 꿈
발표 순서	• 저의 꿈은 간호사입니다.
	• 나의 꿈, 문화 전도사
	• 세계적인 통역사를 위해 달려가겠습니다.
	• 한식 조리사의 꿈, 한국에서 이루겠습니다.
	• 미래의 꿈, 저와 함께 도전해 보세요.

• **문화 전도사:** 문화를 세상에 널리 알리는 사람을 말해요.

• **통역사:** 국제회의에서 영어를 한국어로 통역하는 전문 통역사가 되고 싶어요.

2. 꿈을 이루기 위해서는 어떻게 해야 합니까?

끊임없이 도전하다	자기 계발을 하다	힘과 열정을 쏟다 / 최선을 다하다	어려움을 극복하다 / 고난을 이기다

• **끊임없이 도전하다:** 목표를 이루기 위해 끊임없이 도전할 거예요.

• **자기 계발:** 센터에서 컴퓨터를 배우며 꾸준히 자기 계발을 하려고 해요.

• **열정을 쏟다:** 요즘 운동에 열정을 쏟고 있어요.

• **고난을 이기다:** 아무리 괴롭고 어려워도 저는 이 고난을 이겨 나가겠습니다.

16과 이민 생활 **211**

꿈 관련 표현

1. 이민자 한국어 말하기 대회에 참가하여 '나의 꿈'이라는 주제로 발표한다면 어떤 내용으로 발표하고 싶은지 생각하게 한다.

   🎤 여러분이 이민자 한국어 말하기 대회에 참가하여 '나의 꿈'에 대해 발표하게 되었다고 생각해 봅시다. 여러분은 어떤 꿈이 있어요? 그것을 어떤 내용으로 발표할 거예요?

2. 이민자 한국어 말하기 대회 포스터의 제목과 내용을 읽고 의미를 파악하게 한다.

3. 질문을 하여 내용을 잘 이해했는지 확인한다.

   🎤 이 대회의 참가자들은 어떤 꿈을 가지고 있어요? 조리사 자격증을 취득하면 어떤 사업을 시작하게 될까요?

4. 꿈을 이루기 위해 해야 하는 일과 관련된 표현의 의미를 파악할 수 있게 한다.

5. 이민자로서 가지고 있는 꿈과 그 꿈을 이루기 위한 노력에 대해 각자 이야기하게 한다.

   🎤 여러분은 꿈이 있어요?

어떤 꿈을 가지고 있어요?
그 꿈을 이루기 위해서는 어떻게 해야 할까요?

16과 이민 생활 **197**

- **발표문:** 발표하는 내용을 쓴 글을 말해요.

- **모시다:** 결혼 후 부모님을 모시고 살고 있어요.

- **새내기:** 오늘은 대학교에 입학한 1학년 새내기들에게 학교생활에 필요한 정보를 알려 주는 날이에요.

- **간호조무사:** 의사나 간호사의 지도에 따라 간호 및 진료에 관련된 업무를 보조하는 사람을 말해요.

- **직후:** 식사를 한 직후에 갑자기 뛰면 배가 아플 거예요.

- **취득하다:** 식당을 차리기 위해 조리사 자격증을 취득했어요.

- **운영하다:** 학교 앞에서 작은 가게를 운영하고 있어요.

- **나날:** 요즘 사업이 잘돼서 바쁜 나날을 보내고 있어요.

저의 꿈은 간호사입니다

안녕하세요? 저는 시부모를 모시면서 애 둘을 키우고 농사를 짓는 남편을 둔 평범한 주부입니다. 그리고 병원에서 근무한 지 1년이 채 안 된 새내기 간호조무사이기도 합니다. 어릴 때부터 간호사를 꿈꾸던 제가 어떻게 낯선 한국 땅에서 꿈에 한발 다가갔는지 말씀드리기 위해 이 자리에 나왔습니다.

저는 2009년 베트남에서 남편을 만나서 결혼하게 되었습니다. 결혼 직후 남편에게 간호사가 되고 싶다고 말했더니 한국말이 서툴러서 어렵지 않겠느냐는 반응이었습니다. 그래서 우선 한국어 프로그램을 열심히 들으면서 한국 생활에 적응하기 위해 노력했습니다. 한국 국적을 취득하고 난 후에는 한동안 아이들을 키우고 집안일을 하는 등 바쁜 일상이 계속되었습니다.

그러던 어느 날 센터에서 간호조무사 취업 과정을 운영한다는 소식을 듣고 바로 '이것이 내 길이다'라는 생각이 들어 무조건 도전하게 되었습니다. 낮에는 공부하고 밤에는 늦게까지 배운 것을 복습하는 힘든 나날이 계속되었지만 꿈을 이룰 수 있을지도 모른다는 기대감에 몸이 힘든지도 몰랐습니다. 저를 믿고 응원해 준 남편과 시부모님 덕분에 드디어 간호조무사 시험에 합격하고 지금은 집 근처의 작은 병원에 근무하고 있습니다.

그렇지만 저의 도전은 여기가 끝이 아닙니다. 다음에는 간호사가 되기 위해 끊임없이 도전하고 있습니다. 간호조무사에 비해 간호사가 되기는 훨씬 어려워서 언제 제가 간호사 자격증을 취득할지 모릅니다. 얼마나 걸릴지 모르겠지만 저는 제 꿈을 이루기 위해 최선을 다할 것입니다.

1) 이 사람의 직업은 무엇입니까?

   간호조무사입니다.

2) 이 사람은 앞으로 무슨 일에 도전할 것입니까?

   간호사가 되기 위해 계속 도전할 것입니다.

3) 윗글의 내용과 같으면 ○, 다르면 X 하세요.

   ❶ 이 사람은 한국어 수업을 들으면서 간호조무사 공부를 했다. (X)

   ❷ 이 사람이 공부를 할 때 다른 사람의 도움을 받을 수 없었다. (X)

   ❸ 이 사람에게 간호사 자격증이 있어도 취업은 어려울 것이다. (X)

> 단어장
> 모시다
> 새내기
> 간호조무사
> 직후
> 나날

나의 꿈에 대한 발표문 읽기

1. 발표문의 특징에 대해 간략하게 설명하고 '나의 꿈'에 대한 발표문을 읽게 한다.

   🎙 여러분, '발표문'을 알아요? 다른 사람 앞에서 발표하는 내용을 쓴 글을 발표문이라고 해요.
   여러분은 발표문을 써 본 적이 있어요?
   발표문을 쓸 때 '해요, 뭐, 친구랑' 같이 말할 때 쓰는 말을 써도 돼요?

2. 글을 훑어 읽게 한 후 주제, 중심 내용 등을 간단히 말해 보도록 한다.

   🎙 이 사람의 직업은 뭐예요?
   이 사람은 어렸을 때 어떤 꿈을 가지고 있었어요?
   이 사람은 꿈을 이루기 위해 어떤 노력을 했어요? (결혼 직후, 국적 취득 후)
   이 사람은 앞으로 무슨 일에 도전할 거예요?

3. 글을 다시 읽으면서 문제를 풀게 한다.

4. 답을 같이 확인한 후, 본문을 다시 읽으며 모르는 어휘가 없는지 확인한다. 필요한 경우 새로운 어휘, 표현을 설명한다.

1. 여러분의 꿈은 무엇입니까? 그 꿈을 이루기 위해 어떻게 해야 합니까? 그리고 꿈을 이루기 위해 지금 어떤 노력을 하고 있습니까? 다음 표에 메모해 보세요.

나의 꿈

해야 하는 것

지금 하고 있는 노력

2. '나의 꿈'에 대한 글을 써 보세요.

16과 이민 생활 **213**

자신의 꿈에 대해 쓰기

1. 어떤 글을 쓸지 알려 주고 글에 들어갈 내용을 생각해 보게 한다.

🎤 여러분의 꿈은 뭐예요?
그 꿈을 이루기 위해 무엇이 필요해요?
그 꿈을 이루기 위해 지금 어떤 노력을 하고 있어요?

2. 교재 지문에 대해 자신이 쓸 내용을 간단하게 메모하도록 한다. 교사는 학생들이 쓴 메모에 오류가 없는지 확인해 준다.

3. 메모한 내용을 바탕으로 글로 완성하게 한다.

문화와 정보

사회통합프로그램과 한국 국적 취득

사회통합프로그램은 이민자가 사회 구성원으로 적응하는 데에 필요한 한국어와 한국 문화에 대한 교육을 제공하는 프로그램이다. 사회통합프로그램은 0단계부터 5단계까지 있는데 각 단계의 평가를 통과하고 최종적으로 귀화용 종합 평가에 합격하면 한국 국적을 취득할 수 있다. 즉, 한국 국적을 취득하려면 한국어 능력과 한국의 풍습에 대한 이해 등 한국 국민으로서의 기본 소양을 평가받아야 하는데 귀화용 종합시험이 이를 대신한다.

한국 국적을 신청하려면 귀화 허가 신청서, 여권, 본국 신분증 원본과 사본, 범죄 경력 증명서, 가족 관계 증명서, 주민 등록 등본 등의 서류가 필요하다. 먼저 귀화 허가 신청은 구비 서류를 가지고 주소지의 출입국 관리 사무소에 직접 가서 신청해야 한다. 그러면 귀화심사를 진행하게 되는데 서류 심사-면접 심사-실태 조사 등의 절차가 진행된다. 귀화 허가 통지서를 받게 되면 기본 증명서를 발급받아 시청이나 구청, 주민 센터에 제출해야 한다. 귀화 허가일로부터 1년 이내에 본국 국적을 포기하고 주민 등록을 하게 되면 주민 등록증을 발급받을 수 있다.

1) 사회통합프로그램 귀화용 종합시험에 합격하면 어떤 혜택이 있습니까?
2) 한국 국적을 신청하려면 어떤 서류가 필요합니까?
3) 여러분은 사회통합프로그램을 참여하면서 어떤 계획을 가지고 있는지 이야기해 보세요.

사회통합프로그램과 한국 국적 취득

1. 이 단원의 문화와 정보가 무엇에 대한 것인지 알려 준다.

🎤 사회통합프로그램은 한국에 온 이민자가 사회 구성원으로 적응하는 데에 필요한 한국어와 한국 문화에 대한 교육을 제공하는 프로그램이에요. 오늘은 한국의 사회통합프로그램과 한국 국적 취득에 대해 알아봅시다.

2. 교재의 그림(사진)을 보면서 주제에 대해 알고 있는 것을 상기시키고 말해 보게 한다. 이때 관련 시각 자료를 추가로 활용할 수 있다.

🎤 사회통합프로그램을 들어 보니까 어때요? 한국 국적 취득 방법을 알고 있어요?

3. 교재를 같이 읽으면서 내용을 설명한다. 이때 중요한 정보가 있는 부분에 밑줄을 긋거나 표시하게 하는 것도 좋다.

4. 질문 1), 2)의 답을 찾아보고 답하게 한다.

🎤 사회통합프로그램 귀화용 종합시험에 합격하면 어떤 혜택이 있습니까? 한국 국적을 신청하려면 어떤 서류가 필요합니까?

5. 질문 3)을 이용하여 학습자 자신의 경험을 말해 보도록 한다.

🎤 여러분은 사회통합프로그램을 들으면서 어떤 계획을 가지고 있는지 이야기해 보세요.

배운 어휘 확인

- ☐ 막막하다
- ☐ 갈등을 겪다
- ☐ 차별 대우를 당하다
- ☐ 극복하다
- ☐ 법에 호소하다
- ☐ 불의에 타협하다
- ☐ 불치병
- ☐ 멸종하다
- ☐ 사라지다
- ☐ 영주권
- ☐ 개업
- ☐ 수료식
- ☐ 소감
- ☐ 영광

- ☐ 비결
- ☐ 마음먹다
- ☐ 꿈
- ☐ 전도사
- ☐ 달려가다
- ☐ 끊임없이
- ☐ 자기 계발
- ☐ 열정을 쏟다
- ☐ 고난을 이기다
- ☐ 모시다
- ☐ 새내기
- ☐ 간호조무사
- ☐ 직후
- ☐ 나날

- 이 단원에서 배운 어휘 중 기억나는 것을 말해 보세요.
- 이 단원에서 배운 문법은 뭐예요? 어떻게 사용해요?
- 한국에서 살면서 어떤 어려움이 있었어요? 그것을 극복하기 위해 어떤 노력을 했어요?
- 여러분은 어떤 꿈을 가지고 있어요? 그 꿈을 이루기 위해 지금 어떤 노력을 하고 있어요?
- 사회통합프로그램은 어떤 것이에요? 한국 국적을 취득하려면 어떻게 해야 돼요?

16과 이민 생활 **215**

마무리

1. 단원에서 학습한 어휘 중 기억하는 것을 먼저 말해 보게 한다.

2. 배운 어휘 목록의 어휘들을 읽으면서 의미를 상기시킨다.

3. 단원에서 학습한 문법(동형-을지도 모르다, 명치고)을 상기시키며 의미와 사용법을 기억하는지 확인한다.

4. 단원의 목표와 성취도를 확인한다.

5. 익힘책을 과제로 제시하고 마무리한다.

기획 · 연구

박정아 국립국어원 학예연구관
정혜선 국립국어원 학예연구사

이슬비 국립국어원 학예연구사
박지수 국립국어원 연구원

집필진
 책임 집필
 이미혜 이화여자대학교 교육대학원 교수

 공동 집필
이영숙 한양대학교 국제교육원 교수
안경화 서울대학교 언어교육원 대우교수
김현정 서강대학교 국제한국학선도센터 책임연구원
이윤진 안양대학교 교육대학원 교수
유해준 상지대학교 한국어문학과 교수
강유선 숙명여자대학교 아시아여성연구원 연구원
이명순 대전대학교 사회통합프로그램 강사

조항록 상명대학교 한국학과 교수
배재원 이화여자대학교 언어교육원 특임교수
정미지 아주대학교 다산학부대학 특임교수
오지혜 세명대학교 미디어문화학부 교수
박수연 조선대학교 언어교육원 교육부장
이미선 서정대학교 사회통합프로그램 강사

연구 보조원
김민정 이화여자대학교 국제대학원 강사
위햇님 서울대학교 언어교육원 강사
남미정 상명대학교 국제언어문화교육원 강사
권수진 한양대학교 국제교육원 강사
진보영 안산시외국인주민지원본부 사회통합프로그램 강사

오민수 건국대학교 언어교육원 강사
이승민 (재)한국이민재단 강사
곽은선 고려대학교 한국어센터 강사
강수진 상명대학교 국제언어문화교육원 강사

법무부 사회통합프로그램(KIIP)
한국어와 한국문화 중급 2 (교사용 지도서)

1판 1쇄 발행 2020년 12월 10일
1판 3쇄 발행 2024년 3월 22일

기획 · 연구 국립국어원
관계 기관 협조 법무부 출입국 · 외국인정책본부 이민통합과
지은이 이미혜 외

펴낸이 박영호
기획팀 송인성, 김선명, 김선호
편집팀 박우진, 김영주, 김정아, 최미라, 전혜련, 박미나
관리팀 임선희, 정철호, 김성언, 권주련
펴낸곳 (주)도서출판 하우

주소 서울시 중랑구 망우로68길 48
전화 (02)922-7090
팩스 (02)922-7092
홈페이지 http://www.hawoo.co.kr
e-mail hawoo@hawoo.co.kr
등록번호 제2016-000017호

값 13,000원
ISBN 979-11-90154-93-2 14710
ISBN 979-11-90154-80-2 14710 (set)